제 2 판

무역 실무론

송 계 의

탑북스

머리말

무역은 한 나라의 경제적 부(富)를 증대시키는 가장 중요한 수단이다. 따라서 세계 각국은 무역을 증대시키기 위해 수출제일주의를 표방하고, 자국에 유리한 무역진흥전략을 전개하여 나가고 있다.

우리나라도 1986년 100억US$ 무역흑자를 기록한 이래, 외환위기 때에 무역적자를 기록한 경우도 있었지만 꾸준히 무역흑자를 기록하면서 세계 10대 무역강국으로 우뚝 서 있다.

그러므로 무역강국으로서 위치를 공고히 하면서 세계 무역 리더 국가로서 역할을 수행하기 위해 무역전문가를 양성하는 것이 무엇보다도 중요한 시기이다. 이에 무역절차와 국제무역법규 등을 종합한 "무역실무론" 전문도서를 출간한바 있으며, 최근 급변하는 무역환경을 반영하여 개정판을 출간한다.

본 저서의 주요 내용은 무역실무절차를 중심으로 하여 크게 세 분야로 구성된다.

첫째, 해외시장조사, Offer & Acceptance, Incoterms 2010 등의 무역계약 조건 등을 중심으로 하는 무역계약의 성립 분야이다.

둘째, 국제운송(국제물류), 해상보험(Marine Insurance) 등을 중심으로 하는 무역계약의 이행 분야이다.

셋째, 신용장(Letter of Credit)과 대금결제, 무역클레임과 중재 등을 중심으로 하는 무역계약의 종료 분야이다. 여기에서는 신용장통일규칙(Uniform Customs and Practice for Documentary Credit : UCP, 2007)의 내용도 함께 다룬다.

아무쪼록 다년간 연구 및 강의를 통해 알게 된 지식을 서적으로 편찬하는 것이므로 무역전문가를 양성하는데 본 서적이 큰 기여를 할 수 있으리라 기대한다.

2018년 1월

저자 드림

차 례

제1편 무역거래의 기초

제1장 무역거래의 개요

제1절 무역매매의 의의 16
제2절 무역매매의 주체와 객체 17
Ⅰ. 무역 주체 17
Ⅱ. 무역 객체 18
제3절 무역매매의 형태 18
제4절 무역거래의 절차 19
Ⅰ. 수출거래 19
1. 무역계약체결을 위한 준비 20
2. 무역계약의 성립 24
3. 무역계약의 이행 27
4. 무역계약의 종료 28
Ⅱ. 수입거래 30
1. 무역계약체결을 위한 준비 31
2. 무역계약의 성립 32
3. 무역계약의 이행 33
4. 무역계약의 종료 34
제5절 한국의 무역관리 36

제2장 무역의 종류

제1절 결제방식에 의한 분류 38
Ⅰ. 화환신용장에 의한 수출입 38
Ⅱ. 추심결제방식에 의한 수출입 40
1. D/P, D/A에 의한 수출입의 개념 40
2. D/P, D/A의 특징 41
3. D/P, D/A방식의 거래절차 42
Ⅲ. 송금결제방식에 의한 수출입 43
1. 송금결제방식의 의의 43
2. 송금결제방식의 유형 43
Ⅳ. Usance신용장에 의한 수출입 44
Ⅴ. 중장기연불방식에 의한 수출입 44
Ⅵ. 先貸신용장에 의한 수출 45
Ⅶ. 국제팩토링결제방식에 의한 수출 45
1. 국제팩토링결제의 의의 45
2. 국제팩토링결제의 거래과정 47
제2절 거래형태에 의한 분류 49
Ⅰ. 직접무역과 간접무역 49
Ⅱ. 연계무역에 의한 수출입 50
1. 물물교환(Barter Trade) 50
2. 求償무역(Compensation Trade) 50
3. 對應무역(Counter Trade) 51
Ⅲ. 위탁판매수출과 수탁판매수입 51
Ⅳ. 위탁/수탁가공무역에 의한 수출입 52
Ⅴ. 임대차방식에 의한 수출입 52
Ⅵ. 외국인도수출과 외국인수수입 52
Ⅶ. 산업설비수출 53

Ⅷ. 보세창고渡조건에 의한 수출입 ······ 53
Ⅸ. 기타 분류 ······ 54

제2편 무역계약의 성립

제3장 무역계약의 성립이론

제1절 무역계약의 성격 ······ 56
Ⅰ. 무역계약의 의의 ······ 56
Ⅱ. 무역계약의 법적성질 ······ 57
제2절 무역계약의 법리 ······ 57
제3절 무역계약의 성립 요건 ······ 58
Ⅰ. 성립이론 ······ 58
Ⅱ. 청약 ······ 59
1. 청약의 의의 ······ 59
2. 청약의 유형 ······ 60
Ⅲ. 승낙 ······ 63

제4장 무역계약의 기본조건

제1절 품질조건(Quality Terms) ······ 64
Ⅰ. 견품매매(Sale by Sample) ······ 64
Ⅱ. 설명매매 ······ 65
1. 표준품매매(Sale by Standard) ······ 65
2. 규격매매(Sale by Grade or Type) ······ 66
3. 상표매매(Sale by Trade Mark or Brand) ······ 66

4. 명세서매매(Sale by Specification or Description) 66
제2절 수량조건(Quantity Terms) 67
Ⅰ. 수량의 단위 67
1. 중량(Weight) 67
2. 용적(Volume) 68
3. 넓이(Width) 68
4. 길이(Length) 68
5. 개수(Piece) 68
6. 포장단위 68
Ⅱ. 수량의 표시방법 68
1. 총중량조건(Gross Weight Terms)과 순중량조건 (Net Weight Terms) 69
2. 최소인수가능수량(Minimum Quantity Acceptable)과 최대인수가능수량(Maximum Quantity Acceptable) 69
3. 과부족용인조건(More or Less Clause) 69
4. 槪算수량조건(Approximate Quantity Terms) 69
Ⅲ. 수량의 결정시기 70
제3절 가격조건(Price Terms) 70
제4절 선적조건(Shipment Terms) 78
Ⅰ. 선적시기 78
Ⅱ. 분할선적(Partial Shipment) 79
Ⅲ. 환적(Transhipment) 79
Ⅳ. 지연선적(Delayed Shipment) 79
Ⅴ. 선적일의 입증 80
제5절 보험조건(Insurance Terms) 80
Ⅰ. 구협회적하약관(Old Institute Cargo Clause) 81
1. (Against) All Risk 81
2. With Average 81

3. Free from Particular Average ········· 81
4. Total Loss Only ········· 81
5. Strikes, Riots and Civil Commotion Clause ········· 81
6. Theft, Pilferage and Non-Delivery Clause ········· 82
7. Franchise ········· 82
II. 신협회적하약관(New Institute Cargo Clause) ········· 82
1. Institute Cargo Clause (A) ········· 82
2. Institute Cargo Clause (B) ········· 82
3. Institute Cargo Clause (C) ········· 82
제6절 결제조건(Payment Terms) ········· 83
I. 대금결제방식 ········· 83
1. 신용장(L/C : Letter of Credit) ········· 83
2. 추심결제방식(Payment by Collection) ········· 83
3. 송금방식 ········· 83
II. 대금지급시기 ········· 84
1. 선지급(Payment in Advance) ········· 84
2. 현금지급(Cash Payment) ········· 84
3. 후지급 ········· 84
III. 결제통화(Currency) ········· 84

제5장 매매계약과 주문

제1절 일반거래조건협정서 ········· 85
제2절 매매계약 ········· 92
제3절 주　　문 ········· 96

제3편 무역계약의 이행

제6장 국제운송

제1절 국제운송의 의의 100

제2절 해상운송 101

Ⅰ. 해상운송의 의의 101

Ⅱ. 정기선과 부정기선 103

Ⅲ. 해운동맹과 얼라이언스 105

Ⅳ. 용선운송 106

Ⅴ. 컨테이너운송 107

Ⅵ. 해상운송의 효율화 110

제3절 항공화물운송 111

Ⅰ. 항공화물운송의 의의 111

Ⅱ. 항공화물운송의 유형 112

Ⅲ. 항공화물운송의 탑재방식 114

Ⅳ. 항공화물운송의 효율화 115

제4절 국제복합운송 117

Ⅰ. 국제복합운송의 의의 117

Ⅱ. 국제복합운송의 기본요건 118

1. 운송책임의 단일성(Through Liability) 118

2. 복합운송증권(Combined Transport B/L) 118

3. 일관운임(Through Rate)의 설정 118

Ⅲ. 국제복합운송의 주요 경로 118

1. SLB(Siberian Land Bridge) 118

2. ALB(American Land Bridge) 119

3. CLB(Canadian Land Bridge) 119

4. MLB(Mini Land Bridge) ……… 119
5. MLB(Micro Land Bridge) : IPI(Interior Point Intermodal) ‥ 119
6. TCR(Trans China Rail) ……… 120

제7장 해상보험

제1절 해상보험의 의의 ……… 121
Ⅰ. 해상보험의 개념 ……… 121
Ⅱ. 해상보험의 분류 ……… 122
Ⅲ. 해상보험의 주요 용어 ……… 124
제2절 해상보험의 원리 ……… 126
Ⅰ. 담보의 원리 ……… 126
Ⅱ. 고지의 의무 ……… 127
Ⅲ. 인과관계(因果關係) ……… 128
제3절 해상위험 ……… 128
제4절 해상손해 ……… 129

제4편 무역계약의 종료

제8장 신용장과 대금결제

제1절 신용장의 의의 ……… 132
Ⅰ. 무역매매에 있어서 위험과 신용장 ……… 132
1. Credit Risk(신용위험) ……… 132
2. Mercantile Risk(상업위험) ……… 133

3. Contingency Risk(비상위험) 133
II. 신용장의 개념 133
III. 신용장의 성질 134
1. 신용장의 독립성 134
2. 신용장의 추상성 135
3. 신용장조건의 엄격일치성 135
IV. 신용장의 요건 136
V. 신용장의 당사자 137
1. Applicant(개설의뢰인) 137
2. Issuing Bank(개설은행) 138
3. Beneficiary(수익자) 138
4. Confirming Bank(확인은행) 138
5. Advising Bank(통지은행) 139
6. Negotiating Bank(매입은행) 139
7. Renegotiating Bank(재매입은행) 140
8. Paying Bank(지급은행) 140
9. Accepting Bank(인수은행) 140
10. Deferred Payment Undertaking Bank(연지급 확약은행) 140
11. Nominated Bank(지정은행) 141
12. Reimbursing Bank(보상은행 또는 상환은행) 141
제2절 신용장의 개설 및 통지 141
I. 신용장의 개설 141
1. 의의 141
2. 신청서류 142
3. 담보설정 146
4. 신용장개설신청시 유의사항 146
5. 신용장개설신청서의 심사 148
6. 신용장 양식 151
7. 신용장개설의 방법 151

8. 신용장거래의 수수료 ········· 153
II. 신용장의 통지 ········· 154
1. 의의 ········· 154
2. 통지은행의 의무 ········· 154
3. 통지은행의 면책 ········· 154
4. 통지은행의 지위 ········· 157
제3절 신용장의 확인 · 양도 및 변경 ········· 157
I. 신용장의 확인 ········· 157
1. 의의 ········· 157
2. 신용장 확인업무 ········· 158
II. 신용장의 양도 ········· 160
1. 의의 ········· 160
2. 양도가능신용장의 당사자 ········· 161
3. 신용장 양도업무 ········· 161
4. 신용장대금의 양도 ········· 162
III. 신용장의 변경 및 취소 ········· 164
1. 신용장의 조건변경 ········· 164
2. 신용장 조건변경시 유의사항 ········· 164
3. 신용장 조건변경 사항 ········· 165
4. 신용장의 취소 ········· 167
제4절 선적서류의 매입 및 인도 ········· 167
I. 선적서류의 매입 ········· 167
1. 의의 ········· 167
2. 매입은행의 지위 ········· 168
3. 매입은행의 위험부담 ········· 169
4. 선적서류의 발행 및 수리요건 ········· 169
5. 환어음의 발행 및 기재사항 ········· 188
6. 선적서류의 매입의뢰 ········· 189
7. 매입은행의 선적서류와 환어음의 심사 ········· 191

8. 개설은행에의 선적서류의 발송 및 보상 194
9. 瑕疵있는 선적서류의 매입 194
II. 선적서류의 인도 195
1. 의의 195
2. 서류인도의 형태 195

제9장 무역클레임과 상사중재제도

제1절 무역클레임의 의의 199
제2절 무역클레임의 해결방법 200
I. 당사자간의 우호적 해결 200
1. 철회(Withdrawl) 200
2. 화해(Amicable Settlement) 200
II. 제3자의 개입에 의한 해결 201
1. 알선(Intermediation) 201
2. 조정(Conciliation) 201
3. 상사중재(Arbitration) 202
4. 소송(Litigation) 202

부 록

• Incoterms 2010 / 204
• Uniform Customs and Practice for Documentary Credit (2007 Revision) / 263

한글색인 287
INDEX 292

제 1 편 무역거래의 기초

제1장 무역거래의 개요 _ 16
제2장 무역의 종류 _ 38

제1장 무역거래의 개요

제1절 무역매매의 의의

무역은 물품매매(Sale of Goods)를 전형적인 거래형태로 하는 국제간 거래를 말한다. 이러한 무역형태는 발전을 거듭하여 현재는 플랜트무역, Turn Key Base 무역, 기술 및 서비스 무역에 이르기까지 매우 다양화되고 있으며, 무역방식도 인터넷무역에 이르기까지 첨단화되고 있다.

즉, 무역이란 국가간에 이루어지는 재화(물품), 용역(서비스), 또는 자본의 수출입 거래를 의미한다. 그런데 이 무역은 언어 · 문화 · 관습 · 법률 등이 서로 다르고, 정치적 · 경제적 · 사회적 · 역사적인 배경을 달리하고 있는 국가간에 이루어지므로, 국내매매와는 달리 여러 가지 위험에 노출되기 쉽고, 또한 복잡한 특성을 지니고 있다. 무역매매에 있어서 노출되기 쉬운 위험은 다음과 같다.

① **Credit Risk(신용위험)** : 수출업자가 수입업자로부터 대금지급을 받지 못할지도 모르는 위험이다. 이러한 신용위험은, 첫째 무역계약이 체결된 후 수입국 내에서 그 물품가격이 하락하여 수입업자가 수입을 거절하는 경우, 둘째 무역계약이 체결되 후 수입업자가 보다 싼 가격에 제3국으로부터 수입이 가능하여 계약을 취소하는 경우, 셋째 신용장이 아닌 결제방식으로 무역계약이 체결된 후 수입업자가 지급불능 상태가 되거나, 또는 지급능력이 있어도 고의적으로 지급을 거절하는

경우 등에서 발생할 수 있다.

② **Mercantile Risk(상업위험)** : 수출업자의 무역매매계약의 이행여부에 따르는 위험이다. 즉, 무역계약이 체결되면 수출업자는 계약조건에 일치하는 물품을 약정된 기일 내에 정확하게 선적하여야 하는데, 상업위험은 수출업자가 이러한 매매계약의 이행을 하지 않을지도 모르는 위험이다.

③ **Contingency Risk(비상위험)** : 무역매매계약이 체결된 후 이행하는 단계에서 수입국 내에 전쟁, 내란, 혁명 등의 비상사태가 발생하여 정부가 외환유출금지 또는 대금지급 금지조치를 취하는 경우 수출업자가 이로 인해 수출대금을 받지 못할 위험을 말한다.

이러한 무역은 일국(一國)의 부의 증대를 가져오는 수단이므로 국가적으로 매우 중요하며, 따라서 이념을 초월한 무역이 이루어지고 있다. 그러나 첨예한 경쟁 때문에 때로는 통상문제를 야기하기도 하며, WTO 체제와 같은 기구가 공정한 무역을 촉진하고 있다.

제2절 무역매매의 주체와 객체

Ⅰ. 무역 주체

무역 주체는 크게 민간무역과 국영무역으로 구분할 수 있다. 민간무역은 자본주의 국가에서 흔히 볼 수 있는 형태로 개인 무역업자, 기업 무역업체 등이 주도적으로 무역을 수행하는 형태이다. 여기에는 우리가 흔히 말하는 One Table Merchant 또는 Offer상도 포함된다.

국영무역은 사회주의 국가에서 흔히 볼 수 있는 형태로 정부기관, 특별기관, 공공단체 등이 주도적으로 무역을 수행하는 형태이다. 중국 같은 나라에서 볼 수 있는 공사형태의 무역도 여기에 포함된다.

Ⅱ. 무역 객체

무역매매는 물품매매(상품)를 기초로 하지만 최근에는 자본 및 기술(용역)무역, 서비스무역도 상당한 부분을 차지하고 있다. 대체로 한 나라의 산업화 과정은 섬유 → 전자 → 자동차 → 첨단제품 → 금융산업화 과정을 거치게 된다. 따라서 한 나라의 무역객체도 그 나라의 산업화 단계와 밀접한 관계를 가지고 있다.

우리나라도 무역 초창기인 1960-70년대에는 섬유류제품이 수출품목의 주를 이루었으나 현재는 무역강국답게 첨단전자제품, 자동차 등이 주를 이루고 있다.

무역강국을 유지하기 위해서는 세계 1등 상품을 계속 개발하여 수출하여야만 한다. 이를 위해 각국은 기술개발 등에 박차를 가하고 있으며, 공정한 무역과 이를 통한 무역흑자를 달성하기 위해 무역관리에 만전을 기하고 있다.

제3절 무역매매의 형태

무역계약은 국제간에 수출업자(Exporter)인 매도인(Seller)과 수입업자(Importer)인 매수인(Buyer) 사이에 이루어지는 계약이다. 이러한 무역계약에서 무역거래 당사자는 본인이 무역계약에 대한 직접적인 권리와 의무를 부담하느냐, 아니면 무역거래를 단순히 중개하는 것이냐에 따라 본인(Principal)과 대리인(Agent)으로 구분할 수 있다.

그러므로 무역거래는 다음과 같은 4가지 유형의 거래형태가 있을 수 있다.

- 본인(Principal)과 본인(Principal) 간의 거래
- 본인(Principal)과 대리인(Agent) 간의 거래
- 대리인(Agent)과 본인(Principal) 간의 거래
- 대리인(Agent)과 대리인(Agent) 간의 거래

그런데 본인(Principal)은 자신이 직접 주관적으로 거래를 하면서 본인의 계산과 위험부담으로 무역계약을 체결하고 이행하지만, 대리인(Agent)은 일단 무역계약이 체결되면 법률적인 지위에서는 제외된다. 그러나 특약에 의해 매도인의 대리인(Agent)이 자신의 위험부담 하에 매도인에 대해 대금지급약속을 하고, 수입업자로부터의 대금회수를 책임지고 담당하는 형태를 취하는 경우가 있는데, 이 경우의 대리인(Agent)을 "del credere Agent"라고 한다.

제4절 무역거래의 절차

Ⅰ. 수출거래

무역거래법상의 수출개념과 세관의 수출통관절차를 거쳐야 하는 관세법상의 수출개념이 약간 다르다. 즉, 대외무역법에서는 외화를 받고 외국인에게 국내에서 물품을 매각하거나, 외국 공공기관 또는 국제금융기관으로부터 받은 차관자금에 의한 국제경쟁입찰에 의하여 국내에서 유상으로 물

품을 납품하거나, 또는 외국인으로부터 외화를 받아 공장건설에 필요한 국산기계를 국내에서 납품 또는 기술용역을 제공하거나, 보세구역에 반입된 물품을 다시 반출하는 것까지도 수출에 포함시키고 있다.

그러나 관세법에서의 수출은 내국물품을 외국으로 반출하는 것에 한정된다. 또한 「수출용 원재료에 대한 관세 등 환급에 관한 특례법」에서의 수출은 윤활유를 외국선박 또는 외국항공기에 판매하는 것이 포함되나 관세법에서는 이를 수출로 보지 않고 선용품 또는 기용품의 적재로 보고 있다.

즉, 관세법상의 수출은 첫째, 대상이 되는 물품은 내국물품이어야 한다. 여기서 내국물품은 한국에 있는 물품으로서 외국물품이 아닌 것과, 선박에 의해 공해에서 채취·포획된 수산물을 말한다. 따라서 내국물품이란 통상의 국산물품과 수입면허를 받은 외국물품을 말한다.

둘째, 내국물품을 외국으로 반출하는 것을 말한다. 즉, 반출하는 목적지가 외국이어야 하며, 목적지가 자국영역 밖일지라도 공해상이라든지 남극과 같이 행정상으로 어느 국가에도 속하지 않는 곳에 물품을 반출하는 것은 수출에 해당하지 않는다.

따라서 수출절차란 수출행위를 위해 해외 시장조사에서부터 매매계약의 체결을 거쳐 수출대금이 회수되어 수출거래가 종료되기까지의 일련의 절차를 말한다. 이러한 수출절차는 다음과 같은 과정을 거친다.

1. 무역계약체결을 위한 준비

수출을 하기 위해서는 제일 먼저 수출업자가 수출하고자 하는 물품을 어느 나라, 어느 수입업자에게 수출하여야 안전하게 수출을 하여 가장 많은 수익을 얻을 수 있는가 하는 점을 파악하는 것이다. 이 무역계약의 체결을 위한 준비과정은 다음과 같다.

1) 대상국가의 선정

무역환경 등을 고려하여 수출하고자 하는 대상국가를 선정하여야 한다. 이 경우 해당국가 지역의 정치·경제·사회 환경 등이 고려되어야 한다.

2) 수출마케팅 조사

대상국가에 수출을 하게 되면 과연 어느 정도의 판매가 가능하며, 또한 어느 정도의 수익이 가능한지를 파악하여야 한다. 이 수출마케팅 조사는 새로운 시장개발, 기존의 시장확대, 또는 장기적인 수출체계의 확립을 위해 이루어진다. 이 해외시장조사의 내용은 무역환경조사, 마케팅조사, 시장성 조사, 잠재고객 발굴 등이 주를 이루며, 그 방법은 직접조사와 간접조사로 나눌 수 있다.

직접조사는 정확성은 우수하나 많은 비용과 시간을 필요로 한다는 점에서 비효율적이라고 할 수 있다. 이 방법은 해외 현지조직을 이용하거나 해외출장 등을 통해 직접 해외시장조사를 한다.

한편 간접조사는 시간과 비용은 절약되나 정확성이 좀 떨어진다는 단점이 있다. 이 방법은 해외시장조사를 대행하여 주는 기관이나, 또는 각종 홍보책자를 통하여 해외시장조사를 한다. 그런데 최근에는 인터넷마케팅 방법이 발달하여 해외 기업 및 시장조사를 사이버 공간에서 간접적으로 행할 수 있다.

◎ 일반적인 간접조사방법

- KOTRA(Korea Trade – Investment Promotion Agency)의 활용
- The Korea Chamber of Commerce and Industry의 활용
- KTA(Korea International Trade Association)의 활용
- 거래은행 또는 동업자의 활용
- 각종 Directory의 활용

· 국내외 주재 영사관의 활용
· 인터넷마케팅의 활용

3) 거래처의 선정

해외시장조사 결과 무역거래를 원하는 업체를 발굴한 경우 거래처를 선정하여 적극적으로 무역거래를 추진하여야 한다. 이 거래처를 선정하는 경우에는 그 나라의 무역환경, 즉 정치, 경제, 문화, 법제도 등을 철저히 분석하여 소위 Country Risk에 대비하여야 하며, 무엇보다도 중요한 것은 해외마케팅을 통해 시장성이 있고, 이윤획득이 보장되는 무역거래가 가능한가를 분석하는 것이다.

거래처를 선정한 다음에는 자사의 소개, 자사에 대한 일반사항의 통지, 선정된 거래처에 대한 소개의뢰 및 기타 안내장을 보낸다.

이 거래처를 선정하는 방법에는 해외출장, 해외광고, 해외박람회 및 전시회 활용, KOTRA(Korea Trade-Investment Promotion Agency), The Korea Chamber of Commerce & Industry, KTA(Korea International Traders Association), 각종 Directory, 국내외 주재 영사관, 동업자 및 거래은행 또는 인터넷 활용 등이 있다.

4) 거래제의

거래처가 선정되면 구체적으로 거래제의를 하게 된다. 이 거래제의는 보통 미지의 거래선에게 자기회사를 소개하고 취급상품과 영업정보를 안내하여 거래관계를 권유하는 권유장(Circular Letter)을 이용하며, 이 거래제의를 할 때에는 자사의 Sample, Catalogue, Price List 및 홍보물 등을 함께 제공하게 된다.

5) 신용조회

해외시장조사를 통하여 거래처를 선정한 후에는 그 거래처에 대한 신용조회를 철저하게 하여야 한다. 무역거래는 국제거래이므로 신용위험을 포함한 많은 위험을 내포하고 있다.

즉, 물품을 선적하여 주고 대금을 회수하지 못하거나, 운송중의 위험, 환율변동에 따른 위험, 물가변동에 따른 위험, 수입국의 정치적 위험 등 매우 다양하다. 그러므로 이러한 무역거래에 따르는 위험을 최소화하기 위해서는 거래처에 대한 신용조회를 철저히 하여야 한다.

신용조회를 하는 방법은 해외시장조사의 방법과 마찬가지로 직접조사와 간접조사 방법이 있다. 직접조사는 자사의 해외조직이나 판매원의 해외출장을 통하여 조사하는 방법으로 비용과 시간이 많이 소요되는 단점이 있으며, 또한 거래처에서 처음 소개받은 경우에 신용조회에 잘 응해주지 않을 경우도 있다. 그러나 이 방법은 정확성이 있다는 장점을 가지고 있다.

한편 간접조사 방법은 무역 당사자 상대방이 제공한 객관적인 제3의 조회처를 통하여 신용조회를 하는 방법이며, 시간과 비용이 저렴하면서도 객관적이고 정확한 조회를 할 수 있어 일반적으로 많이 활용되고 있다.

일반적으로 많이 활용되고 있는 제3의 조회처는 다음과 같다.

- 상대방이 제공한 신용조회처
  - 거래은행 신용조회처(Banker Reference)
  - 동업자 신용조회처(Trader Reference)
- 상업흥신소(Mercantile Agency)
- 인터넷 신용조회
- 기타 신용보증기금

이 경우 조회내용은 보통 거래처의 자본상태, 경영능력, 상도덕성, 거래조건과 시장성 및 담보능력 등을 조회하는 것으로서 주요한 내용은 다음과 같다.

- **자본상태**(Capital) : 수권자본(Authorized Capital), 차입자본(Loan Capital), 자기자본(Owned Capital), 신용상태(Credit Standing), 재무상태(Financial Status), 지급능력(Solvency) 등
- **경영능력**(Capacity) : 년간 매출액(Annual Proceeds), 생산능력(Production Ability), 거래관계(Business Connection)
- **상도덕성**(Character) : 거래형태(Mode of Doing Business), 평판(Reputation)
- **거래조건 및 시장성**(Conditions)
- **담보능력**(Collateral) 등

한편 신용조회서에 기재할 내용은 일반적으로 다음과 같다.

- 조회 상사의 상호와 주소 및 연락처
- 신용조회의뢰의 이유
- 구체적인 조회내용
- 조회내용의 비밀유지와 조회비용 부담 약속
- 조회결과 연락처
- 감사의 표시와 협조 요청 등

2. 무역계약의 성립

무역계약은 청약(Offer)과 승낙(Acceptance), 교차청약(Cross Offer) 및 의사실현에 의한 당사자간의 합의에 의해 성립한다. 여기서 합의라 함은

서로 대립하는 의사표시인 청약과 승낙의 의사의 합치를 의미한다. 무역계약의 성립과정은 다음과 같다.

1) Selling Offer(매도청약)

수출업자는 수입업자의 요청에 따라 서신, 팩스, 인터넷 e-mail 등을 통해 수입업자 앞으로 Selling Offer를 하게 된다. 이 매도청약은 단번에 승낙되어 무역계약이 성립하는 경우도 있지만, 보통 가격할인, 선적기일 수정 등을 한 Original Offer에 대한 Counter Offer를 받게 되며, 이 과정이 반복되다가 최종적으로는 Firm Offer의 단계에 이르게 된다.

2) Acceptance(승낙)

수출업자와 수입업자간에 의견이 합치된 상태의 청약자의 Firm Offer에 대하여 피청약자가 Acceptance(승낙)하면 무역계약은 성립하게 된다.

3) 일반거래조건협정서(Memorandum, Agreement on General Terms and Conditions)의 체결

무역계약을 체결하기 위해 조회하여 합의해야 할 수많은 무역거래조건을 계약시 마다 매번 조회하여 합의한다는 것은 매우 번거롭고, 많은 시간과 비용을 낭비할 수 있다.

따라서 지속적인 무역거래를 하는 경우 등에서는 품목, 수량, 단가, 선적일 등 매번 계약시 마다 필수적으로 조회하여 합의하여야 하는 조건들은 제외하고, 국제상관습상 일반적으로 적용되는 일반조건에 대하여는 사전에 무역계약 당사자간에 합의하여 놓으면, 무역계약을 신속하고 효율적으로 체결할 수 있다.

이와 같이 무역계약 당사자간에 사전에 합의하여 협정서를 체결하고, 그 이후의 무역계약에서는 이 협정서에서 합의한 조건들을 그대로 원용하여 적용하게 되는데, 이 협정서를 일반거래조건협정서(Memorandum, Agreement on General Terms and Conditions of Business)라고 한다. 이러한 일반거래조건협정서의 표준양식은 없으며, 2부를 작성하여 양당사자가 서명한 후 1부씩 보관하여 활용하게 된다.

4) 매매계약서의 작성

무역계약의 거래조건이 완전하고도 정확하게 이행되기 위해서는 계약내용을 기록하는 것이 중요하며, 그 확인의 문서가 매매계약서이다. 특히 무역계약은 구두에 의한 양 당사자의 합의에 의해서도 유효하게 성립하므로, 그 성립 후에 즉시 매매계약서를 작성하는 것은 계약조건의 완전한 이행을 위해 매우 중요하다.

또한 무역계약은 그 국제성·격지성 등의 성질상 그 내용이 특수하고, 또한 복잡하여 오해나 분쟁이 생기기 쉽다. 따라서 계약내용에 대하여 오해를 피하고, 또한 장래의 클레임 등의 분쟁이 발생한 경우에 그 계약내용을 입증하는 증거를 확보하기 위해 계약조건이 기록되고 양 당사자가 서명하여 확인한 매매계약서를 작성하는 것이 필요하다.

5) Order(주문) 접수 및 확인

무역계약이 청약과 승낙에 의해 성립하면 매매계약서를 체결하게 되고, 이어 수입업자는 수출업자에게 계약과 일치하는 조건의 주문서(Order-Sheet)를 발송하는 것이 일반적이다. 이 경우 주문서와 함께 물품생산과 관련한 작업지시서(Working Instruction)를 함께 보내기도 한다.

그리고 수출업자는 주문서를 받으면 그 조건을 받아들여 그 조건과 일치하는 물품을 판매하겠다는 의사표시를 하게 되는데, 이를 주문확인(Acknowledgement)이라고 하며, 또한 수출업자는 주문서와 작업지시서에 따라 물품을 생산 또는 구매하여 선적하게 된다.

3. 무역계약의 이행

무역계약의 이행을 위한 과정은 다음과 같다.

1) 신용장의 접수

무역매매계약이 성립하면 계약서의 결제방식에 따라 L/C베이스인 경우 수입업자의 요청에 의해 신용장이 개설되어 수출업자에게 통지・내도된다.

2) 수출승인(E/L : Export Licence)

무역자유화가 가속화되어 대부분의 물품이 수출승인을 받지 않고 수출할 수 있지만 수출입공고 또는 통합공고 등에서 수출승인이 제한을 받고 있는 경우 추천기관의 추천을 받아 수출승인을 신청해 받아야 한다.

3) 수출물품의 조달

수출업자는 계약조건과 일치하는 신용장을 접수한 후 계약과 일치하는 물품을 제조 또는 공급업자로부터 구매하여 수입업자에게 제공하게 된다.

4) 수출신고와 수출물품의 검사

수출물품을 조달하면 수출신고를 하여 무역계약의 품질조건과 일치하는지 등의 수출물품의 검사를 받아야 한다.

5) 운송계약

수출업자는 신용장 등에 정해진 선적기일 내에 수출물품을 선적하기 위해 육・해・공 운송회사와 운송계약을 체결해야 한다.

6) 무역보험 및 수출보험

무역물품의 운송을 이행하기 위해서는 필연적으로 운송위험에 노출되게 마련이므로 해상보험 등 무역보험에 부보하여야 한다. 그리고 해당사항이 있는 경우 수출보험에도 부보하여 혜택을 받도록 해야 한다.

7) 수출통관/신고필증(E/P : Export Permit)

수출물품은 국경을 통과하여 외국으로 이동하기 때문에 필연적으로 수출통관절차를 거쳐야 하며, 수출통관이 완료되면 신고필증(E/P : Export Permit)을 수령한 후 선적절차에 들어가게 된다.

8) 선적

수출통관을 마친 화물은 본선에 적재하게 된다. 해상운송의 경우 일반적인 선적절차는 다음과 같다. 즉, Shipping Request(S/R) → Booking → Shipping Order(S/O) → 일등항해사 → 본선수취증(M/R : Mate's Receipt) → Bill of Lading(B/L) 의 발급 순이다.

4. 무역계약의 종료

무역계약은 선적 후 대금결제와 클레임 처리 등을 수반하는 다음과 같은 무역계약의 종료과정을 거치게 된다.

1) 대금결제

무역대금결제는 대부분 화환결제방식에 의해 이루어지며, 신용장방식인 경우 선적 후 선적서류의 제시에 대해 지급, 인수, 연지급 또는 매입에 의해 대금결제가 이루어진다.

2) 무역클레임

수입업자가 물품을 수령한 후 그 물품이 계약상의 조건과 불일치하는 등 하자가 있는 경우 클레임을 제기하게 되며, 이 경우 상사중재 등을 통해 해결된다.

계약서
Contract Note
[매매 계약 체결]
L/C
신용장
은행
[신용장 내도]
E/L
수출 승인 관계 기관
수출승인기관
수출 승인서
[수출 승인]
수출
내국 신용장
구매 확인서
[수출 물품 확보]
세관
수출신고 서류
수출 신고서
[수출 신고]
세관
서류
수출 신고 필증을 받아야 할텐데...
[신고 서류 검사]
수출
세관
[화물 검사]
선적 요청서
선적 지시서
수출사
선박 회사
[선적]
매입 은행
· invoice
· B/L
· insurance policy
· bill of exchange
선적 서류를 잘 구비해야지.
선적 서류
[수출 대금 회수]
수출 물품 창고
[사후 관리]

[그림 1-1] 수출절차

3) 관세환급

관세환급이란 세관에서 일단 징수한 관세 등을 특정한 요건에 해당하는 경우에 그 전부 또는 일부를 되돌려주는 것을 말한다. 관세환급은 수출업자가 수출환어음을 매입 완료한 후 운송수단에 적재확인필 면장원본을 입수하여 관세환급을 받게 된다.

Ⅱ. 수입거래

수입은 크게 일반자재수입과 수출용원자재수입으로 구분한다. 일반자재수입은 수출·군납·관광용의 원료·기계 및 기타 지식경제부장관이 인정하는 외화획득용 원자재 및 소모성 기자재를 제외한 모든 수입을 통칭한다.

일반자재수입을 위해서는 ① 수입승인 및 허가, ② 수입신용장의 개설, ③ 수입품의 인수, ④ 화물의 통관, ⑤ 검사감정, ⑥ 관세의 부과 및 징수, ⑦ 수입면허 및 반출 등의 단계를 거쳐야 한다.

또한 같은 물품의 수입이라도 외화획득을 위하여 사용되는 수출용원자재의 수입은 일반자재수입보다 우선적으로 허가되며, 또 무역행정·금융 및 세제 면에서 여러 혜택이 있다.

수출용원자재수입이 일반자재수입에 비해 특혜를 받는 점은 첫째, 수출용원자재는 관세와 물품세를 물지 않고 둘째, 일반자재수입은 기별공고에 따라 수입금지된 품목은 수입이 허용되지 않으나, 수출용원자재는 지식경제부의 사전승인을 받으면 수입금지품목이라도 수입이 가능하다는 점 등이다.

수입절차라 함은 수입계약을 체결하고, 물품매도확약서에 의하여 수입허가(승인)를 받고 수입신용장(L/C)을 개설한 후 수입화물과 선적서류가 내도하면 수입화물을 통관하는 일련의 절차를 의미한다. 이러한 수입절차는 다음과 같은 과정을 거친다.

1. 무역계약체결을 위한 준비

수입을 하기 위해서는 제일 먼저 수입업자가 수입하고자 하는 물품을 어느 나라, 어느 수출업자에게서 수입하여야 안전하게 수입하여 가장 좋은 품질의 제품을 가장 저렴하게, 그리고 적기에 수입할 수 있는가 하는 점을 파악하는 것이다. 이 무역계약의 체결을 위한 준비과정은 다음과 같다.

1) 대상국가의 선정

무역환경 등을 고려하여 수입하고자 하는 대상국가를 선정하여야 한다. 이 경우 해당국가 지역의 정치·경제·사회환경 등이 고려되어야 한다.

2) 수입마케팅 조사

대상국가에서 수입을 하게 되면 과연 어느 정도의 국내판매가 가능하며, 또한 어느 정도의 수익이 가능한지를 파악하여야 한다.

3) 거래처의 선정

수입마케팅조사 결과 무역거래를 원하는 업체를 발굴한 경우 거래처를 선정하여 적극적으로 무역거래를 추진하여야 한다. 이 거래처를 선정하는 경우에는 그 나라의 무역환경, 즉 정치, 경제, 문화, 법제도 등을 철저히 분석하여 소위 Country Risk에 대비하여야 하며, 무엇보다도 중요한 것은 수입마케팅조사를 통해 시장성이 있고, 이윤획득이 보장되는 무역거래가 가능한가를 분석하는 것이다.

4) 거래제의

거래처가 선정되면 구체적으로 거래제의를 하게 된다. 이 거래제의는 보통 미지의 거래선에게 자기회사를 소개하고 취급상품과 영업정보를 안내하여 거래관계를 권유하는 권유장(Circular Letter)을 이용한다.

5) 신용조회

해외시장조사를 통하여 거래처를 선정한 후에는 그 거래처에 대한 신용조회를 철저하게 하여야 한다. 무역거래는 국제거래이므로 많은 위험을 내포하고 있기 때문이다.

2. 무역계약의 성립

무역계약은 청약(Offer)과 승낙(Acceptance), 교차청약(Cross Offer) 및 의사실현에 의한 당사자간의 합의에 의해 성립한다. 여기서 합의라 함은 서로 대립하는 의사표시인 청약과 승낙의 의사의 합치를 의미한다. 무역계약의 성립과정은 다음과 같다.

1) Buying Offer(매수청약)

수입업자는 서신, 팩스, 인터넷 e-mail 등을 통해 수출업자 앞으로 Buying Offer를 하게 된다. 이 매수청약은 단번에 승낙되어 무역계약이 성립하는 경우도 있지만, 보통 가격할인, 선적기일 수정 등을 한 Original Offer에 대한 Counter Offer를 받게 되며, 이 과정이 반복되다가 최종적으로는 Firm Offer의 단계에 이르게 된다.

2) Acceptance(승낙)

수입업자와 수출업자간에 의견이 합치된 상태의 청약자의 Firm Offer에 대하여 피청약자가 Acceptance(승낙)하면 무역계약은 성립하게 된다.

3) 일반거래조건협정서(Memorandum, Agreement on General Terms and Conditions) 의 체결

수입업자와 수출업자는 상호 합의에 의해 일반거래조건협정서를 체결한다.

4) 매매계약서의 작성

수입업자와 수출업자는 향후 발생할 수 있는 분쟁에 대비하여 정식의 매매계약서(Contract Note)를 작성한다.

5) Order(주문)

무역계약이 청약과 승낙에 의해 성립하면 매매계약서를 체결하게 되고, 이어 수입업자는 수출업자에게 계약과 일치하는 조건의 주문서(Order-Sheet)를 발송하는 것이 일반적이다. 이 경우 주문서와 함께 물품생산과 관련한 작업지시서(Working Instruction)를 함께 보내기도 한다.

3. 무역계약의 이행

무역계약의 이행을 위한 과정은 다음과 같다.

1) 수입승인(I/L : Import Licence)

물품을 수입하려면 물품이 수출입공고 또는 통합공고 등에서 수입이 허용되어 있어야 한다. 만일 수입제한승인품목인 경우에는 해당 기관, 협회 등에서 수입승인을 받아야 한다.

2) 신용장의 개설

무역매매계약이 성립하면 계약서의 결제방식에 따라 L/C베이스인 경우 수입업자는 개설은행에 신용장개설을 의뢰하여 수출업자에게 신용장이 개설・통지되도록 조치하여야 한다.

3) 대금결제와 선적서류의 인수

수출업자가 발행한 선적서류와 환어음이 도착하면 수입업자는 개설은행에 결제조건에 따라 대금결제, 즉 지급 또는 인수를 통해 선적서류를 인도받는다. 그런데 이 경우 선적서류가 물품보다 늦게 도착하게 되면 수입업자는 수입화물선취보증장(L/G : Letter of Guarantee) 또는 수입화물貸與引渡(T/R : Trust Receipt) 등을 활용하여 선화증권 없이 물품을 먼저 인도받을 수 있다.

4. 무역계약의 종료

무역계약은 선적서류 중 선화증권을 제시하고 인수한 물품을 수입통관을 거쳐 국내로 반출하고, 클레임 처리 등을 수반하는 다음과 같은 무역계약의 종료과정을 거치게 된다.

1) 수입통관/신고필증(I/P : Import Permit)

수입물품은 국경을 통과하여 외국으로부터 이동하여 왔기 때문에 필연적으로 수입통관절차를 거쳐야 하며, 수입통관이 완료되면 관세를 납부하고 신고필증(I/P : Import Permit)을 발급받은 후 보세구역으로부터 물품을 반출한다.

2) 무역클레임

수입업자가 물품을 수령한 후 그 물품이 계약상의 조건과 불일치하는 등 하자가 있는 경우 클레임을 제기하게 되며, 이 경우 상사중재 등을 통해 해결된다.

계약서
상품
[매매 계약 체결]
수입 승인서
[수입 승인]
I/L
은행
수입업자
[신용장 개설 및 통지]
선적 서류
은행
[선적 서류 내도 및 대금 결제]
화물 인도 지시서
[화물 인수]
세관
수입신고서류
수입 신고서
[수입 신고]
세관
[신고 서류 심사 및 화물 검사]
관세 납부
[관세 납부 및 수입 시고 수리]
[물품 반출]
[사후 관리]

[그림 1-2] 수입절차

3) 사후관리

사후관리란 일정한 조건과 의무를 부여하여 관세를 감면받았거나, 분할 납부를 승인받은 물품에 대하여 당해 조건대로 사용하는지, 타인에게 무단으로 양도하는지 등을 세관에서 일정기간 확인하거나 관리하는 제도를 말한다. 사후관리 대상물품에 대하여 수입업자가 규정을 위반한 경우에는 관세법에 의거하여 벌금이나 과태료를 부여받게 된다.

제5절 한국의 무역관리

무역이 국가경제 및 산업에 미치는 영향이 막대하므로 각국은 제도, 기구 또는 법규에 의해 무역관리를 하고 있다. 우리나라도 대외무역법, 관세법, 외국환거래법 등을 통해 무역관리를 하고 있으며, 이 무역관리를 통해 산업경쟁력 강화를 도모하고 있다.

무역은 제품뿐만 아니라 해상운송업 등 국제물류에 미치는 영향도 막대하다. 수출입 물동량의 99% 이상이 해상운송에 의존하고 있는 바 무역발전의 파생효과로서 국제해상운송업 및 국제물류업의 경쟁력을 제고할 수 있기 때문이다.

대외무역법에서의 무역관리는 무역주체에 대한 관리와 무역객체에 대한 관리로 나눌 수 있다. 현행 대외무역법에서는 무역업과 무역대리업을 자유로이 할 수 있도록 하고 있어 무역주체에 대한 관리는 사실상 없다.

그러나 무역객체에 대한 관리는 수출입공고 및 각종 개별법에 의한 제한 내용을 취합하여 공고하는 통합공고를 통해 일정한 관리를 하고 있으며, 공고를 통한 이들 품목에 대하여는 요건들이 충족되어야 수출입승인을 받을 수 있다.

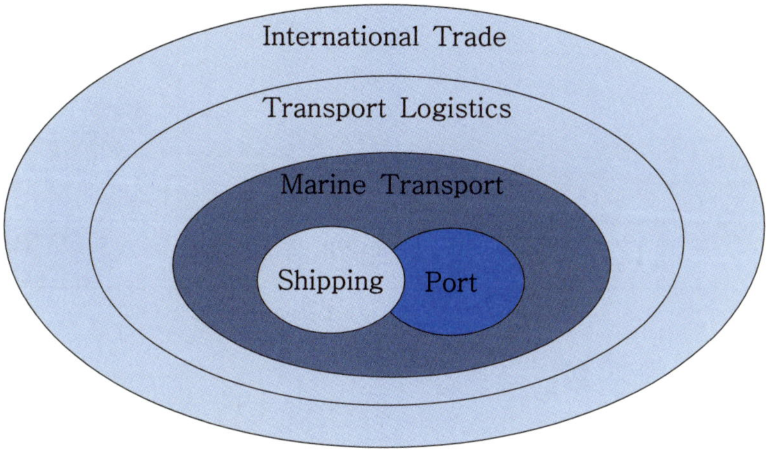

[그림 1-3] 무역, 국제해상운송 및 국제물류의 관계

수출입공고의 표시방법에는 Positive List System과 Negative List System이 있다. Positive List System은 수출입자동승인품목만을 표시하고 나머지는 원칙적으로 수출입이 금지되는 체제이고, Negative List System은 수출입 금지 및 제한승인품목만 표시하고 나머지는 수출입이 자유로운 체제이다. 우리나라는 1967년부터 Negative List System을 채택하여 자유무역을 도모하고 있다.

한편 우리나라는 품목분류의 과학화와 정보화를 통하여 효율적이면서도 정확한 무역관리를 위해 수출입공고상의 품목분류방식으로 HS (Harmonized Commodity Description and Coding System) 방식을 적용하여 관세율표로 사용하고 있으며, 표준양식에 의한 서류없는 무역거래를 촉진하기 위해 KTNET를 통해 무역자동화(EDI)를 시행하고 있다.

제2장 무역의 종류

제1절 결제방식에 의한 분류

Ⅰ. 화환신용장에 의한 수출입

무역거래의 대표적인 형태로서 은행의 대금지급보증이 있는 것이 주요한 특징이며, 수출업자는 신용장에 명시된 선적서류 및 환어음과 상환으로 대금을 회수하게 되고, 수입업자는 대금결제 후 선화증권과 상환으로 물품을 회수하게 된다.

화환신용장에 의한 수출입의 경우에는 무역매매의 대금결제를 신용장방식으로 하기로 하여 매매계약이 체결된 경우에 신용장이 개설되게 된다. 이 경우 신용장의 일반적인 거래과정은 다음과 같다.

① 수입업자(개설의뢰인)는 매매계약에 약정된 조건에 따라 자신의 거래은행(개설은행)에 담보를 제공하거나, 또는 신용으로 신용장의 개설을 요청한다.

② 개설의뢰인의 요청과 지시에 따라 개설은행은 신용장개설약정서에 합의한 대로 수출업자(수익자) 앞으로 신용장을 개설하여 수출지에 위치한 통지은행을 통하여 수익자에게 통지한다.

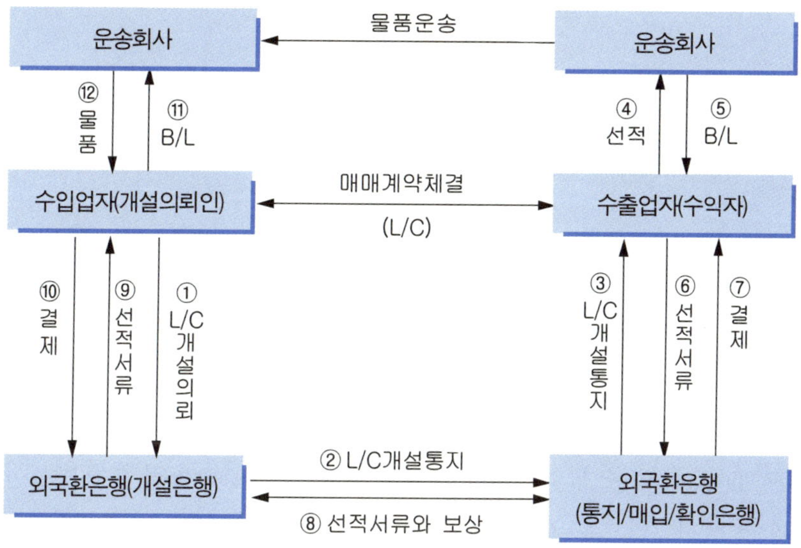

[그림 2-1] 화환신용장의 거래과정

③ 신용장을 접수한 수익자는 신용장에 정해진 물품을 생산 또는 구매하여 선적한 후 신용장조건에 일치하는 선적서류를 구비하여, 환어음을 첨부하거나 또는 선적서류만을 신용장에서 지정한 은행(지정은행 : 지급 · 연지급확약 · 인수 · 매입은행)에 제시하여 지급, 연지급, 인수 또는 매입을 요청한다. 이 경우 지정은행은 선적서류를 검토한 후 신용장조건과 일치하면 대금을 결제하여 준다.

④ 수익자에게 대금을 결제하여 준 지정은행은 선적서류와 환어음을 개설은행에 송부하여 주고, 대금을 보상받는다.

⑤ 선적서류를 접수한 개설은행은 대금과 동시 교환 또는 신용공여로 선적서류를 수입업자에게 인도한다.

⑥ 신용장 개설의뢰인인 수입업자는 선적서류 중 선화증권(B/L)을 운송인에게 제시하고 수입물품을 수령하여 수입목적을 충족하게 한다.

Ⅱ. 추심결제방식에 의한 수출입

1. D/P, D/A에 의한 수출입의 개념

무역결제방식은 신용장방식에 의한 것과 신용장이 수반되지 않는 무신용장방식에 의한 것으로 크게 구분할 수 있다. 이 무신용장방식에 의한 무역결제 중 가장 중요한 것이 D/P, D/A에 의한 무역결제이다.

D/P, D/A에 의한 무역결제란 신용장의 개설없이 수출업자가 발행한 환어음과 선적서류만으로 대금결제를 하는 방식을 말하며, 대금결제는 추심(Collection)에 의한다. 즉, 수출업자가 물품의 선적 후 발행한 환어음과 선적서류를 먼저 수출업자의 거래은행에 추심을 의뢰하면 이 은행이 다시 수입업자의 거래은행에 추심을 의뢰하게 되고, 최종적으로 이 은행이 수입업자에게 환어음과 선적서류를 추심하여 수출업자에게 대금을 결제해 주는 방식이다.

그러므로 D/P, D/A 무역결제방식은 전적으로 수입업자의 신용에 의존하게 된다. 예컨대 은행의 지급보증이 있는 신용장 결제방식이 아닌 D/P, D/A 무역결제방식으로 무역계약을 체결한 수입업자가 도산한 경우에는 수출업자가 대금을 회수할 가능성이 희박하다. 또한 수입업자가 무역계약을 체결한 후 시장조건의 악화로 수입을 하더라도 손해를 볼 가능성이 높은 경우에는 수입을 기피하는 경향이 있다.

2. D/P, D/A의 특징

D/P(Documents against Payment)는 환어음의 지급인인 수입업자가 환어음지급을 하여야 선적서류를 인도해 주는 방식이고, D/A (Documents against Acceptance)는 환어음의 지급인이 환어음인수만 하면 선적서류를 인도해 주는 방식이다. 이 D/P, D/A방식은 "추심에 관한 통일규칙" (Uniform Rules for Collections)의 적용을 받는다.

D/P, D/A에 의한 무역결제의 특징은 다음과 같다.

① 추심에 의한 대금회수방식이며, 일명 逆換방식이라고도 한다.
② 무신용장 결제방식이므로 은행의 지급확약이 없다. 따라서 수출업자는 신용위험으로부터 커버되지 않는다.
③ D/A거래는 일종의 외상거래이므로 수출업자에게는 가장 위험부담이 크다.
④ 수출업자는 추심기간 동안 대금회수가 지연된다.
⑤ 추심결제에 있어서 환어음의 지급인은 원칙적으로 수입업자이다.
⑥ 수출입업자의 상호 신용상태가 중요한 요소이므로, 보통 장기거래실적이 있거나 본지점간거래에서 주로 사용된다.
⑦ 대규모 금액결제에 있어서 송금방식의 한계성과 신용장 개설의 불편함 극복 및 비용절감을 기할 수 있는 방식이다.

3. D/P, D/A방식의 거래절차

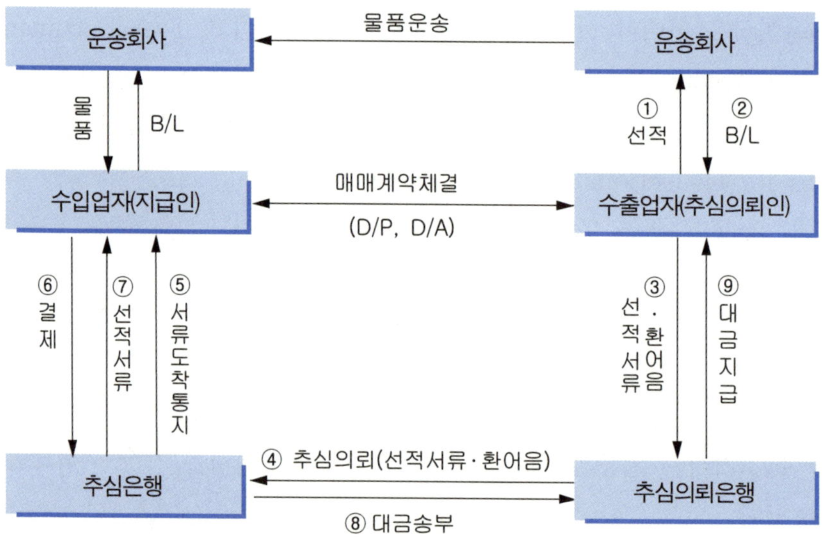

[그림 2-2] D/P, D/A방식의 거래과정

추심의뢰인(Principal)인 수출업자는 물품선적 후 발행한 환어음과 선적서류를 자신의 거래은행인 추심의뢰은행(Remitting Bank, 매입은행)에 제시하고 추심을 요청하면, 추심의뢰은행은 추심의뢰서를 첨부하여 환어음과 선적서류를 수입업자의 거래은행인 추심은행(Collecting Bank)에 송부하고 수입업자에게 추심하여 줄 것을 요청한다. 추심은행은 서류도착 즉시 환어음의 지급인인 수입업자에게 도착사실을 통지하고 환어음의 지급 또는 인수에 대해 선적서류를 수입업자에게 인도한다. 한편 추심은행은 수입업자로부터 지급받은 추심대금을 추심의뢰은행에게 송부하며, 그 다음에 추심의뢰은행은 최종적으로 수출업자에게 대금지급을 함으로써 모든 추심방식에 의한 무역결제를 종료시킨다.

Ⅲ. 송금결제방식에 의한 수출입

1. 송금결제방식의 의의

송금결제방식이란 수입업자가 물품수령 전 또는 수령 후에 수입대금을 수출업자에게 직접 송금(Remittance)하여 무역결제를 완료하는 방식을 말한다. 이 경우 수입업자가 필요로 하는 선적서류는 항공특송편 등을 이용하여 수출업자로부터 수입업자에게 직접 송부된다. 또한 송금결제방식은 수입업자의 대금송금 시점을 기준으로 하는 경우 수입업자가 물품수령 전에 대금을 송금하는 사전송금(Advance Remittance, Cash in Advance)과 수입업자가 물품을 수령한 후에 대금을 송금하는 사후송금(Later Remittance, Open Account)으로 구분할 수 있다.

2. 송금결제방식의 유형

송금결제방식의 유형에는 단순송금방식과 대금상환도방식이 있다. 단순송금방식은 선송금방식으로 통칭되고 있는 것으로, 수입업자가 수입대금의 전액을 물품선적 전에 수출업자에게 지급하고, 수출업자는 일정기일 내에 물품을 선적하는 형태로 무역이 이루어지는 것을 말한다. 이 방식은 수입업자에게는 과도하게 불리하여 보편화되어 있지는 않으며, 상품견본 및 소액의 시험구매 등에서의 신용거래시에 이용되고 있다.

한편 대금상환도방식이란 후송금방식으로 통칭되고 있는 것으로, 수입업자는 물품 또는 서류가 인도되는 것과 동시에 또는 인도 후에 대금을 지급하는 방식을 말한다. 이에는 COD(Cash on Delivery)방식과 CAD(Cash against Document)방식이 있다.

COD방식은 현물인도방식으로서, 수입업자는 물품이 도착하면 직접 현물을 검사한 후에 물품과 상환으로 대금을 지급하면 된다. 이 방식은 고가류, 보석류 등의 무역에서 주로 이용된다.

또한 CAD방식은 서류인도방식으로서, 수출업자가 물품을 선적한 후에 발행한 선적서류를 수입업자가 받아 보고, 수입업자는 그 선적서류와 상환으로 대금을 지급하는 방식이다.

Ⅳ. Usance 신용장에 의한 수출입

Usance신용장에 의한 수출입의 특징은 기한부환어음의 발행에 의해 수입업자는 만기일까지 일정기간 대금지급의무를 유예받을 수 있다는 점이다. Usance신용장에 의한 수출입의 경우 수출대금의 여신을 누가 제공하느냐에 따라 Shipper's Usance(Seller's Usance)와 Banker's Usance로 구분할 수 있다.

즉, Shipper's Usance(Seller's Usance)는 수출업자가 수출대금의 여신을 제공하는 것이므로 여신기간만큼 수출업자는 수출대금을 늦게 회수하는 결과를 초래하게 되며, Banker's Usance는 개설은행이 수출대금의 여신을 제공하는 것이므로 수출업자는 선적서류의 제시로 대금을 즉시 회수할 수 있지만, 개설은행은 여신기간만큼 대금회수를 늦게 하게 된다.

Ⅴ. 중장기연불방식에 의한 수출입

중장기연불방식에 의한 수출입은 수출입 규모가 매우 커서 거액의 대금을 일시에 결제하는 것이 곤란한 경우에 이용되는 방식이다. 이 방식은 대금의 전부 또는 일부를 일정기간 동안 분할하여 영수하는 조건부계약에 의한 수출입형태로서, 예컨대 대형기계류, 선박, 항공기, 발전시설, 플랜트무역 등에 주로 이용되고 있다.

Ⅵ. 先貸신용장에 의한 수출

선대신용장(Advance Payment L/C, Anticipatory L/C)은 수출에 따르는 물품의 생산, 가공, 구매 등에 필요한 자금을 수출업자(수익자)에게 미리 융통해 주기 위해 수출업자가 선적 전에 신용장금액(수출대금)의 전부 또는 일부에 대하여 환어음을 발행하여 대금을 사전에 수령할 수 있는 신용장이다. 수출업자의 입장에서는 선대신용장이라고 하고, 수입업자(개설의뢰인)의 입장에서는 전대신용장이라고 한다. 또한 사전에 선수금을 지급하여 주어 수익자가 수출품의 집화와 포장에 필요한 자금을 공급하여 준다는 의미에서 집화·포장신용장(Packing L/C)이라고도 하며, 선대의 문구가 붉은 색으로 기입되어 있다고 하여 朱記조항신용장(Red Clause L/C)이라고도 한다.

수출업자는 선대신용장을 받자마자 선대 수권문언 약정내용에 따라 매입은행에 환어음을 제시하고 신용장금액 한도 내에서 필요한 자금을 선대받게 되며, 이 경우 선대기간 중의 이자는 보통 수출업자가 부담한다.

Ⅶ. 국제팩토링결제방식에 의한 수출

1. 국제팩토링결제의 의의

국제팩토링결제란 국제간의 무역결제에 있어서 수출업자와 수입업자 사이에 국제팩토링회사(Factor)가 개재하여, 이 팩토링회사가 물품 또는 용역의 수출업자가 수출이행을 하고 획득한 수입업자에 대한 모든 외상매출채권을 매입하여 관리하면서 수출업자(채권자)에게 금융편의 제공(금융서비스), 고객(수입업자)의 신용조사 등의 서비스를 제공하는 방식을 말한다. 그러므로 국제팩토링결제는 신용장 개설없이 국제팩토링회사의 수입업자에 대한 신용조사, 신용위험의 인수 및 수출업자에 대한 금융편의 제공, 수출대금의 회수 등을 기초로 하여 수출입의 대금결제를 하는 방식이다.

국제팩토링회사의 주요한 업무는 다음과 같다.

① 수출업자의 외상매출채권을 매입회수·관리한다.
② 수출업자에게 무역대금의 지급보증을 하여 준다.
③ 수출업자에게 금융서비스를 제공한다.
④ 수출업자에게 수입업자로부터 수출대금의 회수업무를 대행하여 준다.
⑤ 수출업자에게 수입업자에 대한 신용조사, 신용위험의 인수 및 청구업무 등을 대행하여 준다.

이 국제팩토링결제는 국제팩토링회사가 수출업자와 수입업자 사이에 개재하여 무역대금의 지급보증을 하여 줌으로써 신용장거래와 마찬가지로 대금회수의 안전성이 있다. 그러나 신용장거래에 있어서는 신용장조건에 일치한다면 수출업자의 매매계약 위반, 상품하자 등이 수입업자의 대금지급 거절사유가 되지 않는 반면에 국제팩토링결제에서는 수출업자의 매매계약 위반, 상품하자 등을 이유로 수입업자가 대금결제를 하지 않고 클레임을 제기할 수 있다는 점이 다르다.

국제팩토링결제방식은 전세계 팩터의 회원망을 통하여 국제팩토링업무를 수행하여 줌으로써 무역거래에 있어서 신용외상구매를 촉진하여 주며, 매우 간편하게 무역대금결제서비스를 제공하여 줌으로써 미국과 유럽지역에서 그 이용이 일반화되어 가고 있다. 또한 국제팩토링결제의 이용은 주로 소규모 무역업자, 즉 신용장거래에서와 같은 복잡한 거래절차와 많은 수수료 부담을 원하지 않고, 신용장 개설시 담보부족 등으로 인해 어려움이 있는 중소 무역업자가 대부분을 차지하고 있다.

국제팩토링결제에 있어서 수출에 관여하는 팩토링회사를 수출팩터라고 하고, 수입에 관여하는 회사를 수입팩터라고 한다. 그리고 이 수출 및 수입팩토링회사 사이에는 Interfactor Agreement가 체결되어 업무를 상호 협조하게 된다.

2. 국제팩토링결제의 거래과정

국제팩토링결제는 상품과 용역의 수출업자인 Client, 수출국에 주재하는 수출팩터, 해외 수입업자인 Customer 및 수입국에 주재하는 수입팩터 등 4명의 거래당사자로 구성되어 있다. 그리고 국제팩토링결제의 거래과정은 다음과 같다.

① 수출업자는 수입업자로부터 상품주문을 받는다.
② 수출업자는 수출팩터와의 팩토링 거래약정에 근거하여 수출팩터에게 수입업자에 대한 신용조회를 의뢰한다.
③ 수출팩터는 팩터간 체결된 거래약정에 근거하여 수입팩터에게 수입업자에 대한 신용조회와 수입팩터가 지급보증할 수 있는 신용한도를 요청한다.
④ 수입팩터는 수입업자에 대하여 신용조사를 행한다.
⑤ 수입팩터는 수출팩터에게 수입업자에 대한 신용조회 결과 내용 및 신용한도를 통지한다.
⑥ 수출팩터는 수출업자에게 수입팩터로부터 통지받은 신용조회 및 신용한도 내용을 통지한다.
⑦ 수출업자는 수입업자와 수출입계약을 체결하고 상품을 선적한다.
⑧ 수출업자는 상품선적 후 취득한 매출채권과 선적서류를 수출팩터에게 양도하고 전도금융을 받는다.
⑨ 수출팩터는 선적서류를 수입팩터에게 송부한다.

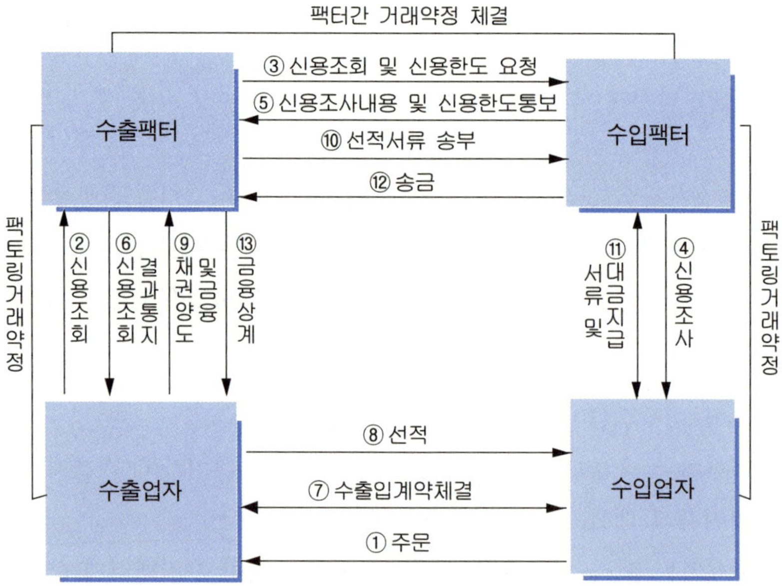

[그림 2-3] 국제팩토링결제의 거래과정

⑩ 수입팩터는 수입업자에게 선적서류를 제시하고 만기일에 대금지급을 받는다.

⑪ 수입팩터는 대금을 수출팩터에게 즉시 송금한다.

⑫ 수출팩터는 수입팩터로부터 송금되어 온 대금으로 수출업자에게 제공한 전도금융을 상계 정산하여 모든 팩토링결제과정을 종료시킨다.

제2절 거래형태에 의한 분류

Ⅰ. 직접무역과 간접무역

무역은 수출업자와 수입업자 사이에 제3자가 개입하느냐 그렇지 않으냐에 따라 직접무역(Direct Trade)과 간접무역(Indirect Trade)으로 나눈다.

직접무역은 수출입거래과정이 수출업자와 수입업자간에 직접 이루어지는 형태로서 제3자의 개입이 없다. 한편 간접무역은 수출입 거래과정에 제3자가 개입하여 수출업자와 수입업자에게 도움을 주는 형태로 다음과 같은 형태가 있다.

1) 仲介무역(Merchandising Trade)

간접무역에서 이에 介在한 제3국에서 본 무역형태로 제3자가 무역계약과 운송을 중개하지만 수출품이 제3국으로 들어오지 않고 수출국에서 수입국으로 직접 운송되며, 수출입과정을 제3자가 개입하여 원활하게 이루어지도록 조정한다.

2) 중계무역(Intermediate Trade)

중계무역업자가 수출할 것을 목적으로 수입하여 원형 그대로 수입국에 다시 수출하는 무역형태이다. 이 경우 중계무역업자는 단순히 수출액과 수입액의 차이를 획득할 수 있다. 따라서 이 경우의 화물을 통과화물(Transfer Cargo)이라고 하며, 중계무역항의 요건으로는 관세가 부과되지 않는 자유항, 보세창고의 활용 가능, 상품운송의 集積地, 외환금융의 자유 및 편익, 편리한 교통시설 등을 들 수 있다.

3) 통과무역(Transit Trade)

수출품이 수출국에서 제3국을 경유하여 수입국으로 운송되는 경우 제3국의 입장에서 본 무역형태로, 제3국의 입장에서는 물품이 통과·운송되는 동안 운송료, 보험료, 보관료 등의 수익을 얻을 수 있다.

4) 轉換무역(Switch Trade)

무역계약은 수출업자와 수입업자가 직접 체결하고, 수출품도 수출국에서 수입국으로 직접 운송되지만 대금결제만 제3국의 무역업자를 개입시켜 간접적으로 행하는 무역형태이다.

Ⅱ. 연계무역에 의한 수출입

연계무역은 특정국가에 대한 수출이 그 특정국가로부터의 수입을 전제로 이루어지는 무역형태와 같이 수출입이 어떠한 형태든 연계된 무역거래를 의미한다. 이 연계무역은 무역수지의 균형을 유지하기 위한 목적, 또는 경화가 부족한 개발도상국 및 사회주의 국가와의 거래에서 활용하기 위한 목적으로 추구되며, 이에는 물물교환, 구상무역, 대응무역 등이 있다.

1. 물물교환(Barter Trade)

외환거래가 수반되지 않고 단순히 물품만을 상호 교환하는 물물교환형식의 무역형태이다. 보통 하나의 계약서로 거래가 이루어진다.

2. 求償무역(Compensation Trade)

외환거래를 이용하여 상대국가와의 수출입균형을 유지하기 위해 수출입

물품대금을 그에 상응하는 수입 또는 수출로 상계시키는 무역형태이다. 보통 하나의 계약서로 거래가 이루어진다.

3. 對應무역(Counter Trade)

東西무역의 대표적인 형태로서, 외환거래를 이용하는 것은 구상무역과 동일하지만 별도의 계약서에 의해 거래가 이루어지고, 대응구매기간이 길며(보통 1년), 품목도 다양하고, 제3국으로 대응수입의무를 전가시키는 것이 가능하다는 점이 다르다.

Ⅲ. 위탁판매수출과 수탁판매수입

위탁판매수출(Export on Consignment)은 국내 수출업자(위탁자)가 외국 수입업자(수탁자)에게 물품을 무환으로 수출하여 위탁판매된 부분에 대해서만 대금을 영수하고, 판매기간이 끝난 후 판매되지 않은 물품을 재수입하는 무역거래방식이다. 이 경우 위탁자는 자신의 계산과 위험 하에 물품을 수출하므로 수탁자는 물품관리책임만 지고, 거의 전적인 부담을 위탁자가 지므로, 위탁자가 자금여유가 있는 상태에서 새로운 시장을 개척하는 경우에 주로 이용된다.

또한 수탁판매수입(Import on Consignment)은 국내 수입업자(수탁자)가 외국 수출업자(위탁자)로부터 위탁받아 물품을 무환으로 수입하여 수탁판매한 후 판매된 부분에 대해서만 대금을 지급하고, 판매기간이 끝난 후에 미판매된 물품은 재수출하는 무역거래방식이다. 이 경우 수입업자는 아무런 위험부담이나 자금부담 없이 수입을 용이하게 할 수 있으며, 수입업자는 판매경비 등의 수수료를 받게 된다.

Ⅳ. 위탁/수탁가공무역에 의한 수출입

위탁가공무역에 의한 수출입은 해외에서 가공할 원자재를 무환으로 수출하여 이를 가공 후 다시 수입하는 형태의 무역을 말하며, 이 형태의 무역은 환경문제 또는 저임금 등을 고려하여 추구되는 경우가 많으며, 무역업자는 현지에 가공임을 지급하게 된다.

또한 수탁가공무역에 의한 수출입은 거래상대방의 위탁을 받아 원자재 전부 또는 일부를 외국으로부터 무환으로 수입하여 가공임을 대가로 가공 후 다시 수출하는 형태의 무역을 말한다.

Ⅴ. 임대차방식에 의한 수출입

임대차방식에 의한 수출입에는 임대수출과 임차수입이 있다. 임대수출은 임대계약에 의해 물품을 수출한 후 임대계약기간이 만료되면 재수입하거나 물품의 소유권을 이전시켜 주는 형태로 기계류, 시설재 등의 수출에 많이 이용된다.

또한 임차수입은 임차계약에 의해 물품을 수입한 후 임차계약기간이 만료되면 재수출하거나 물품의 소유권을 이전받는 형태로 중소기업 합작투자업체 등이 기계류, 시설재 등을 수입하는 경우에 많이 이용된다.

Ⅵ. 외국인도수출과 외국인수수입

외국인도수출은 과거 해외건설 기자재, 설비자재 등을 사용 후 다시 매각(수출)하는 경우, 또는 원양어선 어획물을 매각(수출)하는 경우에 많이 이용되던 형태로 국내에서 통관하지 않고 물품을 외국에서 외국으로 직접 인도수출하는 형태의 무역을 말한다. 다만 이 경우 대금은 국내에서 영수하게 된다.

또한 외국인수수입은 수입대금은 국내에서 지급되지만 수입물품은 외국에서 외국으로 직접 인도되는 형태로, 해외건설 기자재 등을 해외현장에서 구입하는 경우에 많이 이용되고 있다.

Ⅶ. 산업설비수출

설비 등의 H/W와 엔지니어링(설계), 운영 S/W 등이 결합된 종합수출 형태로서 플랜트수출 등이 이에 해당한다. 산업설비수출은 보통 대규모, 거액, 장기계약(연지급 형태)의 특성을 가지고 있으며, 보통 지식집약적 산업수출이고, 수입국에 대하여 경제협력 형태로 이루어지는 경우도 있다.

Ⅷ. 보세창고渡조건에 의한 수출입

보세창고도(BWT : Bonded Warehouse Transaction)조건에 의한 수출입은 보세창고에 무환으로 반출입하여 현지에서 매매(수출입)하는 형태의 무역을 말한다. 이 경우 수입업자에게는 비용 및 시간 절약, 물품의 현지 선택 가능 등의 장점이 있지만, 수출업자에게는 대금회수 지연, 반송위험 등의 단점이 있다.

Ⅸ. 기타 분류

- 수출무역(Export Trade)
- 수입무역(Import Trade)
- 민간무역(私무역)(Private Trade)
- 국영무역(State Trade)
- 자유무역(Free Trade)
- 보호무역(Protective Trade)
- 유형무역(Visible Trade)
- 무형무역(Invisible Trade)
- 식민지무역(Colonial Trade)
- 남북무역, 동서무역, 남남무역

제 2 편
무역계약의 성립

제3장 무역계약의 성립이론 _ 56
제4장 무역계약의 기본조건 _ 64
제5장 매매계약과 주문 _ 85

제 3 장 무역계약의 성립이론

제1절 무역계약의 성격

Ⅰ. 무역계약의 의의

수출업자(매도인-Seller)와 수입업자(매수인-Buyer) 사이의 국제간의 물품매매계약을 주 대상으로 하는 무역계약은 영국물품매매계약법(The Sale of Goods Act, 1979, Part II 2-1)에서 다음과 같이 정의하고 있다.

> "'A contract of sale of goods' is a contract by which the seller transfers or agrees to transfer the property in goods to the buyer for a money consideration, called the price"

이러한 무역계약은 대금이라고 부르는 대가를 받고 물품의 소유권을 이전시켜 물품을 인도하여야 하므로 필연적으로 국제운송이 발생하며, 운송과정에서의 위험이 존재하기 때문에 무역보험이 필요하고, 국제간 거래이므로 외환거래를 수반하는 환결제 형태가 발생하는 특징을 가지고 있다.

또한 무역계약의 대상은 물품, 지적재산권, 서비스 등 모두를 포함하며, 현물과 先物(Future Goods), 특정물과 불특정물(포괄적 지정)도 대상이 된다.

Ⅱ. 무역계약의 법적성질

무역계약은 당사자간의 합의에 의해 성립하고 그 합의에 의해 매도인과 매수인이 상호간에 물품인도와 그 대가인 대금지급을 약속하는 것이므로, 다음과 같은 법리적인 특성을 가지고 있다.

첫째, 무역계약은 청약과 승낙 등에 의한 당사자간의 합의에 의해 성립하므로 낙성계약(Consensual Contract)이다.

둘째, 무역계약은 물품인도에 대하여 그 대가인 대금지급이 이루어지는 유상계약(Compensation Contract)이다.

셋째, 무역계약에서 매도인은 물품인도의무를 부담하여야 하고, 매수인은 물품수령의무와 대금지급의무를 부담하여야 하므로, 무역계약은 당사자 쌍방이 모두 채무를 부담하고, 그것이 서로 대가적인 교환적 원인관계에 있는 쌍무계약(Bilateral Contract)이다.

넷째, 무역계약은 계약의 형식에 관하여 어떠한 요건도 필요로 하지 않는 불요식계약(Informal Contract)이다.

제2절 무역계약의 법리

무역계약은 매도인과 매수인 사이의 국제간 거래이지만, 법리적인 성격으로 보면 매도인이 대금이라는 대가를 받고, 물품의 소유권, 점유권 및 위험을 매수인에게 이전하는 것이다.

첫째, 소유권은 물품을 처분, 소비, 보관 및 폐기할 수 있는 일체의 권리를 말한다. 따라서 무역계약의 본질은 물품의 소유권을 이전하는 것이라고 할 수 있으며, 무역계약에서 소유권을 이전하는 방식에는 크게 현실적 인도와 상징적 인도로 나눌 수 있다.

현실적 인도는 물품을 대금영수와 동시에 인도하는 방식이고, 상징적 인도는 B/L과 상환으로 대금지급시 인도하는 방식이며, 무역거래에서는 상징적 인도가 일반화되어 있다.

둘째, 점유권은 물품을 현실적으로 지배할 수 있는 권리를 말하며, 점유권의 이전은 물품을 인도(Delivery)하는 것에 의해 이루어진다.

셋째, 위험은 무역계약의 이행과정에서 우발적이면서도 예견치 못한 손실 또는 손해발생 가능성을 의미한다. 이러한 위험은 보통 물품이 매도인의 보관으로부터 이탈할 때에 이전한다.

제3절 무역계약의 성립 요건

Ⅰ. 성립이론

무역계약의 성립요건 중 가장 중요한 것은 당사자, 즉 수출업자인 매도인과 수입업자인 매수인 사이의 "의사의 합치"이다. 의사의 합치는 의사표시의 합의 또는 약속을 의미하는 것으로 무역계약에서는 다음과 같은 세 가지 형태가 있다.

① **청약과 승낙에 의한 성립** : 무역계약은 청약(Offer)의 의사표시에 대해 승낙(Acceptance)함으로써 성립한다는 이론으로 무역계약의 대부분은 이 이론에 의해 성립한다.

② **의사실현에 의한 성립** : 무역계약은 일방의 청약에 대해 상대방이 의사실현, 구두, 또는 물품의 사용과 같은 행위에 의해 동의 표시를 함으로써 성립한다.

③ **교차청약(Cross Offer)에 의한 성립** : 당사자간의 의사표시가 순차적인 것이 아니라 동시적인 경우에도 우리나라 민법 제533조에서는 무역계약이 성립한다고 하고 있다. 그렇지만 영·미 관습은 이를 인정하지 않고 있다.

그러나 무역계약이 당사자간의 의사의 합치로 성립하지만 무역계약이 유효하기 위해서는 그 의사표시가 법률적 효과를 발생시키는 유효한 의사표시여야 한다. 그러므로 다음과 같은 무역계약은 당사자간의 의사표시의 합치가 있어도 무효이다.

첫째, 금정치산자, 한정치산자, 미성년자 등과 같이 무능력자와의 계약은 무효이다.

둘째, 의사표시가 진의성이 있어야 한다. 그러므로 사기, 압력에 의한 계약은 무효이다.

셋째, 무역계약의 목적에 적법성이 있어야 한다. 그러므로 마약거래와 같은 불법적인 계약은 무효이다.

넷째, 무역계약의 이행상에 강행성이 존재하여야 한다. 그러므로 무역계약의 당사자 일방의 이행의무 위반에 대해 상대방이 구속력과 소송권을 갖는 계약이어야 한다.

Ⅱ. 청약

1. 청약의 의의

청약은 구두, 서면, 행위에 의해 청약자(Offerer)가 피청약자(Offeree)에게 행하는 승낙과 결합하여 일정한 내용의 무역계약을 성립시키려는 일방적·확정적이고 실현가능한 의사표시이다. 그러므로 무역계약을 체결하려는 준비행위 또는 예비행위는 청약이 아니다.

이러한 청약은 다음과 같은 법률적인 특성을 갖는다.

첫째, 청약은 그것에 응하는 승낙만 있으면 즉시 무역계약이 성립하는 확정적 의사표시이다.

둘째, 청약은 무역계약의 내용을 결정할 수 있을 정도의 사항을 포함하고 있어야 한다.

셋째, 청약은 상대방이 있는 의사표시이지만, 그 상대방은 특정인이 아니어도 상관없다.

넷째, 청약자는 장차 체결될 무역계약의 일방당사자이어야 하며, 특정인이어야 한다.

다섯째, 청약은 원칙적으로 승낙과 그 내용이 일치하여야 한다.

이러한 청약의 효력은 청약통지가 상대방에게 도달한 때에 발생하며, ① 승낙, ② 청약의 거절 또는 대응청약, ③ 청약 철회(상대방의 동의와 통지 필요), ④ 당사자의 사망, ⑤ 유효기간의 경과에 의해 소멸한다.

2. 청약의 유형

'청약의 유인'은 청약이 아니다. 즉, '청약의 유인'이란 상대방으로 하여금 청약을 하도록 유도하는 일방적인 의사표시이다. 그러므로 '청약의 유인'은 청약과 구별되며, '청약의 유인'은 구속력있는 합의를 구성하는 의사표시가 되지 못하므로 상대방이 그에 응하여 승낙하여도 '청약의 유인'을 한 자의 승낙이 없는 한 무역계약은 성립하지 않는다. 이러한 청약의 유형에는 여러 가지가 있다.

첫째, 청약을 매도인이 하느냐, 아니면 매수인이 하느냐에 따라 Selling Offer와 Buying Offer로 나눌 수 있다.

둘째, 청약은 일단 발행된 청약이 구속력 또는 확정력을 가지고 있는가의 여부에 따라 Free Offer와 Firm Offer로 분류할 수 있다.

Free Offer는 거래조건이나 유효기간이 확정되지 않아 청약자가 임의로 그 내용을 변경, 취소 또는 철회할 수 있는 청약이다. 따라서 Free Offer의 경우에는 승낙이 있어도 무역계약이 성립하는 것이 아니며, 청약자의 최종 확인(Final Confirmation)이 있어야 무역계약이 성립한다.

Firm Offer는 확정청약이라고 칭하는 것으로, 거래조건 및 유효기간이 명시되어 있는 청약을 말한다. 따라서 확정청약은 그 유효기간 내에는 원칙적으로 그 내용을 변경, 취소 또는 철회할 수 없으며, 승낙이 있으면 즉시 무역계약이 성립한다.

셋째, 광고청약과 같이 불특정다수인에게 행하는 청약을 General Offer라고 한다.

넷째, 청약에 대하여 피청약자가 가격할인, 선적기일 변경 등 조건변경을 하여 승낙한 것을 Counter Offer라고 한다. Counter Offer는 승낙이 아니므로 무역계약을 성립시키지 않으며 새로운 청약이 된다.

다섯째, 청약에는 일정한 조건이 부가되어 있어 그 조건이 충족될 때까지는 승낙이 있어도 계약이 성립하지 않는 '조건부 청약'(Conditional Offer)이 있다. '조건부 청약'에는 다음과 같은 것들이 있다.

① **확정없는 청약(Offer without Engagement)** : 이는 '시장변동조건부 청약'(Offer subject to Market Fluctuations)이라고도 하는 것으로, 가격이 미확정 상태이고 시장가격의 변동에 따라 가격이 변경된다는 조건이 부가된 청약이다.

② **在庫殘留조건부 청약(Offer subject to being unsold)** : 이는 '선매조건부 청약'(Offer subject to prior sale)이라고도 하는 것으로, 다수의 매수인에게 동일내용의 청약을 발송하고 재고품이 있는 한도 내에서 먼저 승낙한 매수인에게 매도한다는 조건이 부가된 청약이다.

[양식 3-1] 물품매도확약서(Offer-Sheet)

Korean Trading Co., Inc.

C.P.O Box 1234, Seoul, Korea

American Trading Co., Inc.
300 Liberty St. New York,
N. Y. 1005, U.S.A.

Ref. No. : CC-521
Date : April 7, 2010

Offer-Sheet

Gentlemen :

We are pleased to offer you the under-mentioned goods on the terms and conditions as follows.

Article No.	Commodity & Description	Unit	Quantity	Unit Price	Amount
CC-12	Korean Canned Crab Meat, "Star" Brand. Half Pound(1/2 lb.) cans. Fancy grade.	case	100	US$ 40.00 per case CIF New York	US$ 4,000

Origin : Made in Korea.
Packing : Five(5) dozen in a case.
Shipment : During May.
Shipping Port : BUSAN, Korea
Insurance : To be effected by buyer
Inspection : Our governmental inspection to be final
Payment : Draft to be drawn at 30 d/s under Irrevocable Transferable L/C by EDI/Internet.
Validity : This offer-sheet is valid until April 15, 2010
Remarks : We do not hold ourselves responsible for any delay due to force majeure or any other causes beyond our control.

Looking forward to your kind order for above offer.

Yours very truly

Korean Trading Co., Inc.

Gil Dong Song

Gil Dong Song
President

③ **승인조건부 청약**(Offer on Approval) : 청약과 함께 보내 온 물품을 피청약자가 점검하여 보고 승낙여부를 결정할 수 있는 조건이 부가된 청약이다.

④ **반품허용조건부 청약**(Offer on Sale or Return) : 청약과 함께 보내 온 물품을 피청약자가 판매하고 남은 잔품은 반품이 허용된다는 조건이 부가된 청약이다.

Ⅲ. 승낙

승낙은 무역계약을 성립시키기 위해 특정의 청약에 대하여 행하는 피청약자의 청약자에 대한 동의·수락의 의사표시이다. 즉, 피청약자는 청약자에 대하여 무역계약의 내용을 모두 승낙하고 계약을 체결하겠다는 의사를 표시함으로써 합의를 완성시켜 무역계약을 성립시킨다. 그런데 이러한 승낙은 원칙적으로 다음과 같은 요건을 갖추어야 한다.

첫째, 승낙은 피청약자가 무역계약을 성립시킬 의사를 가지고 특정의 청약자에 대하여 행하여야 한다.

둘째, 계약을 성립시키기 위한 유효한 승낙은 최종적이고 절대적이며 무조건적으로 행하여져야 하고, 또한 청약의 내용과 일치하여야 한다(Mirror Image Rule).

셋째, 승낙은 청약의 유효기간 내에 행하여져야 한다.

넷째, 승낙은 청약에 대하여 동의를 한다는 내심의 결의에 그치지 않고 청약자에게 표시를 하여야 한다.

이러한 승낙은 구두, 서면, 행위 등 일정한 제한 없이 어느 방법에 의해서도 가능하나 침묵은 승낙이 아니다. 또한 승낙은 그 의사표시가 청약자에게 도달된 때 발생하는 것이 원칙이다.

제 4 장 무역계약의 기본조건

제1절 품질조건(Quality Terms)

무역거래 물품의 품질을 결정하는 방법에는 크게 견품매매와 설명매매가 있으며, 설명매매는 다시 표준품매매, 규격매매, 상표매매 및 명세서매매로 분류할 수 있다.

Ⅰ. 견품매매(Sale by Sample)

무역거래 품질결정방법 중 가장 일반적으로 사용되는 방법으로서, 거래당사자가 제시한 견품과 동일한 품질의 물품을 인도하도록 약정하는 것이며, 이 견품에는 다음과 같은 3가지 유형이 있다.

- Seller's Sample : 매도인이 제시한 견품
- Buyer's Sample : 매수인이 제시한 견품
- Counter's Sample : 상대방이 제시한 견품에 대한 수정 견품

〈예문〉

- 견품과 일치 – Goods sold on sample shall be guaranteed by sellers to be fully equal to sample upon arrival at destination

- 불일치의 허용 – Moisture should not exceed 2% and admixture 1.5%

Ⅱ. 설명매매

설명매매는 견품을 제시하는 것이 아니라 상표, 설계도면, 설명서 등을 통해 그 설명내용과 일치하는 품질의 물품을 인도하도록 약정하는 형태를 말하며, 이에는 다음과 같은 것들이 있다.

1. 표준품매매(Sale by Standard)

객관적인 표준을 기초로 하여 그 표준과 동일한 품질의 물품을 인도하도록 약정하는 형태이며, 이에는 FAQ, GMQ, USQ 등의 품질결정방법이 있다.

1) FAQ(Fair Average Quality)

곡물류, 수산물, 과실류, 광산물 등의 품질결정에 사용되는 방법으로서 생산된 물품 중 선적지에서 중등의 품질을 갖춘 물품을 인도하도록 약정하는 방법이다.

2) GMQ(Good Merchantable Quality)

원목, 냉동수산물, 판자 등의 품질결정에 사용되는 방법으로서 목적지에서 시장판매에 적합한 품질을 갖춘 물품을 인도하도록 약정하는 방법이다.

3) USQ(Usual Standard Quality)

원면 등의 품질결정에 사용되는 방법으로서 선적지에서 보통 품질을 갖춘 물품을 인도하도록 약정하는 방법이다.

2. 규격매매(Sale by Grade or Type)

"KS표시" 규격물품과 같이 국제적으로 규격이 통일된 물품의 품질을 결정하는 방법이다.

3. 상표매매(Sale by Trade Mark or Brand)

"Coke"와 같이 국제적으로 그 품질이 인정된 상표로 품질을 결정하는 방법이다.

4. 명세서매매(Sale by Specification or Description)

선박, 항공기 등의 무역거래에 사용되는 방법이며, 그 물품의 설계도면, 청사진 등으로 물품의 품질을 결정하는 방법이다.

한편 물품의 품질을 결정하는 시기와 관련하여서는 선적품질조건(Shipped Quality Terms)과 양륙품질조건(Landed Quality Terms)이 있다. 일반적으로 적용되고 있는 선적품질조건은 선적시의 물품의 품질이 계약과 일치할 것을 요건으로 하는 것이며, 양륙품질조건은 양륙시의 물품의 품질이 계약과 일치할 것을 요건으로 하는 것이다.

〈예문〉

- 선적품질조건 : fair average quality of the season's shipment at time and place of shipment
- 양륙품질조건 : goods sold on sample shall be guaranteed by the seller to confirm exactly to sample upon arrival at destination

그리고 곡물거래에 있어서는 다음과 같은 특수한 방법으로 품질결정시기를 결정하고 있다.

- Tale Quale(TQ) : 곡물거래에 사용되는 선적품질조건이다.
- Rye Terms(RT) : 곡물거래에 사용되는 양륙품질조건이다.
- Sea-Damaged Terms(SD) : 곡물거래에 사용되는 것으로, 원칙적으로는 선적품질조건이지만, 운송 중 해수에 의한 물품의 손해는 매도인이 부담하기로 하는 조건이다.

제2절 수량조건(Quantity Terms)

수량조건에서는 수량의 단위, 수량의 표시방법 및 수량의 결정시기 등을 결정하는 것이 중요하다.

Ⅰ. 수량의 단위

1. 중량(Weight)

- Weight Ton(w/t), Pound(lb), Kilogram(kg), Gram(g), Ounce (oz), Pint(pt)
- Long Ton(=2,240 lbs), Metric Ton(=2,204 lbs), Short Ton (=2,000 lbs)

2. 용적(Volume)

- Measurement Ton(m/t), Cubic Meter(cbm), Cubic Feet(cft), Gallon(gal), Barrel(bar)

3. 넓이(Width)

- Acre, Super Foot(sf = 1' × 1')

4. 길이(Length)

- Yard(yd), Inch(in), Foot(ft), Kilometer(km), Meter(m)

5. 개수(Piece)

- Set, Piece(pc), Dozen(doz), Gross(12x12), Great Gross(12 x 12 x 12), Small Gross(10 doz)

6. 포장단위

- Box, Drum, Bag, Sack, Bale, Case(c/s), TEU(Twenty Feet Equivalent Unit), FEU(Forty Feet Equivalent Unit)

Ⅱ. 수량의 표시방법

물품의 수량을 표시하는 방법에는 컨테이너 물품과 같은 포장단위 물품과 Bulk Cargo와 같은 개체물품에 따라 여러 가지가 있다.

1. 총중량조건(Gross Weight Terms)과 순중량조건(Net Weight Terms)

총중량조건은 포장무게를 포함한 물품의 총중량을 의미하며, 순중량조건은 포장무게를 제외한 물품의 순중량을 의미한다.

2. 최소인수가능수량(Minimum Quantity Acceptable)과 최대인수가능수량(Maximum Quantity Acceptable)

극히 적은 수량의 주문을 거절하기 위해 사용되는 최소인수가능수량은 주문수량을 받아들일 수 있는 최소수량을 의미하며, 재고가 없어 적은 수량만의 주문을 인수하기 위해 사용되는 최대인수가능수량은 주문수량을 받아들일 수 있는 최대수량을 의미한다.

3. 과부족용인조건(More or Less Clause)

Bulk Cargo에서와 같이 운송 중 수량의 변화가 예상되는 물품에 한하여 약정된 수량에서 약간의 과부족을 인정하는 조건이다. 예컨대 "5% more or less at seller's option"으로 약정한 경우 운송 중 5%의 과부족이 인정된다.

4. 槪算수량조건(Approximate Quantity Terms)

Bulk Cargo의 수량조건에 있어서는 Approximate, About, Circa, Around, Some와 같은 용어가 수량에 사용되면 운송 중 10%의 과부족이 인정된다. 예컨대 "approximate 1,000 pcs"으로 표시되어 있는 경우 운송 중 10%의 과부족이 인정된다.

Ⅲ. 수량의 결정시기

수량의 결정시기를 정하는 방법에는 선적수량조건(Shipped Quantity Terms)과 양륙수량조건(Landed Quantity Terms)이 있다. 선적수량조건은 선적시의 수량이 계약수량과 일치하여야 되는 조건이며, 양륙수량조건은 양륙시의 수량이 계약수량과 일치하여야 되는 조건이다.

제3절 가격조건(Price Terms)

무역거래에 있어서 매수인이 지급하여야 하는 물품의 가격은 일반적으로 매도인이 부담하는 제조원가, 물류비, 각종 수수료 및 희망이익으로 구성된다. 그런데 실제적으로 물품의 가격은 매도인과 매수인이 어디까지 비용을 부담하여야 하는가에 따라 결정되므로, 매도인과 매수인의 비용부담의 분기점을 정하는 것이 가격조건에서 매우 중요한 의미를 가진다.

무역거래는 계약당사자간의 합의로부터 출발하는 것이므로, 무역거래에서 발생하는 수많은 권리와 의무관계를 매번 계약시 마다 일일이 합의한다는 것은 매우 번거롭고 부정확할 수 있다. 따라서 무역계약 당사자들은 오래 전부터 정형화된 거래조건을 사용함으로써 이러한 불편을 극복해 왔다.

이러한 매도인과 매수인의 비용부담의 분기점 및 권리·의무관계를 정하고 있는 정형거래조건(Trade Terms)에는 국제상업회의소(ICC)가 1936년에 제정하여 무역환경의 변화에 따라 수차례 개정하여 2011년 1월 1일부터 효력이 발생되어 사용하고 있는 Incoterms, 2010(International Commercial Terms, 2010 : International Rules for the Interpretation of Trade Terms, 2010)이 가장 대표적인 것이다.

거의 10년 주기로 매번 개정을 이루는 Incoterms가 Incoterms, 2010으로 동시대의 무역관행을 반영하기 위해 개정된 배경 원인은 다음과 같다. 즉, 복합운송조건의 이용률이 저조하였으며, D그룹 조건들의 이용률 저조, 해상매매계약에서 위험 및 비용의 분기점으로 Ship's rail을 기준으로 한 점에 대한 비판이 계속 나왔었으며, 화물터미널에서의 화물취급비용 부담자에 대한 논란과 전자무역거래의 활성화와 발전에 대한 대응의 필요성 증가, 9 · 11테러 등으로 인한 수출입화물의 안전에 대한 관심이 높아진 이유 등이다.

이 정형거래조건은 무역계약의 보완적인 기능을 하고 있고, 당사자간에 분쟁발생시 법률관계의 해석기준으로 사용되어, 정형거래조건에 대한 상이한 해석으로 인한 오해와 마찰, 기타 위험요인들을 제거 또는 경감하여 줌으로써 무역계약 당사자들에게 시간과 비용의 절감 및 많은 편리성을 제공하고 있다.

Incoterms, 2010에는 모두 11개의 정형거래조건이 규정되어 있으며, 다음과 같이 2개의 군으로 구성되어 있다.

단일 또는 복수의 운송방식용 조건	EXW	Ex Works(지정장소 공장인도)
	FCA	Free Carrier(지정장소 운송인인도)
	CPT	Carriage Paid to(지정목적지 운송비지급인도)
	CIP	Carriage and Insurance Paid to(지정목적지 운송비·보험료 지급인도)
	DAT	Delivered at Terminal(목적항 또는 목적장소에서의 지정터미널 인도)
	DAP	Delivered at Place(지정목적장소 인도)
	DDP	Delivered Duty Paid(지정목적지 관세지급인도)
해상 및 내수로운송용 조건	FAS	Free Alongside Ship(지정선적항 선측인도)
	FOB	Free on Board(지정선적항 본선인도)
	CFR	Cost and Freight(지정목적항 운임포함인도)
	CIF	Cost, Insurance and Freight(지정목적항 운임·보험료포함인도)

1) Ex Works(EXW) …… (named place of delivery) : 지정장소 공장인도 조건

EXW 조건은 매도인이 물품의 수출통관을 하지 않고, 또한 물품을 운송수단에 적재하지도 않은 상태로 자신의 공장, 창고, 작업장, 영업장 및 기타 지정된 장소에서 매수인의 임의처분 상태로 물품을 인도하는 것을 의미한다. 따라서 이 조건은 매도인의 의무가 최소인 것을 의미하며, 매수인은 매도인의 공장 등으로부터 물품을 인도받은 때부터 모든 비용을 부담하여야 한다.

EXW 조건은 운송수단에 관계없이, 그리고 하나 이상의 운송수단이 사용되는 경우에도 사용될 수 있으며, 국제거래 보다는 국내거래에서 사용하는데 보다 적합하고, 국제거래에서는 FCA조건을 사용하는 것이 보다 적절하다. 또한 거래당사자들은 인도장소를 명확하게 지정하는 것이 중요한데, 이것은 매도인과 매수인의 비용과 위험부담의 경계를 정하는데 매우 중요하기 때문이다.

2) Free Carrier(FCA) …… (named place of delivery) : 지정장소 운송인 인도조건

FCA 조건은 매도인이 물품을 수출통관하여 지정장소에서 매수인에 의해 지정된 운송인에게 물품을 인도하는 것을 의미한다. 따라서 매수인은 지정장소에서 물품을 인도받은 때부터 모든 비용을 부담하여야 한다.

FCA 조건은 운송수단에 관계없이, 그리고 하나 이상의 운송수단이 사용되는 경우에도 사용될 수 있으며, 거래당사자들은 인도장소를 명확하게 지정하는 것이 중요한데, 이것은 매도인과 매수인의 비용과 위험부담의 경계를 정하는데 매우 중요하기 때문이다.

3) Carriage Paid to(CPT) …… (named place of destination) : 지정목적지 운송비지급 인도조건

CPT 조건은 매도인이 물품을 수출통관하여 물품을 합의된 장소(만약 그러한 장소가 당사자들 사이에 합의가 되었다면)에서 매도인에 의해 지명된 운송인 또는 다른 사람에게 인도하고, 또한 매도인이 물품을 지정목적장소까지 이동시키는 데 필요한 운송계약을 체결하고 그 운임을 지급하여야 한다는 것을 의미한다.

CPT, CIP, CFR 또는 CIF 조건을 이용할 때 매도인은 물품이 목적장소에 도착될 때가 아니라 물품을 운송인에게 넘겨 줄 때에 자신의 인도의무를 이행한다. 또한 물품이 인도되는 장소와 지정목적장소를 가능한 한 정확하게 매매계약에서 확정하는 것이 중요하다. 왜냐하면 물품의 인도를 위해 합의된 장소에서 위험이 매수인에게 이전되고, 합의된 지정목적장소까지 매도인은 운송계약을 체결하여야 하기 때문이다. 이에 더하여 합의된 목적지까지의 운송을 위해 여러 운송인이 개입되고, 또 당사자들이 특정의 인도지점에 관하여 합의를 하지 못한 경우, 위험은 매도인이 일방적으로 선택권을 행사하여 매수인이 아무런 통제권을 가지지 못하는 지점에서 물품이 첫 운송인에게 인도되었을 때 이전한다. 그리고 당사자들이 위험을 나중의 어느 단계에서(예컨대, 항구 또는 공항) 이전시키기를 원한다면 이 점을 그들의 매매계약에 명시할 필요가 있다.

4) Carriage and Insurance Paid to(CIP) …… (named place of destination) : 지정목적지 운송비·보험료지급 인도조건

CIP 조건은 매도인이 물품을 수출통관하여 지정장소에서 매도인 스스로 지정한 운송인에게 물품을 인도하여야 하며, 그리고 매도인은 지정 목적지까지 운송계약을 체결하고 운임을 지급하여야 하고, 또한 지정 목적지까지 보험계약을 체결하고 보험료를 납부하여야 하는 것을 의미한다. 따라서 매수인은 지정 목적지까지의 운송비 및 보험료를 제외하고, 지정장소에서 물품을 인도받은 때부터의 모든 비용을 부담하여야 한다.

CIP 조건은 운송 중 매도인이 부담하는 물품에 대한 위험을 담보하기 위해 매도인이 보험계약을 체결하여야 하는데, 매도인은 최소담보약관으로 부보하면 충분하며, 만약 매수인이 보다 큰 담보를 원한다면 이 점에 관하여 매도인과 명시적으로 합의하거나 또는 스스로 추가로 보험계약을 체결하여야 한다.

CIP 조건은 운송수단에 관계없이, 그리고 하나 이상의 운송수단이 사용되는 경우에도 사용될 수 있으며, 거래당사자들은 인도장소를 명확하게 지정하는 것이 중요한데, 이것은 매도인과 매수인의 비용과 위험부담의 경계를 정하는데 매우 중요하기 때문이다.

5) Delivered at Terminal(DAT) …… (named terminal at port or place of destination) : 목적항 또는 목적장소에서의 지정터미널 인도조건

DAT 조건은 물품이 지정목적항 또는 지정목적장소의 지정터미널에서 도착되는 운송수단에서 일단 양화된 상태로, 매도인이 물품의 수입통관도 하지 않고, 매수인의 임의처분상태로 매도인이 물품을 인도한다는 것을 의미한다. 이 조건에서 터미널은 부두, 창고, CY 또는 도로, 철도 또는 공항의 화물터미널과 같은 모든 장소를 포함하며, 매도인은 지정목적항 또는 지정목적장소에서의 지정터미널에 물품을 갖다 놓고 양화시킬 때까지의 물품에 대한 모든 위험을 부담한다.

DAT 조건에서 거래당사자들은 터미널과 합의된 목적항 또는 목적장소 내에서의 특정지점을 가능한 한 명확하게 명시하도록 권고하고 있다. 왜냐하면 합의된 목적지점까지의 위험은 매도인이 부담이기 때문이다.

또한 DAT 조건에서 매도인은 합의된 목적지점까지 정확하게 일치하는 운송계약을 체결하여야 하며, 만약 당사자들이 매도인에게 터미널에서 다

른 장소로의 물품의 운송 및 취급에 따른 위험과 비용을 부담시킬 의도라면, DAP 조건이나 DDP 조건을 이용하는 보다 적합하다.

6) Delivered at Place(DAP) …… (named place of destination) : 지정목적장소 인도조건

DAP 조건은 물품이 지정목적장소에서 도착되는 운송수단 상에서 양화준비가 된 상태로 매수인의 임의처분상태로 매도인이 물품을 인도한다는 것을 의미한다. 따라서 매도인은 이때까지의 물품에 대한 모든 비용 및 위험을 부담하여야 한다.

DAP 조건에서 거래당사자들은 합의된 목적장소의 목적지점을 가능한 한 정확하게 명시하여야 한다. 왜냐하면 합의된 목적지점까지의 위험은 매도인이 부담이기 때문이다. 아울러 매도인은 합의된 목적지점까지 정확하게 일치하는 운송계약을 체결하여야 하며, 만약 매도인이, 예컨대 자신이 체결한 운송계약에 의해 지정목적장소에서 양화와 관련된 비용을 초래한다면 당사자들 사이에 달리 합의된 바가 없는 한, 매도인은 이러한 비용을 매수인으로부터 회수할 권리가 없다.

7) Delivered Duty Paid(DDP) …… (named place of destination) : 지정목적지 관세지급 인도조건

DDP 조건은 매도인이 물품의 수입통관은 하지만, 지정 목적지에 도착하는 운송수단상에서 양화준비가 된 상태로 매수인의 임의처분 상태로 물품을 인도하는 것을 의미한다. 그러므로 이 조건에서 매도인은 물품을 지정목적장소에서 인도하는데 따르는 모든 위험과 비용을 부담하여야 하며, 매도인이 물품의 수출은 물론 수입통관의무를 부담하여야 하고, 또한 수출과 수입에 따른 모든 관세를 지급하여야 하며, 모든 통관절차를 이행할 의무를 매도인이 부담하여야 한다. 그러므로 이 조건은 매도인이 지정목적지까

지의 일체의 비용을 부담하므로 매수인의 비용부담이 최소인 조건이다.

그런데 만약 매도인이 직 · 간접적으로 수입통관을 할 수 없다면 계약당사자들이 DDP 조건을 이용하지 말고 DAP 조건을 이용하여야 한다.

8) Free Alongside Ship(FAS) …… (named port of shipment) : 지정선적항 선측인도조건

FAS 조건은 매도인이 물품을 수출통관하여 지정 선적항의 본선의 선측에서 물품을 매수인에게 인도하는 것을 의미한다. 따라서 매수인은 지정선적항의 선측에서 물품을 인도받은 때부터 모든 비용을 부담하여야 한다.

FAS 조건에서 선측이란 지정선적항의 부두상이나 바지선을 의미하며, 매도인은 물품을 지정선적항에서 매수인에 의해 지명된 선측에 둘 때 물품을 인도한다.

FAS 조건에서 거래당사자들은 지정선적항에서의 적재지점을 가능한 한 명확하게 명시하도록 권고하고 있다. 왜냐하면 그 지점까지의 비용과 위험은 매도인이 부담하여야 하며, 또한 그 비용 및 관련 취급비용은 항구의 관행에 따라 변경될 수 있기 때문이다.

그런데 화물이 컨테이너에 적입되는 경우 매도인은 물품을 선박의 선측이 아닌 컨테이너 터미널에서 운송인에게 교부하기 때문에, 이러한 상황이라면 FAS 조건은 적합하지 않으며, FCA 조건을 이용하여야 한다.

9) Free on Board(FOB) …… (named port of shipment) : 지정선적항 본선인도조건

FOB 조건은 매도인이 지정선적항에서 매수인에 의해 지명된 선박상에서 물품을 인도하거나 또는 이미 그렇게 인도된 물품을 조달하는 것을 의미하며, 물품에 대한 멸실 또는 손상의 위험은 물품이 본선상에 적재될 때 이전하게 되고, 매수인은 그 때부터 모든 비용을 부담하여야 한다.

그런데 물품이 전형적으로 터미널에서 인도되어 컨테이너에 적입되는 방식과 같이, 물품이 본선상에 적재되기 전에 물품이 운송인에게 교부되는 경우에는 FOB 조건은 적합하지 않으며, 이러한 경우에는 FCA 조건을 이용하여야 한다.

10) Cost and Freight(CFR) …… (named port of destination) : 지정목적항 운임포함 인도조건

CFR 조건은 매도인이 물품을 수출통관하여 매도인이 본선상에 물품을 인도하거나 또는 이미 그렇게 인도된 물품을 조달하는 것을 의미하며, 물품에 대한 멸실 또는 손상의 위험은 물품이 본선상에 적재될 때 이전하게 되고, 매도인은 물품을 지정목적항까지 이동시키는데 필요한 운송계약을 체결하고, 또한 그 비용과 운임을 지급하여야 한다.

CPT, CIP, CFR 또는 CIF 조건을 이용할 때, 매도인은 물품이 목적장소에 도착할 때가 아니라 물품을 명시된 방법으로 운송인에게 교부할 때 자신의 물품인도의무를 이행한다. 또한 CFR 조건은 상이한 장소에서 위험과 비용이 이전하기 때문에 두 곳의 임계점(critical point)을 가지며, 아울러 매도인은 합의된 목적지점까지 정확하게 일치하는 운송계약을 체결하여야 하는데, 만약 매도인이 자신이 체결한 운송계약에 의해 지정목적항에서의 합의된 특정지점에서 양화와 관련된 비용을 초래한다면, 매도인은 당사자들 사이에 달리 합의된 바가 없는 한, 이러한 비용을 매수인으로부터 회수할 권리가 없다.

그런데 물품이 전형적으로 터미널에서 인도되어 컨테이너에 적입되는 방식과 같이, 물품이 본선상에 적재되기 전에 물품이 운송인에게 교부되는 경우에는 CFR 조건이 적합하지 않으며, 이러한 경우에는 CPT 조건을 이용하여야 한다.

11) Cost, Insurance and Freight(CIF) …… (named port of destination) :
지정목적항 운임 · 보험료포함 인도조건

CIF 조건은 매도인이 물품을 수출통관하여 운송 중 매수인이 부담하는 물품에 대한 위험을 담보하기 위해 매도인이 보험계약을 체결하여야 하는 것을 제외하고는 CFR 조건과 동일하다. 이 조건에서 매도인이 보험계약을 체결하는 경우 최소담보약관으로 부보하면 충분하며, 만약 매수인이 보다 큰 담보를 원한다면 이 점에 관하여 매도인과 명시적으로 합의하거나, 또는 스스로 추가로 보험계약을 체결하여야 한다.

제4절 선적조건(Shipment Terms)

무역계약에서 매도인의 중요한 의무 중의 하나가 약정한 물품을 선적하여 매수인에게 인도하는 것이다. 따라서 선적행위는 물품의 인도를 위한 것이므로 선적조건을 인도조건이라고도 한다. 그런데 여기에서 선적은 해상운송에서의 본선적재(Loading on Board)만을 의미하는 것이 아니고, 항공기 또는 화차에의 적재(Loading), 우송물의 발송(Despatch) 및 복합운송을 위한 화물의 접수(Taking in Charge) 등을 포함하는 광의의 개념이다.

선적조건에서 중요한 내용은 선적시기, 분할선적, 환적, 지연선적 및 선적일의 입증 등이다.

Ⅰ. 선적시기

선적시기는 구체적으로 월, 일 등을 제시하여 약정하는 것이 일반적이다.

- **單月조건** : 4월중 선적(during April), 7월중 선적(during July) 등으로 약정
- **連月조건** : 4/5월중 선적(during April/May) 등으로 약정
- **특정 일/월 이전 혹은 이내 조건** : 5월 10일까지 선적(by May 10), 5월까지 선적(by May), 계약 후 2개월 이내 선적(within two months after contract) 등으로 약정

Ⅱ. 분할선적(Partial Shipment)

선적하여야 할 물량이 많은 경우, 또는 매수인의 요청에 의해 분할선적이 요구되는 경우가 있다. 이 경우에는 분할횟수, 각 분할선적 수량 및 각 분할선적분의 시기 등을 사전에 합의하여 놓아야 한다. 이러한 분할선적은 신용장에서 금지하고 있지 않은 한 일반적으로 허용되고 있다.

Ⅲ. 환적(Transhipment)

선적된 운송수단으로부터 다른 운송수단으로 이적하는 것을 환적이라고 한다. 이러한 환적은 복합운송시대에 있어서는 필연적으로 발생하는 경우가 많아 일반적으로 허용되고 있다.

Ⅳ. 지연선적(Delayed Shipment)

약정된 선적일 내에 선적하지 못하는 경우를 지연선적이라고 한다. 이러한 지연선적은 매도인의 귀책사유로 인한 경우에는 원칙적으로 계약위반이 되지만, 불가항력에 의해 지연선적이 발생한 경우에는 면책된다.

V. 선적일의 입증

선적일의 입증이 곤란한 경우가 발생할 수 있는데, 이러한 경우 선화증권(B/L) 발행일이 선적일로 인정된다.

제5절 보험조건(Insurance Terms)

매도인이 매수인에게 물품을 선적하여 인도하기 위해서는 필연적으로 운송행위를 이행하게 된다. 그런데 이 운송 중에는 다양한 위험에 물품이 노출되어 손상을 입을 수 있으므로 보험에 부보하여 이를 커버하여야 한다.

이러한 보험에는 해상운송 위험을 커버하기 위한 해상적하보험(Marine Cargo Insurance), 항공운송이나 육상운송 위험을 커버하기 위한 항공운송보험, 육상운송보험 및 복합운송 위험을 커버하기 위한 일관운송보험 등이 있다.

보험조건의 중요한 내용은 보험자, 피보험자, 보험계약자, 보험기간 및 보험금액 등을 결정하는 것이며, 이 보험조건은 정형거래조건에 따라 상이하다. 한편 해상적하보험에 적용되는 부보조건에는 런던보험자협회(The Institute of London Underwriters)가 제정한 구협회적하약관(Old Institute Cargo Clause)과 신협회적하약관(New Institute Cargo Clause)이 있다.

Ⅰ. 구협회적하약관(Old Institute Cargo Clause)

1. (Against) All Risk

AAR 또는 AR(전위험담보) 약관으로 면책비율을 적용하지 않고 소손해도 보상해 주는 전위험담보조건으로서 그 담보범위가 가장 크다.

2. With Average

WA(분손담보) 약관으로 전손, 공동해손 및 단독해손까지 보험자가 담보해 주는 조건이다.

3. Free from Particular Average

FPA(분손부담보) 약관으로 특정 화주만이 단독으로 입은 단독해손에 대하여는 보험자가 보상하지 않는 조건이다. 이 조건은 구협회적하약관 중에서는 가장 담보범위가 작으며, 무역보험에서 가장 일반적으로 적용되는 조건이다.

4. Total Loss Only

TLO(전손담보) 약관으로 전손인 경우에 한하여 보험자가 보상하는 특별약관이다.

5. Strikes, Riots and Civil Commotion Clause

SR&CC(파업, 폭동 및 내란) 약관으로 파업, 폭동 및 내란위험을 담보하기 위한 특별약관이다.

6. Theft, Pilferage and Non-Delivery Clause

TPND(도난, 拔貨, 未着) 약관으로 분실 및 도난위험을 담보하기 위한 특별약관이다.

7. Franchise

소손해면책약관으로 소손해에 대하여는 보험자가 보상하지 않는 특별약관이다.

Ⅱ. 신협회적하약관(New Institute Cargo Clause)

1. Institute Cargo Clause (A)

ICC(A)는 면책약관을 제외한 모든 위험을 보험자가 담보하기로 하는 조건이다.

2. Institute Cargo Clause (B)

ICC(B)는 ICC(A) 보다는 담보범위가 좁으며, 구약관의 WA(분손담보)조건과 담보범위가 유사한 조건이다.

3. Institute Cargo Clause (C)

ICC(C)는 ICC(B) 보다 더욱 그 담보범위가 좁으며, 구약관의 FPA(분손부담보) 조건과 담보범위가 유사한 조건이다.

제6절 결제조건(Payment Terms)

결제조건의 내용으로는 대금결제방식, 대금지급시기 및 결제통화를 결정하는 것이 중요하다.

Ⅰ. 대금결제방식

1. 신용장(L/C : Letter of Credit)

개설은행의 지급보증이 있는 신용장에 의한 무역결제방식이다.

2. 추심결제방식(Payment by Collection)

신용장의 개설없이 수출업자가 발행한 환어음과 선적서류만으로 대금결제가 이루어지는 방식이다. 이 방식에는 D/P 및 D/A 방식이 있다.

- D/P(Documents against Payment) : 환어음의 지급인인 수입업자가 환어음 지급을 하여야 선적서류를 인도해 주는 방식이다.
- D/A(Documents against Acceptance) : 환어음의 지급인인 수입업자가 환어음 인수만 하면 선적서류를 인도해 주는 방식이다.

3. 송금방식

수입업자가 물품수령 전 또는 수령 후에 수입대금을 수출업자에게 직접 송금하여 결제하는 방식이다.

Ⅱ. 대금지급시기

1. 선지급(Payment in Advance)

수출업자는 선적 전 대금을 결제받는다.

- Cash with Order(CWO) : 수출업자는 주문 수령시 거래대금을 결제받는다.
- X% Advance Money : 수출업자는 계약대금 중 일정비율을 선급받는다.
- Red Clause L/C : 선지급신용장으로 수출업자는 선적 전 대금을 결제받는다.

2. 현금지급(Cash Payment)

매도인이 물품을 인도할 때에 대금이 지급되며, 이에는 COD(Cash on Delivery) 매매가 대표적인 것이다.

3. 후지급

추심결제방식 및 신용장 결제방식 중 기한부환어음에 의한 경우가 후지급에 해당한다.

Ⅲ. 결제통화(Currency)

결제통화는 가격조건의 표시통화로 하는 것이지만, 환위험 등을 고려하여 국제적으로 공신력이 높은 통화를 선택하는 것이 중요하다.

제5장 매매계약과 주문

제1절 일반거래조건협정서

무역계약을 체결하기 위해 조회하여 합의해야 할 무역거래조건에는 품질조건, 가격조건, 수량조건, 선적조건, 보험조건, 결제조건, 중재조건 등 매우 다양하고 복잡하다. 그러므로 이러한 수많은 무역거래조건을 계약시 마다 매번 조회하여 합의한다는 것은 매우 번거롭고, 많은 시간과 비용을 낭비할 수 있다.

따라서 지속적인 무역거래를 하는 경우 등에서는 품목, 수량, 단가, 선적일 등 매번 계약시 마다 필수적으로 조회하여 합의하여야 하는 조건들은 제외하고, 국제상관습상 일반적으로 적용되는 일반조건에 대하여는 사전에 무역계약 당사자간에 합의하여 놓으면, 무역계약을 신속하고 효율적으로 체결할 수 있다.

이와 같이 무역계약 당사자간에 사전에 합의하여 협정서를 체결하고, 그 이후의 무역계약에서는 이 협정서에서 합의한 조건들을 그대로 원용하여 적용하게 되는데, 이 협정서를 일반거래조건협정서(Memorandum, Agreement on General Terms and Conditions of Business)라고 한다.

[양식 5-1] 일반거래조건협정서(1)

Agreements on General Terms and Conditions of Business

This Agreement that is hereby agreed between Korean Trading Co., Inc., Busan, Korea(hereinafter referred to as the Sellers), and American Trading Co., Inc., New York, U.S.A. (hereinafter referred to as the Buyers) witness as follows :

1. Business : Both the Sellers and the Buyers act as Principals to Principals on their own account and responsibility, and not as Agents.
2. Samples and Quality : The Sellers are to supply the Buyers with samples free of charge, and the quality of the goods to be shipped should be exactly equal to the sample on which an order is given.
3. Quantity : Quantity determined by the Sellers, as set forth in shipping documents, shall be final. And, quantity shall be subject to a variation of 5% plus or minus at the Sellers′ option.
4. Price : Unless otherwise especially stipulated, prices are to be quoted on CIF New York basis in U.S. Dollars. And, the special discount of 3% from the contract price is permitted on orders exceeding 5,000 Lbs in quantity.
5. Firm Offer : All firm offers are to remain effective for seven days including the day of dispatch. However, Sundays and all official bank holidays shall not be counted as days.
6. Acceptance : Acceptance must be made by telecommunication within the time specified.
7. Orders : Except in cases where firm offers are accepted, all orders are to be subject to the Sellers′ final confirmation.

8. Packing : Proper export bale packing is to be carried out, each bale bearing the mark ABC in square with serial bale numbers and origin of country.
9. Shipment : All contracted goods is to be shipped within the time stipulated in each contract, except in circumstances beyond the Sellers' control. The date of Bill of Lading shall be taken as conclusive proof of the day of shipment. Unless expressly agreed upon, the port of shipment shall be at the Sellers' option. Partial shipments and transhipments shall be permitted.
10. Marine Cargo Insurance : All shipments are to be covered on Against All Risks including War Risks and S.R.C.C. for the invoice amount plus 10%, if no other conditions are particularly agreed on. Any additional premium for insurance coverage shall be borne by the Buyers. All insurance policies shall be made out in U.S. Dollars and claims payable in New York.
11. Payment : Draft is to be drawn at Sight under Banker's Irrevocable Letter of Credit which should be issued in favor of the Sellers immediately upon contract, for the invoice value with full set of shipping documents, namely, Bill of Lading, Insurance Policy, Commercial Invoice and other documents which each L/C requires.
12. Force Majeure : The Sellers shall not be responsible for non-shipment or the delay in shipment due to force majeure, including mobilization, war, strikes, riots, civil commotion, hostilities, blockade, requisition of vessels, prohibition of export, fires, floods, earthquakes, tempest and any other contingencies, which prevent shipment within the stipulated period. In the event of any of the aforesaid causes arising, documents proving its occurrence or existence shall be sent by the Sellers to the Buyers without delay. In all cases of force majeure provided in the Article No. 12, the period of shipment stipulated shall be extended for a period of twenty-one (21) days. In case shipment within the extended period

should still be prevented by a continuance of the causes mentioned in the Article No. 12 or the consequences of any of them, it shall be at the Buyers′ option either to allow the shipment of late goods or to cancel the order by giving the Sellers the notice of cancellation by telecommunication.

13. Claims : Claims, if any, shall be submitted by telecom- munication within fourteen (14) days from the date of final discharge of the goods at destination. Certificates by recognized surveyors shall be sent by airmail without delay.
14. Arbitration : All claims which cannot be amicably settled between the Sellers and the Buyers shall be finally settled by arbitration in Seoul, Korea in accordance with the Arbitration Rules of The Korean Commercial Arbitration Board and under the Laws of Korea. The award rendered by the arbitrator(s) shall be final and binding upon both parties concerned.
15. Trade Terms : Unless specially stated, the trade terms under this contract shall be governed and interpreted by the latest Incoterms. This Agreement shall be valid on and after July 5, 2009.

the Sellers the Buyers

[양식 5-2] 일반거래조건협정서(2)

Agreements on General Terms and Conditions of Business

This Agreement entered into between Korean Trading Co., Inc., Busan, Korea(hereinafter called the Sellers), and American Trading Co., Inc., New York, U.S.A.(hereinafter called the Buyers) witness as belows :

1. Business : Both the Sellers and the Buyers act as Principals to Principals, and not as Agents for the sale of the Sellers′ Color TV sets.
2. Samples and Quality : The Sellers are to supply the Buyers with samples free of charge, and the quality of the goods to be shipped should be exactly equal to the sample on which an order is given.
3. Quantity : Weight and quantity determined by the Sellers, as set forth in shipping documents, shall be final.
4. Price : Unless otherwise especially stipulated, prices are to be quoted on FOB Busan basis in American Currency. And, the special discount of 2% from the contract price is permitted on orders exceeding 5,000 sets in quantity.
5. Firm Offer : All firm offers are to remain effective for five days including the day dispatched. However, Sundays and all official bank holidays shall not be counted as days.
6. Acceptance : Acceptance must be made by telex within the time specified.
7. Orders : Except in cases where firm offers are accepted, all orders are to be subject to the Sellers′ final confirmation.
8. Marks and Numbers : All Marks and Numbers below must be shown on export wooden cases as well as on invoices for all shipment.

C P T

33/100

Made in Korea

9. Shipment : All contracted goods is to be shipped within the time stipulated in each contract, except in circumstances beyond the Sellers′ control. The date of Bill of Lading shall be taken as conclusive proof of the day of shipment. Unless expressly agreed upon, the port of shipment shall be at the Sellers′ option. Partial shipments and transhipments shall be prohibited.
10. Marine Cargo Insurance : All shipments are to be covered by the Buyers on their own account and responsibility. All insurance policies shall be made out in American Currency and claims payable in New York.
11. Payment : Draft is to be drawn at 60 d/s under an Irrevocable L/C which should be opened in favor of the Sellers for the full invoice amount with full sets of shipping documents attached.
12. Force Majeure : The Sellers shall not be responsible for non-shipment or the delay in shipment due to force majeure, including mobilization, war, strikes, riots, civil commotion, hostilities, blockade, requisition of vessels, prohibition of export, fires, floods, earthquakes, tempest and any other contingencies, which prevent shipment within the stipulated period. In the event of any of the aforesaid causes arising, documents proving its occurrence or existence shall be sent by the Sellers to the Buyers without delay. In all cases of force majeure provided in the Article No. 12, the period of shipment stipulated shall be extended for a period of twenty-one (21) days. In case shipment within the extended period should still be prevented by a continuance of the causes mentioned in the Article No. 12 or the consequences of any of them, it shall be at the Buyers′ option either to allow the shipment of late goods or to cancel the order by giving the Sellers the notice of cancellation by telecommunication.

13. Claims : Claims, if any, shall be submitted by telecommunication within seven (7) days from the date of final discharge of the goods at destination. Certificates by recognized surveyors shall be sent by airmail without delay.
14. Arbitration : All disputes, controversies, or differences which may arise between the parties, out of or in relation to or in connection with this contract, or for the breach therof, shall be finally settled by arbitration in Busan, Korea in accordance with the Arbitration Rules of The Korean Commercial Arbitration Board and under the Laws of Korea. The award rendered by the arbitrator(s) shall be final and binding upon both parties concerned.
15. Trade Terms : Unless specially stated, the trade terms under this contract shall be governed and interpreted by the latest Incoterms.

This Agreement shall be valid on and after July 5, 2009.

the Sellers	the Buyers
Korean Trading Co., Inc.	American Trading Co., Inc.
Gil Dong Hong	*Smith Clark*
Gil Dong Hong	*Smith Clark*
President	President

이러한 일반거래조건협정서의 표준양식은 없으며, 2부를 작성하여 양 당사자가 서명한 후 1부씩 보관하여 활용하게 되는데, 그 일반적인 내용은 다음과 같다.

- 무역계약의 주체에 관한 내용
- 무역계약의 성립에 관한 내용
- 무역계약의 이행에 관한 내용
- 무역계약의 대금결제에 관한 내용
- 무역계약의 분쟁해결에 관한 내용

제2절 매매계약

무역계약에 있어서는 정식의 매매계약서(Contract Note)를 작성하는 것이 아니라 매도인의 물품매도확약서(Offer-Sheet), 매도확약서(Sales Note), 주문확인서(Confirmation of Order), 또는 매수인의 주문서(Order-Sheet), 구매확약서(Purchase Note) 및 심지어는 신용장, 작업지시서 등의 접수로 매매계약서의 작성을 대신하는 것이 일반적이다.

그런데 무역계약이 성립하였다는 것은 대부분 '매매'가 아니라 '매매의 합의'가 성립한 것을 의미한다. 따라서 무역계약은 그 성립 후에 계약조건에 따른 매매당사자의 의무이행이 수반되는 것이 특징적이다.

그러므로 무역계약의 거래조건이 완전하고도 정확하게 이행되기 위해서는 계약내용을 기록하는 것이 중요하며, 그 확인의 문서가 매매계약서이다. 특히 무역계약은 구두에 의한 양 당사자의 합의에 의해서도 유효하게 성립하므로, 그 성립 후에 즉시 매매계약서를 작성하는 것은 계약조건의 완전한 이행을 위해 매우 중요하다.

또한 무역계약은 그 국제성·격지성 등의 성질상 그 내용이 특수하고, 또한 복잡하여 오해나 분쟁이 생기기 쉽다. 따라서 계약내용에 대하여 오해를 피하고, 또한 장래의 클레임 등의 분쟁이 발생한 경우에 그 계약내용을 입증하는 증거를 확보하기 위해 계약조건이 기록되고 양 당사자가 서명하여 확인한 매매계약서를 작성하는 것이 필요하다.

[양식 5-3] 매매계약서

This Contract entered into between ABC Trading Co., Inc.(in this Contract called "Seller"), a Korean corporation having its principal office in Seoul, Korea and DEF Trading Co., Inc.(in this Contract called "Buyer"), a Japanese corporation having its principal office in Tokyo, Japan, witnesses as follows :

1. Type of Business : Seller is engaged in the dealing of XYZ goods and desires to sell XYZ goods to Buyer, and Buyer desires to purchase XYZ goods from Seller subject to terms and conditions stated in this Contract. This Contract recognizes the fact that it is on a principal to principal basis between Seller and Buyer.
2. Products and Quality : XYZ goods produced by Gold Mining Co., Inc. at its silver Mine, with the following typical analysis :
   X 6-8% (minimum 4% guaranteed)
   Y 30-40%
   Z 1-3%
   Total Sulphur content 6-8%
   If the X content should be less than 4%, Buyer has a right to cancel the material.
3. Quantity : 48,000 dry metric tons, 10% more or less at Seller's option.
4. Payment : Draft is to be drawn at Sight under Irrevocable L/C.
5. Shipment : Each shipment will take place monthly with a minimum interval of twenty five (25) days between shipments. Buyer shall nominate a vessel to Seller at least three (3) weeks prior to her scheduled departure from the port. If Seller fails to ship the monthly quantity, Buyer has a right to cancel the quantity thus unshipped and Seller shall bear the loss incurred in consequence.
6. Price : Prices are to be quoted on FOB Busan in the U.S. Currency.
7. Packing : In suitable steel drums. If second hand drums are used such drums shall be lined with polyethylene.

8. Marine Insurance : Buyer shall arrange marine insurance including the following institute clauses :
   (i) F.P.A. Clause
   (ii) War Risk and S.R.C.C. Clause
   (iii) Spontaneous Combustion Clause
   (iv) Warehouse to Warehouse Clause, up to the extent of delivery at the warehouse of each first shipment. Insurance for shipment shall cover One Hundred and Ten percent(110%) of the CIF value of the XYZ goods. Insurance policies shall provide for payment of claims in Japan in the U.S. Currency.
9. Force Majeure : Non-delivery of all any party of the XYZ goods caused by prohibition of export, refusal to issue export license or permit, arrests and restraint of rules, war or warlike operations, blockade, revolution, insurrection, mobilization, strikes, civil commotions, riots, Act of God, plague or other beyond the Seller's and/or Buyer's control shall operate as a cancellation of this contract to the extent of such non-delivery.
10. Infringement : Seller or Buyer shall hold the other party free from liability for any infringement with regard to patent, trade mark, design and/or copyright originated or chosen by him.
11. Arbitration : Any dispute which may arise under this contract and which cannot be disposed of by mutual agreement, shall be settled by arbitration in Japan. Arbitration may be initiated by either party giving thirty(30) days' notice in writing to the other commencement of arbitration proceedings. Thereupon, a board of three(3) arbitrators shall be appointed one of whom shall be chosen by the Buyer, one by the Seller and a third by the two(2) so chosen. Their award or that of any two of them shall be final and binding upon both parties.
12. Duration and Termination : This Contract will be effective initially for a period of two(2) years from the date first above written and will be automatically extended each year after March 1, 2009 for a further period of one year unless Buyer or Seller give notice of their intention to terminate this Contract by correspondence dated at least six(6) months prior to the date such termination is to become effective.

13. Entire Understanding : This Contract sets forth the entire agreement and understanding between the parties as to the subject matter of this Contract, and merges and supersedes all prior discussions agreements and understandings of any every nature between them, and neither party shall be bound by any condition, definition, warranty or representative other than as expressly provided for in this Contract, or as may be on a subsequent date duly set forth in writing and signed by a duly authorized officer of the party to be bound.
14. Proper Law : The formation, validity, construction and the performance of this Contract are governed by the laws of Japan. In witness whereof, the parties have executed this Contract in duplicate by their duly authorized representative as of the date first above written.
15. Trade Terms : Unless specially stated, the trade terms under this contract shall be governed and interpreted by the latest Incoterms.

This Contract shall be valid on and after March 1, 2009.

Seller	Buyer
ABC Trading Co., Inc.	DEF Trading Co., Inc.
Gil Dong Hong	*Miyasita Kunio*
President	President

제3절 주 문

무역계약이 청약과 승낙에 의해 성립하면 매매계약서를 체결하게 되고, 이어 매수인은 매도인에게 계약과 일치하는 조건의 주문서(Order -Sheet)를 발송하는 것이 일반적이다. 이 경우 주문서와 함께 물품생산과 관련한 작업지시서(Working Instruction)를 함께 보내기도 하며, 무역결제방식이 신용장인 경우 매수인은 매도인을 수익자로 하는 신용장을 개설하여 매도인에게 통지하여야 한다. 그리고 매도인은 이 주문서를 받으면 그 조건을 받아들여 그 조건과 일치하는 물품을 판매하겠다는 의사표시를 하게 되는데, 이를 주문확인(Acknowledgement)이라고 하며, 또한 매도인은 이 주문서와 작업지시서에 따라 물품을 생산 또는 구매하여 선적하게 된다.

그런데 무역계약은 청약과 승낙만 있으면 성립하므로 매수인이 주문서를 발송하는 것은 의무사항은 아니며, 계약이행을 완전하고 정확하게 하기 위한 것이라고 볼 수 있다. 그리고 이 주문서는 매수인이 매도인에게 발송한 구매확약서(Purchasing Note), 또는 매도인이 매수인에게 발송한 물품매도확약서(Offer-Sheet), 매도확약서(Sales Note), 견적서(Quotations), 가격표(Price List) 등으로 대신하는 경우도 많으며, 또한 이 주문서는 매도인의 청약에 대한 매수인의 승낙의 의사표시로서도 대용되고 있다.

[양식 5-4] 주문서

G. WOOD & SONS Electrical Supplies
36 Castle Street Bristol BS1 2BQ
Telephone 54967

ORDER-SHEET NO. 3241 November 24, 2009

Electrical Supplies Co., Ltd.
BIRMINGHAM B1 2HE

Gentlemen :

We have the pleasure of placing the following order with you.
Please supply :

Quantity	Item(s)	Price(£)
10	Swanson Electric Kettles (2 litre)	25.00 each
10	Cosiwarm Electric Blankets (single-bed size)	24.50 each
10	Regency Electric Toasters	25.50 each
10	Marlborough Kitchen Wall Clocks	27.50 each

Terms 33⅓% trade discount

for G. Wood & Sons

제 3 편

무역계약의 이행

제6장 국제운송 _ 100

제7장 해상보험 _ 121

제 6 장 국제운송

제1절 국제운송의 의의

무역계약이 체결되면 그 다음 단계는 약정된 물품을 매도인으로부터 매수인에게 이전시켜 주기 위한 수출이행행위가 있어야 하는데, 이를 무역계약의 이행이라고 한다. 무역계약의 이행은 필연적으로 국제운송에 의해 이루어지게 되는데, 우리나라를 기준으로 하는 경우에는 해상운송, 항공운송 및 국제복합운송이 있다.

즉, 수출이행을 위해 매도인으로부터 매수인에게 약정물품을 인도하기 위한 행위는 국제운송에 의해 실현되며, 이 국제운송서비스는 국제운송계약에 의해 제공된다. 결국 매도인의 물품인도의무는 국제운송계약을 통하여 이루어질 수 있으므로 무역거래에서 국제운송의 의의는 매우 크다.

무역거래를 성공적으로 수행하기 위해서는 다른 요소도 중요하지만 특히 적절한 운송수단의 선택을 통해 물품의 적기인도와 이를 통한 신뢰성의 제고도 매우 중요하다. 특히 최근에는 물품인도의 신속성과 적기성이 무역거래에서 특히 강조되고 있으므로 경쟁사와 동일한 물품의 가격 및 품질수준을 가지고 있더라도 경쟁사보다 더욱 신속하고, 최적의 운송경로 및 저렴한 운송비를 가지고 운송서비스를 제공할 수 있다면 이는 곧 기업경쟁력 제고로 이어져 무역거래에서 성공할 수 있는 지름길일 것이다.

제2절 해상운송

Ⅰ. 해상운송의 의의

해상운송은 수출입화물을 원양항로에 따라 운송하는 외항해운과 국내 소비재를 연안운송경로를 따라 운송하는 내항해운으로 크게 나눌 수 있다. 이 중 국제운송의 99% 이상을 차지하고 있는 것이 외항해운이므로, 국제운송에서 외항해운이 차지하는 비중은 거의 절대적이라고 하겠다.

이와 같은 해상운송의 급속한 발전은 제1차 세계대전 후 디젤기관의 발명, 조선기술의 발전 및 운항기술의 발전 등에 기인하며, 현재는 정기선 분야에서의 컨테이너선 운항이 발전하면서 물류 효율화의 기본이 되는 국제복합운송시대를 맞이하고 있고, 부정기선 분야에서도 탱커와 벌크수송 등에 있어서의 용선운송제도의 발달 등 해상운송의 급격한 발전이 거듭되고 있다.

〈표 6-1〉 해상운송의 장·단점

장 점	단 점
· 대량수송이 가능하다. · 거대수송이 가능하다. · 장거리수송에 적합하다. · 원거리수송에서 가격이 저렴하다. · 단위당 비용이 저렴하다 · 에너지 절감형이다. · 국제성, 개방성을 가지고 있다.	· 항만시설에 하역기기가 필요하다. · 기후에 좌우된다. · 운송시간이 상대적으로 오래 걸린다. · 속도가 느리다. · 화물을 집화하는데 비용이 많이 든다. · 지름길을 택할 수가 없다. · 화물 손상 사고가 비교적 많다.

즉, 해상운송은 다른 운송수단에 비하여 대량 운송성, 저렴성, 국제성, 운송로의 무한정성, 원거리 운송의 편리성 및 자유성 등의 특수성을 가지고 있어 국제운송에 있어서 주도적인 지위를 차지하고 있다. 오늘날 해운

시장의 구조를 살펴보면 다음과 같다.

① 조선기술이 급격하게 발전하고 있다. 제2차 세계대전을 전후하여 전기용접기술, 블럭 건조, 디젤 엔진, 해양 계기류의 급속한 발전 및 컴퓨터 조선설계, 에너지와 인력절감형 선박건조 등이 활성화되고 있다.

② 선박의 대형화·고속화가 급격하게 진행되고 있다. 즉, 오일탱커를 중심으로 선박이 대형화되는 동시에 컨테이너선을 중심으로 대형화(18,000TEU급 이상) 및 고속화(25노트 전후)되고 있다.

③ 제2차 세계대전을 전후하여 부정기선 시장에서도 정기선에서와 마찬가지로 전용선화가 급격히 발전하고 있다.

④ 컨테이너화가 급격히 진전되면서 정기노선 투입에 있어서 그 항로의 선사들이 공동으로 스페이스 차터(Space Charter) 컨소시엄 및 컨글로머레이트(Conglomerate)의 형태로 운항을 그룹화하고 있으며, 그동안 정기선 시장에서 활발하게 전개되어 오던 해운동맹(Shipping Conference)이 정기선 시장의 경쟁을 위해 각국이 규제함으로써 2008년 해운동맹이 폐지되고 현재는 선사 간 전략적 제휴(Alliance)가 활발하게 전개되고 있다.

⑤ 이 밖에도 자국선 우선주의가 팽배해 있으며, 편의치적제도가 활성화되어 있어 파나마, 온두라스, 리베리아 등의 조세도피지로 선박을 이적하는 행위가 계속되고 있다.

한편 우리나라 선사들의 해상운송 실적으로 볼 때에 우리나라는 해운 선진국으로 발전하여 왔다. 현재는 부도처리되어 없지만 한진해운이 과거 15년 동안 우리나라를 대표하는 세계 8위권 선사로서 해운시장을 누비고 다녔으며, 현대상선 또한 세계 13위권 선사로서 세계 해운시장에서 활약하고 있다. 이는 무역규모의 계속적인 증대에 따라 늘어나는 수출입화물을 적기에 운송하고, 주요 원자재와 완제품의 안정적인 운송을 위해 필요한 선박의 확보와 해운합리화 정책을 추진해 온 결과인 것으로 보인다. 따라서 컨테이너 운송실적도 꾸준히 증가하고 있으며, 특히 부산항은 2017년도에 2천만TEU 이상을 처리하여 세계 6위 항만으로 자리를 굳히고 있다.

〈표 6-2〉 1999~2015년 세계 선사 순위 및 점유율(Alphaliner 1999~2015)

Rnk	Operator	TEU	Share
1	APM-Maersk	2,961,030	15.5%
2	Mediterranean Shg Co	2,547,913	13.4%
3	CMA CGM Group	1,691,707	8.9%
4	Hapag-Lloyd	965,063	5.1%
5	Evergreen Line	951,777	5.0%
6	COSCO Container L.	813,312	4.3%
7	CSCL	703,591	3.7%
8	Hanjin Shipping	620,199	3.3%
9	MOL	593,618	3.1%
10	APL	545,270	2.9%
11	Hamburg Süd Group	540,923	2.8%
12	OOCL	525,578	2.8%
13	NYK Line	483,743	2.5%
14	Yang Ming Marine Transport Corp.	443,616	2.3%
15	UASC	414,975	2.2%
16	K, Line	390,612	2.0%
17	Hyundai M.M.	382,812	2.0%
18	PIL(Pacific Int. Line)	361,739	1.9%
19	Zim	326,004	1.7%
20	Wan Hai Lines	203,521	1.1%

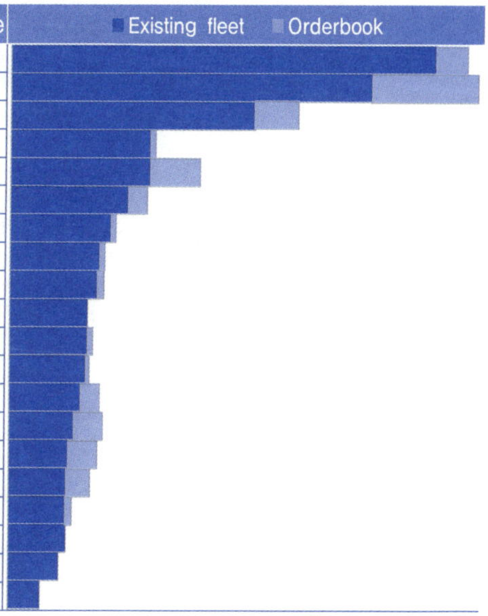

II. 정기선과 부정기선

해운시장의 운송형태는 크게 정기선과 부정기선으로 구분할 수 있다. 정기선(Liner)이란 정기항로에 취항하고 있는 선박을 지칭하며, 특정항로를 화물량에 관계없이 규칙적으로 반복·운항하는 운송형태이다. 정기선은 정기적이고, 또한 고속으로 운항하기 때문에 부정기선화물과는 달리 주로 제품화된 공산품과 포장화물을 운송한다.

한편 부정기선(Tramper)은 화물이 있을 때나 화주의 요구가 있을 때 화주와 계약을 체결하고 운항하는 운송형태이다. 부정기선은 통상 화물의 성질 또는 형태에 따라 특수한 시설과 구조를 갖춘 선박이나 특수 전용선이 이용되므로, 예컨대 원유, 철광석, 석탄, 곡물, 시멘트 등 저가의 대량화물을 운송하는데 이용된다.

이러한 정기선시장과 부정기선시장은 특징은 다음과 같다.

〈표 6-3〉 정기선시장과 부정기선시장의 특징

	정기선	부정기선
수요 특성	수송서비스의 규칙성, 신속성, 정확성이 요구되는 화물	수송서비스의 저운임이 강하게 요구되고, 규칙성과 신속성에 대한 요구가 낮은 화물
수요 대상 화물	취득가격에서 운임비중이 낮은 화물-제품, 고가상품 등	취득가격에서 운임비중이 높은 화물-원료, 광물, 식량 등
개별 수요 단위	소규모-개품운송에 적합	대규모-대량운송에 적합
수요발생 장소·시간	일정, 안정, 계속적	불규칙, 불안정, 불연속적
선박	정기선(Liner)	부정기선(Tramper)-전용선

또한 정기선과 부정기선의 특징은 다음과 같다.

〈표 6-4〉 정기선과 부정기선의 특징

	정기선	부정기선
수요 대상 화물	· 단위당 가격 고가 · 운임비중 낮은 · 다양한 화물을 운송	· 단위당 가격 저가 · 운임비중 높음 · 주로 벌크화물을 운송
서비스 요구 수준	운임 보다는 신속성이나 규칙성이 중요	신속성이나 규칙성 보다는 운임이 상대적으로 저렴
수요 측면	지리적, 시간적으로 규칙적, 안정적이고 수요 전체가 연속적임	지리적, 시간적으로 불규칙적, 불안정적이고, 수요 전체도 단속적임
공급 측면	특정항로에서 반복적, 규칙적으로 운항됨-일정항로로 고정	수요발생에 따라 수시로 항로가 변경됨-범세계적인 영역
자본투자 측면	막대한 투자비용 요구-고속선박	비교적 투자자본이 적음
운임	항해일정 및 안정적인 운임 공시	선복의 수급관계에 따라 운임이 결정

Ⅲ. 해운동맹과 얼라이언스

해운동맹이란 특정항로에 취항하고 있는 복수의 정기선사가 상호 독립성을 유지하면서 대내적으로는 부당한 과당경쟁을 피하고 경영의 안정을 기하며, 대외적으로는 독점력을 강화하여 특정항로에서 경제적 지위를 향상시킬 목적으로 운임, 적취량, 기타 운송조건에 관해 협정을 체결하는 국제적인 선사 카르텔을 말한다. 이 해운동맹에서 선사 상호간의 관계는 계약관계에 불과하며, 의무의 이행과 행동통일은 특정항로에 대해 제한적으로 이루어진다.

하지만 2008년 EU에서 해운동맹에 대한 독점금지 면제조항이 철폐되면서 해운동맹은 사실상 해체되었으며, 최근에 선사들은 해운동맹 보다는 서로 다른 선사들이 모여 만든 전략적 제휴그룹인 얼라이언스를 통해 해운시장에서 경쟁하고 있다.

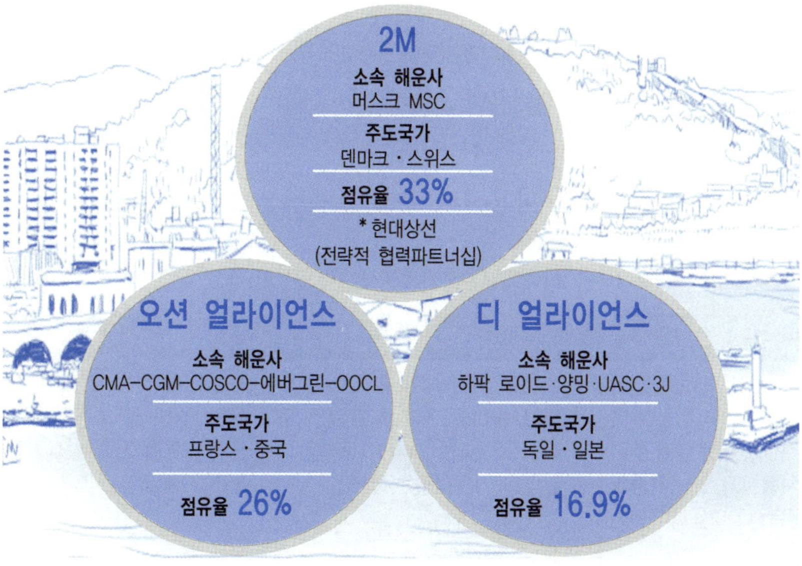

[그림 6-1] 해운 얼라이언스 현황(2017)

2017년 초 해운동맹은 지각변동이 발생하여 전 글로벌 해운사들이 적자생존을 위해 3개의 얼라이언스 체제로 개편이 이루어졌다. 그 3개 체제는 2M, 오션얼라이언스, 디 얼라이언스이다. 그 중 가장 많은 점유율을 보이는 곳은 세계 1~2위 선사인 머스크사와 MSC사가 참여하고 있는 2M이다. 전 세계 해운시장의 33%를 점유하고 있으며 우리나라의 현대상선이 전략적 파트너십 관계로 참여하고 있다.

해운업계 관계자에 의하면 선대구조는 2M이 오션 얼라이언스보다 앞서나, 선복량 면에서는 오션 얼라이언스가 2M보다 앞선다고 한다. 즉, 2M은 18,000TEU급 컨테이너선을 많이 보유하고 있다고 한다.

Ⅳ. 용선운송

용선(Charter)이란 선주나 운송업자가 선박을 이용하는 자(용선자)를 위하여 선박의 일부 또는 전부를 빌려주어 이용할 수 있게 하는 것을 말한다. 이러한 용선운송에는 항해용선(Voyage Charter), 정기용선(Time Charter), 나용선(Bareboat Charter) 등이 있다.

항해용선, 정기용선 및 나용선의 주요한 특징은 다음과 같다.

〈표 6-5〉 항해용선, 정기용선 및 나용선의 주요 특징

항해용선	정기용선	나용선
부정기선사가 선복의 전부 또는 일부를 사용하여 특정항 구간까지 운송해 주기로 화주(용선자)와 약정하는 화물운송계약	선원과 화물을 적재 운송할 수 있는 설비를 갖추고 장기간 운항할 수 있는 선박을 용선자가 일정기간 용선하는 계약	용선자가 선박 이외에 선장, 선원, 장비 및 소모품에 대해 모든 책임을 지고 일정기간 용선하는 계약
선주가 선장을 임명하고 지휘 감독	선주가 선장을 임명하고 지휘 감독	용선자가 선장을 임명하고 지휘 감독

항해용선	정기용선	나용선
용선자는 선복을 이용하고, 선주는 운송행위를 함	용선자는 점유사용권을 갖고 운송행위를 하며, 선주는 소유권을 갖음	용선자가 선박을 일정기간 사용하여 운송행위를 함
운임은 화물의 수량 또는 선복에 따라 결정	용선료는 원칙적으로 기간에 따라 정함	용선료는 기간을 기초로 하여 결정
용선자는 재용선에 대하여 감항담보의 책임이 없음	용선자는 재용선에 대하여 감항담보의 책임이 없음	용선자는 화주 또는 재용선에 대하여 감항담보의 책임 부담
선주부담비용 : 선원급료, 식료, 음료수, 윤활유, 유지비, 수선비, 보험료, 상각비, 연료, 항비, 하역비, 제수수료, 예선료, 도선료	선주부담비용 : 선원급료, 식료, 음료수, 윤활유, 유지비, 수선비, 보험료, 상각비	선주부담비용 : 보험료, 상각비
용선자부담비용: 용선료(운임)	용선자부담비용: 연료, 항비, 하역비, 제수수료, 예선료, 도선료 및 용선료	용선자부담비용: 항해용선의 선주부담비용 중 상각비 이외의 비용 및 용선료

V. 컨테이너운송

화물포장의 단위화를 추구하여 운송・보관・하역 등의 모든 과정을 가장 효율적으로 일관운송할 수 있도록 하여 주는 운송도구가 바로 컨테이너이다. 즉, 컨테이너는 각종 운송수단간에 호환성을 갖춘 일종의 포장용기로서, 국제운송에서 경제성・신속성・안전성을 최대한 충족시켜 주는 운송도구이다.

이러한 컨테이너운송이 발달하게 된 계기는 ① Unit Load System을 위해 화물포장의 단위화가 필요하였고, ② 하역시간의 단축을 통한 선박운항의 회전율 제고 필요성이 대두되었으며, ③ 터미널 작업의 효율화를 통해 항만경비 절감이 요구되었고, 또한 ④ 고도 산업시대에서 대량생산과 대량소비를 연결시키는 전반적인 물류효율화를 기하는 것이 절대적으로 요구되었기 때문이다.

컨테이너운송을 위해서는 항만에서 컨테이너를 취급하는 터미널이 필요하다. 이 컨테이너 터미널은 최근 전용부두화되고 있으며, 해상과 육상의 접점인 항만에 위치하여 컨테이너의 적양작업, 트럭이나 철도로부터 컨테이너의 인수도, 컨테이너의 장치, 공컨테이너의 집화 및 보관, 컨테이너의 수리 및 청소 등 컨테이너운송과 관련된 제반기능을 담당한다.

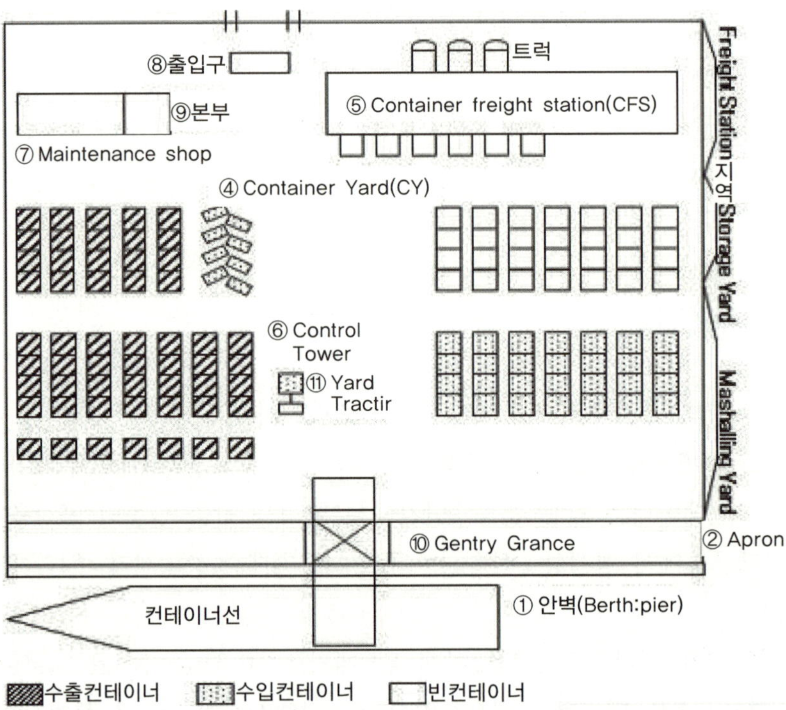

[그림 6-2] 컨테이너 터미널의 구조

[그림 6-3] 컨테이너 터미널의 하역 장면

Ⅵ. 해상운송의 효율화

해상운송의 효율화를 기하여 경쟁력을 제고시켜 주기 위해서는 첫째, 해운정책의 불합리성을 제거하고 자율적인 경영체제를 유지하기 위해 현재의 비효율적인 제반 규제사항을 완화 또는 철폐하여야 하며, 우리나라 해운산업에 있어서 세제 및 금융·재정상의 현안문제들을 해결하고, 정책적으로 체계적인 지원이 이루어질 수 있도록 하여야 한다.

둘째, 해상운송의 발달을 도모하려면 무엇보다도 우선 항만시설의 확충과 운영 효율화가 시급하다. 즉, 항만시설의 절대적인 부족현상을 해소하는 것이 기본적인 과제이므로 민자유치 등 용이한 방법을 활용하여 항만시설을 확충하여야 하며, 이와 더불어 부두별 기능 전문화를 실시하여 컨테이너 부두, 양곡부두, 철광석 전용부두 등으로 운영함으로써 항만운영의 생산성을 제고하여야 한다. 더욱 항만하역 방식을 종래 인력의존 위주에서 제4차 산업혁명 기술도입으로 자동화·기계화함으로써 항만운영 인원의 절감은 물론 항만운영의 효율성 제고를 위해 노력하여야 한다.

셋째, 항만시설의 운영을 효율화하기 위해서는 항만의 전용부두화를 실시하여 선사가 자신의 운항스케쥴에 맞게 항만운영을 탄력적으로 할 수 있도록 하여야 하며, 항만설비를 입체적으로 고안하여 그 공간 효율성을 제고하여야 함은 물론이고, 항만시설 관리의 민영화를 유도함과 더불어 종합적인 항만정보시스템을 구축하여 게이트 관리에서부터 보관, 적재에 이르기까지 시스템화하여야만 항만운영의 효율성이 제고될 수 있다.

넷째, 해상운송이 원활하게 이루어지려면 육·해·공 연계운송체제가 잘 구축되어 있어야 한다. 이를 위해서는 내륙 컨테이너기지(ICD) 및 복합화물터미널 등을 건설하는 것은 물론이고, 이들과 해상운송을 잘 연계시켜 물동량의 이동을 최대한 조절할 수 있어야 하며, 항만에서의 물류이동의 원활화를 위해 부두직통관제도의 활성화와 보세운송체제의 활성화도 도모하여야 한다.

다섯째, 해상운송과 관련되어 내륙 및 부두 등에서 실질적인 작업을 수행하는 항만 부대사업자, 즉 하역업자, 창고업자, 운송주선업자, 선용품공급업자 등의 경쟁력 제고도 해상운송의 발전을 위해 긴요한 과제이다. 이를 위해 항만부대사업 업체의 단순화와 국제화를 유도하고, 이를 통한 업체의 조정 및 대형화·전문화를 기하여야 한다.

제3절 항공화물운송

Ⅰ. 항공화물운송의 의의

항공화물운송은 공로, 철도, 해운 등의 다른 운송수단 보다 역사는 짧지만 제2차 세계대전 이후 현대 과학기술의 발전과 함께 급속히 발전하였다. 특히 대형 제트기의 취항이 본격화됨에 따라 고속화와 장거리 운송을 장점으로 하여 오늘날 운송부문에서 중요한 위치를 차지하게 되었으며, 앞으로도 활발한 국제교류와 무역활동, 그리고 고부가가치 산업의 발전으로 항공운송의 중요성은 더욱 증대될 전망이다.

즉, 항공화물운송은 화물을 신속·정확·안전하게 운송할 수 있다는 장점을 가지고 있다. 따라서 운임이 비교적 비싸다는 단점에도 불구하고 輕薄短小化되고 있는 생산 및 소비패턴의 변화에 적응할 수 있는 운송수단으로 각광받고 있다. 또한 포장비, 보관비(재고유지비) 등 물류비 절감은 물론 재고량 감소에 따른 투자자본의 조기회전이 가능하다는 요인과 손상, 분실, 도난 등의 사고위험을 줄일 수 있으며, 유행상품 및 계절상품 등 급격한 시장변화와 고객욕구에 적응하여 적기수배송이 가능하다는 장점이 있어

항공화물수요는 급증하고 있다.

따라서 우리나라 항공화물 운송실적도 중량기준으로 할 때에는 0.3% 정도에 불과하지만 금액기준으로 할 때에는 30% 정도를 차지하고 있다. 이는 대한항공이 단일 항공사로서 화물부문 세계1위를 계속 차지하고 있고, 우리나라 주요 수출품인 휴대폰, 반도체, TV, 에어컨, 냉장고 등이 시급을 요하는 경우가 많아 항공으로 운송되고 있기 때문이다.

한편 최근 항공운송과 해상운송이 결합한 형태인 Sea & Air화물운송 형태가 발달하고 있다. 우리나라의 Sea & Air화물 수요는 중국과의 국제환적화물, 국내항만으로부터의 내환적화물, 남북관계 개선에 따른 남북환적화물로 구분하여 예측하면 〈표 6-6〉과 같다. 즉, 우리나라 총 Sea & Air화물은 2000년 38천톤, 2005년 66천톤, 2010년 113천톤, 2020년에 222천톤에 이를 것으로 추정된다. 따라서 우리나라 항공화물운송에서는 급증하는 Sea & Air화물을 취급하기 위한 영업전략도 간과해서는 안 될 것으로 생각된다.

〈표 6-6〉 우리나라 Sea & Air화물 수요전망

(단위 : 천톤)

구 분	2000년	2005년	2010년	2020년
국제환적	37	65	111	219
국내환적	0.5	0.9	1.5	2.8
남북환적	0.0	0.1	0.1	0.5
합계	37.5	66.0	112.6	222.3

Ⅱ. 항공화물운송의 유형

항공화물운송업을 영업형태에 따라 항공화물운송대리점업(Air Cargo Agent), 항공운송주선업자(Air Freight Forwarder, Consolidator) 및 상업서류송달업(Courier)으로 분류할 수 있다.

항공화물운송대리점업은 현행 법규에는 규정하고 있지 않지만 항공운송사업자 또는 항공운송총대리점업자를 위해 유상으로 항공기에 의한 화물의 운송계약체결을 대리하는 자를 말한다. 항공화물운송대리점업자는 송화인과 운송계약 주체인 항공사를 대리하여 판매를 하면서 항공화물운송장(Air Waybill)을 발행하고 화물판매 수수료를 취득하며, 수출입화물에 대해 화물자동차에 의한 육상운송, 수출입면허, 창고반출입 업무를 대행하는 등 항공화물의 흐름을 원활히 하는 보완기능을 수행하고 있다. 그러나 항공화물운송대리점업자는 항공운송주선업자와는 달리 자기의 명의로 운송하는 사업이 아니므로 독자적인 항공화물운송장을 발행하지 못한다.

항공운송주선업자는 스스로 송화인과 계약주체로서 운송계약을 체결하고, 독자적인 항공화물운송장(House AWB), 운송약관, 요율을 가지고 있다. 이와 같은 항공운송주선업자는 항공사와 유사한 형태이지만 현실적으로 항공기를 갖고 있지 않으므로 집화한 화물을 운송하기 위해서는 항공사가 발행하는 항공화물운송장(Master AWB)에 의해 자신을 송화인으로 하여 항공사의 운송약관에 의한 운송계약을 체결해야 한다.

또한 최근 항공화물운송시장의 가장 큰 특징으로는 우리나라에서 상업서류송달업으로 알려진 국제항공택배서비스 시장의 괄목할만한 성장과 역할을 들 수 있다. 항공법에서 규정하고 있는 상업서류송달업은 외국의 상업서류송달업체와 계약을 체결하여 상업서류 등을 신속하게 발송 또는 배달하는 업체로, 우편법의 적용을 받지 않는 상업서류와 서적, 잡지, 견본품, 신문 등 정기간행물을 자체 Tariff와 운송약관에 의해 Door to Door서비스로 신속하게 운송하는 업을 의미한다. 미국 국내시장에서 상업서류송달사업은 년 25% 이상의 성장을 기록하여 현재는 수입측면에서 60%나 점유하고 있을 정도이며, 고객의 욕구를 충족시킨 부가가치 높은 항공화물서비스 상품으로서 항공화물운송시장을 개척해 나아가고 있다.

즉, 국제시장에서 상업서류송달업은 현재 15% 정도의 시장점유를 하고 있지만, 2020년까지는 년 20%의 고도성장을 기록하여 30% 이상의 시장점유를 할 것으로 예측된다. 현재 이 시장에서 두각을 나타내고 있는 DHL, FedEx, UPS, TNT 등은 국제항공화물시장에서 현재 15%의 취급물량으로 20%의 항공화물 운임수입을 올리고 있으나, 이 상업서류송달업체들이 자체 운송시스템을 확충하고, 항공사 및 포워딩업체들과 제휴하여 영업력을 강화해 나아갈 경우 상당한 시장점유 및 운임수입을 높일 수 있을 것으로 예상된다.

Ⅲ. 항공화물운송의 탑재방식

항공화물도 초기에는 인력에 의한 벌크화물 형태의 탑재방식이 적용되었으나, 항공물류의 효율화를 위해 현재에는 탑재의 자동화·기계화가 추진되어 항공화물을 컨테이너와 파렛트를 이용하여 탑재하는 단위탑재방식(ULD : Unit Load Device)으로 발전하였다.

벌크탑재방식은 화물전용기 내부 또는 여객기 객실의 밑바닥 화물실에 개별화물을 인력에 의해 직접 적재하는 방식이다. 그리고 단위탑재방식에는 컨테이너 탑재방식과 파렛트 탑재방식이 있다. 컨테이너 탑재방식은 별도의 보조장치 없이 항공기 내의 화물실에 적재와 고정이 가능하도록 알루미늄으로 제작된 컨테이너를 이용하여 화물을 적재하는 방식이다.

또한 파렛트 탑재방식은 1인치 이하의 알루미늄 합금으로 만들어진 평판 형태의 파렛트를 이용하여 화물을 적재하는 방식으로, 보통 파렛트 위에 화물을 적재하고 망(Net)과 띠(Strap)로 고정하여 탑재한다.

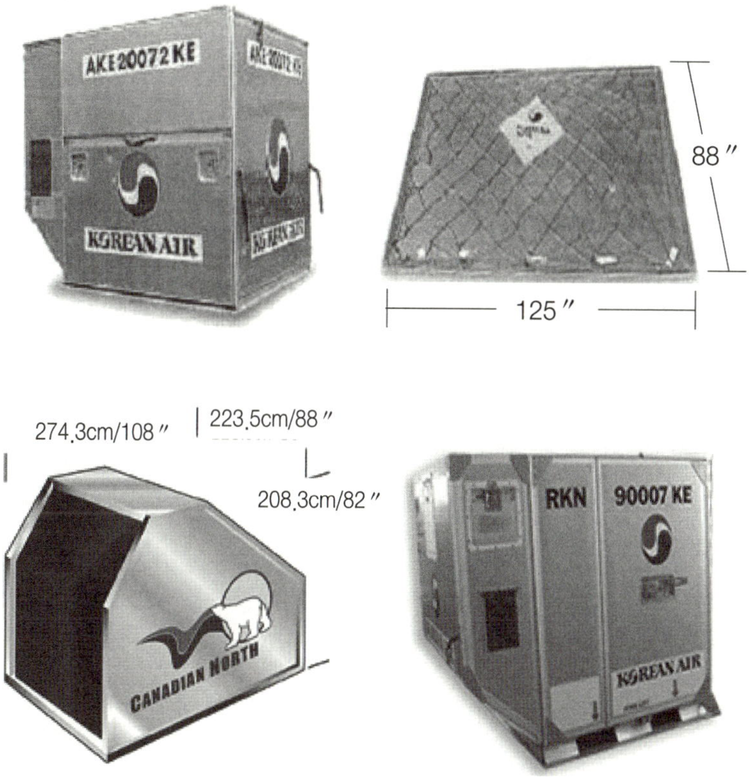

[그림 6-4] 항공화물운송의 ULD

Ⅳ. 항공화물운송의 효율화

항공화물운송에 있어서 범세계적인 네트워크를 구축하여 다른 운송수단과 연계한 종합물류를 구현하기 위해서는, 첫째, 항공화물운송과 관련된 규제를 완화하여 Open Door정책을 구사할 수 있는 환경이 조성되어야 한다.

즉, 통관EDI 이용의 활성화로 통관의 신속·정확성을 제고시켜 주어야 하며, 이와 부수하는 제도인 서면분류, 장치확인 제도 및 직반출제도의 적극적인 활용 등을 통하여 화물터미널에서의 통관절차를 포함한 물류과정이 원활하게 이루어질 수 있도록 하여야 한다.

둘째, 우리나라를 기점으로 한 항공화물 운송형태가 순수 수출입화물 보다는 통과화물(T/S Cargo)이 절대적인 비중을 차지하고 있다. 그러므로 우리나라 현행 관세법상에 구체적으로 규정하여 통과화물 제도를 뒷받침하여 줄 수 있도록 하여야 한다.

셋째, 항공운송을 효율화하기 위해서는 항공운송과 관련된 기반시설을 확충하고 이를 효율적으로 운영하는 것이 중요하다. 이를 위해 공항시설을 확충하여 절대적인 수용능력을 제고시켜 주어야 하며, 또한 화물터미널 등은 자동창고화와 종합정보시스템에 의한 효율적인 관리를 통하여 물류효율화를 기하여야 한다.

넷째, 항공화물 부대사업의 업제의 조정 및 대형화를 유도하고, 경영 효율화를 통한 경쟁력 제고와 국제화를 도모하여야만 이와 연계되어 있는 항공운송물류가 효율화될 수 있다. 즉, 항공화물 Forwarder 등은 업체간 지나친 운임경쟁에 의한 수익성 악화를 지양하고, 새로운 서비스의 개발과 업체간 제휴체제를 통하여 경쟁력을 제고할 수 있는 방안을 수립하여야 하며, 국제택배업과 Sea & Air 운송업체제 등 다양한 수요창출을 위해 노력하여야 한다.

다섯째, 항공화물운송체제가 기본적으로 TML에서 TML까지의 운송을 주축으로 하여 항공사와 포워딩업체가 그 기능을 전담하여 왔으나, 국제항공택배업체의 등장 이후 Door to Door로 일괄운송하는 서비스체제가 고객들의 호응을 얻으면서 항공화물운송체제도 급격하게 Door to Door 운송체제로 전환되고 있다. 그러므로 항공사와 포워딩업체, 그리고 국제항공택배업체들은 공동 상품개발, 공동 장비·시설 활용, 물류정보시스템 연계 활용, 상호 합작투자 등 제휴관계 구축방안을 강구하여야 할 것이다.

제4절 국제복합운송

Ⅰ. 국제복합운송의 의의

국제복합운송(International Multimodal/Combined Transport)이란 물품을 국제복합운송인에 의한 단일 운송계약에 의거하여, 최소한 2개 이상의 이종운송수단(Mode)에 의해 국제간에 걸쳐 송화인의 문전에서 수화인의 문전까지(Door to Door) 일관해서 운송하는 것을 말한다.

이 국제복합운송은 국제간의 물품운송에 있어 컨테이너화의 발달과 운송기술 및 장비의 혁신에 따라 종래의 Terminal to Terminal 운송개념이 CY to CY 개념으로 발전된 데 이어, 더 나아가 Door to Door라는 진보된 운송형태로 발달하게 된 것이다. 그리고 국제복합운송인은 실제 운송수단을 가지고 있는 복합운송인과 실제 운송수단을 보유하고 있지 않지만 계약에 의해 복합운송을 수행하는 운송주선인을 포괄하는 개념이다.

국제복합운송은 다음과 같은 장점을 가지고 있다.

① **운송기관의 접점에서 코스트 절감 기능** : 환적작업 검사, 사무수속 등 운송기관의 접점에서 발생하는 작업코스트를 절감할 수 있음과 동시에 작업흐름의 원활화 및 하역 생산성 향상이 가능하다.

② **서류의 단순화** : 컨테이너화에 의해 운송수속절차의 간소화로 화물과 서류의 체크 및 서류의 단순화가 가능하다.

③ **운송책임의 일원화** : 복합운송업자에 의한 일괄 운송업무 수행으로 운송책임의 일원화가 가능케 됨과 동시에 그에 따른 클레임처리의 일원화도 가능하다.

④ **화물추적의 용이** : 단일의 운송인에 의해 취급되므로 화물추적시스템화가 용이하다.

Ⅱ. 국제복합운송의 기본요건

1. 운송책임의 단일성(Through Liability)

복합운송인은 자기의 명의와 계산으로 송화인을 상대로 복합운송계약을 체결한 계약당사자일 뿐만 아니라 전체 운송을 계획하여 여러 운송구간을 적절히 연결하고 통괄하여 운송이 원활하게 이루어지도록 조정하고 감독할 지위에 있으므로, 전 구간에 걸쳐 화주에 대해 단일책임을 진다.

2. 복합운송증권(Combined Transport B/L)

복합운송이 되기 위해서는 복합운송인이 화주에 대하여 전 운송구간에 걸친 유가증권으로서의 복합운송증권이 발행되어야 한다.

3. 일관운임(Through Rate)의 설정

복합운송인은 그 서비스의 대가로서 각 운송구간마다 분할된 것이 아닌 전 구간에 대한 단일화된 운임을 설정하여 화주에게 제시하여야 한다.

Ⅲ. 국제복합운송의 주요 경로

국제복합운송의 주요 경로는 다음과 같다.

1. SLB(Siberian Land Bridge)

시베리아 횡단철도(TSR : Trans Siberian Railroad)를 이용하여 극동지역에서 유럽대륙, 스칸디나비아반도 및 중동권을 연결하는 복합운송경로이다. 보통 우리나라에서 극동항구인 보스토치니항으로 운송한 다음 SLB를 이용하여 유럽대륙 등과 연계운송하는 체제이다.

2. ALB(American Land Bridge)

극동지역에서 북미 서해안까지 해상운송하고 미국 서해안에서 동해안까지 철도운송 한 다음 다시 동해안에서 유럽까지 해상운송하는 복합운송체제이다.

3. CLB(Canadian Land Bridge)

극동지역에서 뱅쿠버 또는 시애틀까지 해상운송하고 카나다 철도를 이용하여 몬트리올까지 운송한 다음 해상운송을 이용하여 유럽까지 운송하는 복합운송체제이다.

4. MLB(Mini Land Bridge)

극동지역에서 북미 서해안까지 해상운송하고 트럭이나 철도를 이용하여 북미대륙을 횡단, 미국 동해안 및 걸프지역항만까지 운송하는 복합운송체제이다.

5. MLB(Micro Land Bridge) : IPI(Interior Point Intermodal)

미국 서해안으로부터 미국 내 주요 내륙지점의 철도터미널 또는 선박회사의 CY나 CFS까지 운송하여 인도하는 복합운송체제이다.

6. TCR(Trans China Rail)

우리나라에서 중국의 연운항까지 해상운송하고, 연운항에서 TCR과 TSR을 이용하여 유럽까지 운송하는 복합운송체제이다.

제7장 해상보험

제1절 해상보험의 의의

Ⅰ. 해상보험의 개념

해상보험(Marine Insurance)이란 보험자가 피보험자에 대하여 그 계약에 의해 합의된 방법과 범위 내에서 해상손해, 즉 해상사업에 수반되는 손해를 보상할 것을 약정하는 것을 말한다. 그러므로 해상보험에서는 해상사업에 수반될 수 있는 육상 및 강이나 호수 같은 내수로 운송손해까지도 확장 담보할 수 있다. 이러한 해상보험은 다른 손해보험과는 달리 다음과 같은 특징을 가지고 있다.

첫째, 해상보험은 국제성을 지니고 있다. 즉, 해상보험의 전제가 되는 무역과 해상운송은 국가간의 거래를 배경으로 이루어지므로 국제규칙 및 국제조약에 영향을 받게 되며, 보험시장의 개방으로 국제간 약정 및 보상이 가능하고, 또한 해상사고도 주로 공해상에서 발생한다.

둘째, 해상보험은 기업보험의 성격이 있다. 즉, 보험가입자가 개인이 아닌 무역회사나 선박회사이다.

셋째, 해상보험은 무역의 촉진제 역할을 한다. 무역이 활성화되기 위해서는 운송과정에서의 위험을 커버하는 보험제도가 확립되어야 한다.

또한 해상보험의 기초가 되는 해상보험계약은 다음과 같은 법적 성질을 가진다.

첫째, 해상보험계약은 낙성계약이다. 즉, 해상보험계약은 보험계약자의 청약과 보험자의 승낙에 의해 유효하게 성립한다.

둘째, 해상보험계약은 불요식계약이다. 즉, 해상보험계약은 당사자간의 의사표시의 합치만으로 성립하며, 특별한 형식을 요하지는 않는다.

셋째, 해상보험계약은 유상·쌍무계약이다. 즉, 해상보험계약은 해상손해에 대하여 보상할 것을 약정하고, 그 대가로서 보험료를 지급받는 계약이며, 보험계약자는 보험료를 납부할 의무를 부담하고, 보험자는 손해발생에 대하여 보험금을 지급할 것을 약정하는 쌍무적인 성격이 있다.

넷째, 해상보험계약은 부합계약이다. 해상보험계약자는 보험자가 제시하는 증권상 인쇄된 약관을 포괄적으로 승인하거나 거절할 수 있는 선택권을 가질 뿐이지 이 약관 내용을 수정하거나 조정할 수는 없다.

다섯째, 해상보험계약은 사행계약적 성격이 있다. 즉, 피보험자는 보험사고가 발생하면 보상을 받지만 보험사고가 발생하지 않으면 보험료를 상실하는 사행성이 있다.

여섯째, 해상보험계약은 최대선의의 계약이다. 즉, 보험자는 보험계약자의 고지에 의해 판단하여 보험계약을 체결할 수밖에 없기 때문에 보험계약자가 고지를 하지 않거나 부실표시를 한다면 올바른 계약이 체결될 수 없는 최대선의가 요구되는 계약이다.

Ⅱ. 해상보험의 분류

손해보험의 일종인 해상보험은 보험가입 대상에 따라 선박보험과 적하보험으로 분류할 수 있다. 선박보험(Hull Insurance)은 보험가입 대상이 선체로서 선주가 주로 이용하는 보험을 말하며, 적하보험(Cargo Insurance)

은 보험가입 대상이 화물인 경우로 수출입업자가 이용하는 보험이다. 보통 해상보험하면 선박보험과 적하보험이 그 중심이 된다.

또한 해상보험은 보험기간을 정하는 방법에 따라 항해보험, 기간보험 및 혼합보험으로 분류할 수 있다. 항해보험(Voyage Insurance)은 특정항해구간을 정하여 이를 보험기간으로 하는 경우를 말하며, 대부분의 적하보험은 항해보험이다. 또한 기간보험(Time Policy)은 특정기간을 정하여 이를 보험기간으로 하는 경우를 말하며, 대부분의 선박보험은 기간보험이다. 한편 혼합보험(Mixed Policy)은 항해구간과 기간을 동시에 혼합하여 보험기간으로 하는 경우, 예컨대 "부산항에서 뉴욕항까지, 그리고 도착후 30일간" 등으로 정하는 경우로 현재는 거의 이용되지 않고 있다.

한편 해상보험은 보험목적물의 가액평가 여부에 따라 미평가보험과 기평가보험으로 구분할 수 있다. 미평가보험은 보험목적물의 가액을 보험증권상에 기재하지 않고 추후에 보험가액을 확정하는 보험계약이며, 기평가보험은 보험계약 체결시에 계약당사자간에 보험가액을 합의하여 확정하는 보험계약을 말한다. 보험금은 미평가보험의 경우 법정보험가액을 기준으로 산정하게 되고, 기평가보험에서는 합의된 가액을 기준으로 산정하게 된다.

그리고 해상보험은 예정보험 형태로 계약을 체결할 수도 있는데, 이에는 개별예정보험과 포괄예정보험이 있다. 개별예정보험은 보험계약자가 부보하려고 하는 화물의 수량, 보험금액 또는 적재선박명 등이 미확정인 경우에 선적을 예정하고 있는 수량 또는 예정보험금액 등으로 개별적으로 하나의 보험사항에 대하여 보험계약을 체결하는 것을 말한다.

한편 포괄예정보험은 보험계약자와 보험자가 운송선박, 보험목적, 보험금액 등이 확정되지 않은 상태에서 그 범위를 포괄적으로 정하고 추후 확정통지에 의해 계약 내용을 구체적으로 확정하는 보험으로, 정기적으로 일정기간 계속 화물을 수출입하는 경우에는 이 포괄예정보험을 이용함으로써 지연이나 탈루에 의한 무보험상태로부터 보호받을 수 있다.

Ⅲ. 해상보험의 주요 용어

해상보험에서 사용하고 있는 용어는 일반인에게는 대체로 난해하거나 그 의미가 애매한 경우가 많으므로 이를 정확하게 이해하는 것이 중요하다. 해상보험에서 주로 사용하는 용어는 다음과 같다.

1) 해상위험(Marine Risk)

해상사업과 관련하여 손해를 초래할 사고발생의 가능성을 말한다. 해상보험에서는 모든 해상위험 손해에 대하여 보상하는 것이 아니고 담보위험에 대하여야만 보상하고 면책위험에 대하여는 보상하지 않는다.

2) 손해(Loss or Damage)

위험발생으로 인해 보험목적물이 소멸 또는 손상된 것을 말한다.

3) 담보(Cover)

보험자가 부담하는 위험으로, 당해 위험으로 발생한 손해에 대하여 보험자가 보상하기로 약속하는 위험을 말한다.

4) 보상(Pay)

손해발생에 대하여 보험자가 금전적으로 책임을 지는 것을 말한다.

5) 보험자(Insurer, Assurer, Underwriter)

해상위험을 인수하는 자로서, 보험계약시 보험증권을 발행하고, 보험사고 발생시 보험금을 지급하는 자이다. 우리나라와 미국 등에서는 보험회사 형태이지만 영국에는 개인이 보험을 인수하는 개인보험업자인 Underwriter가 있다.

6) 보험계약자(Policy Holder)

보험계약을 체결하고 보험자에 보험료를 납부하는 자이다.

7) 피보험자(Insured, Assured)

피보험목적물에 대하여 피보험이익을 가진 자로서, 보험사고 발생시 보험금을 지급받는 자이다.

8) 보험증권(Insurance Policy)

보험자가 보험계약의 성립과 그 내용을 증명하기 위해 보험계약자에게 발행하는 증서를 말한다.

9) 약관(Clause)

보험증권에 기재된 보험계약의 내용을 말하며, 일반적인 보통보험약관과 별도로 특정한 사항을 약정한 특별보험약관이 있다.

10) 보험목적물(Subject-matter Insured)

보험계약의 객체를 의미하며, 적하보험에서는 화물이고, 선박보험에서는 선체이다.

11) 피보험이익(Insurable Interest)

특정인과 보험목적물과의 경제적 이해관계를 말한다. 보험은 피보험이익이 있어야 부보가 가능하며, 피보험자는 보험계약 체결시에는 피보험이익을 갖고 있지 않아도 되지만, 적어도 보험사고 발생시에는 피보험이익을 갖고 있어야 한다.

12) 보험가액(Insurable Value)

보험목적물의 경제적 가치, 즉 평가액을 말한다.

13) 보험금액(Amount Insured)

실제로 보험에 가입한 금액으로 보험자가 보상하는 최고 한도액이다. 보통 적하보험에서는 송장금액의 110%로 한다.

14) 보험금(Claim Amount)

보험사고의 발생으로 피보험자가 보험자로부터 보상받는 손해보상액을 말한다. 全損시 보험금액과 보험금은 동일하게 된다.

15) 보험료(Insurance Premium)

보험자의 위험인수에 대하여 보험계약자가 지급하는 대가를 말한다.

16) 보험기간(Duration of Risk)

보험자의 위험부담책임이 존속하는 기간을 말한다.

17) 보험계약기간(Duration of Policy)

보험계약이 유효하게 존속하는 기간으로 일반적으로 보험기간과 일치한다.

제2절 해상보험의 원리

Ⅰ. 담보의 원리

담보(Warranty)란 보험계약자 또는 피보험자가 보험자측에 지켜야 할 약속을 말한다. 보험계약은 최대선의의 계약으로서 보험계약자 또는 피보험자는 고지의무를 충실히 이행하여 중요한 사항을 보험자에게 고지하여야 하지만, 보험자가 부실고지를 하거나 불고지의 사실이 있음을 입증하기는 현실적으로 어려움이 많다. 따라서 보험자는 보험계약자 또는 피보험자가 엄격히 이행하거나 충족시켜야 할 사항을 보험증권상에 명시하거나 법률에 규정하여 둠으로써 안전장치를 마련하고자 한 것이 바로 담보이다.

담보의 종류에는 명시담보(Express Warranty)와 묵시담보(Implied Warranty)가 있다. 명시담보란 당사자간의 합의에 의해 보험증권상에 그 구체적 내용이 명시되어 있는 것을 말한다. 또한 묵시담보란 보험계약자 또는 피보험자가 명시의 형식을 취하지 않더라도 준수하여야 하는 것이 묵시적으로 요구되는 것을 말한다. 대표적인 묵시담보에는 적법담보 등이 있다.

한편 담보는 엄격하게 충족되어야 하며, 보험자는 위반의 시점부터 보험계약의 효력이 상실되어 책임을 면하게 되지만, 위반 이전에 발생된 손해에 대하여는 책임을 면하지 못한다.

Ⅱ. 고지의 의무

보험자의 합리적인 보험경영을 가능하게 하기 위해서는 다수의 위험이 모아져야 하고, 또한 그 위험들이 어느 정도 동질성을 갖추어야 한다. 따라서 보험자는 보험계약을 체결할 때에 위험사정을 잘 알고 있는 보험계약자에게 위험측정에 영향을 줄 수 있는 중요한 사항에 대하여 최대선의로서 알릴 것을 요구하고 있는데, 이를 고지의무(Duty of Disclosure)라고 한다.

고지의 시기는 보험계약체결의 교섭 중이나 늦어도 보험계약의 성립 전까지 이루어져야 한다. 그리고 고지사항은 합리적인 보험자가 보험료를 산정 또는 위험을 인수할 것인지의 여부를 결정함에 있어서 그 판단에 영향을 미칠 수 있는 사실이다. 그러나 위험을 감소시키는 사항, 보험자가 알고 있거나 알고 있는 것으로 추정되는 사항, 보험자가 고지받을 권리를 포기한 사항, 담보가 있어 고지가 필요없는 사항 등은 고지를 할 필요가 없다. 한편 고지의무를 위반한 경우에는 보험자는 보험계약을 취소하거나, 또는 해지하는 것이 가능하다.

Ⅲ. 인과관계(因果關係)

해상보험에서 보험자는 손해보상을 전제로 하지만 담보위험에 의한 손해만 보상하며, 발생된 손해가 보험증권상 담보된 위험에 근인하여 발생한 손해이어야 한다. 이와 같이 영국해상보험법은 근인주의원칙을 규정하고 있는데, 실제로 무엇이 구체적으로 근인인지에 관하여는 아무런 설명이 없다. 다만, 판례에 비추어 볼 때에 근인은 시간적인 근인보다 효과적인 근인, 즉 손해를 일으킨 가장 직접적이고 지배적인 원인을 근인으로 보고 있다.

해상손해는 여러 개의 위험이 연속적으로 이어지다가 손해가 발생할 수도 있고, 2가지 이상의 중복위험이 동시다발적으로 발생할 수도 있어 손해의 직접적인 원인을 규명하는 것이 그렇게 쉽지는 않다. 따라서 영국해상보험법에서는 손해를 야기한 가장 직접적이고 지배적인 근인을 손해의 원인으로 보는 것이다.

제3절 해상위험

해상보험에서 보험자가 담보하는 위험은 항해와 관련한 우연한 사고이다. 이를 영국해상보험법에서는 다음과 같이 정의하고 있다. 즉, 해상위험(Maritime Perils)이란 해상항해에 기인하는 또는 부수하는 위험, 즉 해상고유의 위험, 화재, 전쟁위험, 해적, 표도, 강도, 포획, 나포, 군주 및 인민의 억지 또는 억류, 투하, 선원의 악행 및 상기와 유사한 위험 또는 보험증권에 기재된 기타 일체의 위험을 말한다.

해상위험의 대표적인 것인 해상고유의 위험(Perils of the Seas)은 바다에서의 우연한 사고 또는 재난을 의미하며, 풍파의 통상적인 작용은 바다고유의 것이기는 하지만 그것은 사고 또는 재난은 아니고 위험으로서의 요건을 구비하고 있지 않으므로 해상고유의 위험이 아니다. 해상고유의 위험에는 침몰, 좌초(Stranding), 교사(Grounding), 촉초(Touch and Go), 충돌, 파선 또는 난파, 기타 풍파의 이례적인 작용(Heavy Weather), 선박 및 적하의 행방불명 등이 있다.

또한 해상위험을 표시하는 방법에는 열거주의와 포괄주의가 있는데, 현재는 열거주의와 포괄주의가 병행하여 사용되고 있다. 열거주의는 해상위험은 해상고유의 위험에 한하여 담보하는 것을 원칙으로 하고, 해상고유의 위험은 보험증권에 열거해야 담보하는 위험으로 해석하는 것이다. 그리고 포괄주의는 해상위험은 단순히 해상고유의 위험만 담보하는 것이 아니고 그 외의 일체의 해상위험 또는 항해에 관한 일체의 사고도 담보 가능하다는 것이다.

제4절 해상손해

해상손해란 보험 목적물인 선박, 적하 등에 보험사고가 발생하여 보험목적물이 멸실, 손상되거나 점유를 상실함으로써 피보험자가 입은 재산상의 불이익을 말한다. 이러한 해상손해는 물적손해와 비용손해로 구분할 수 있다.

물적손해는 다시 전손(Total Loss)과 분손(Partial Loss)으로 구분할 수 있고, 전손은 현실전손(Actual Total Loss)과 추정전손(Constructive Total

Loss)으로, 그리고 분손은 단독해손(Particular Average)과 공동해손(General Average)으로 구분할 수 있다.

전손이란 피보험이익이 전부 또는 전부손상에 준하는 손해가 발생한 경우를 말한다. 여기에서 현실전손은 피보험이익이 실질적으로 전부 손상된 경우로, 예컨대 피보험이익의 실질적인 멸실, 본래의 성질 상실, 회복가능성이 없는 박탈 및 선박의 행방불명 등을 말하며, 추정전손은 피보험이익이 현실적으로 전부 멸손된 것은 아니나 전부 멸손에 준하는 손해가 발생한 경우로, 예컨대 심하게 손상되어 구조비용이 화물의 가치를 초과하는 경우 등이다.

한편 분손은 피보험이익의 일부가 손상 또는 멸실된 경우를 말한다. 여기에서 단독해손은 좌초, 화재 등과 같은 원인으로 인해 피보험이익의 일부가 손상되거나 멸실되어 그 손해를 피보험자가 단독으로 부담하는 손해를 말하며, 공동해손은 투하(손해방지비용), 구조비, 공동의 이익을 위한 적하 일부 희생 손해 등과 같이 피보험이익의 일부가 입은 손해를 피보험자 단독으로 책임질 것이 아니라 이해관계자가 공동으로 책임지는 것이 보다 합리적인 경우를 말한다.

그리고 많은 비용손해 중 보험보상의 대상이 되는 손해로는 구조료, 구조비, 특별비용, 손해방지비용, 손해조사비용 등이 있다. 구조료는 해난에 조우한 피보험이익에 대하여 발생할 가능성이 있는 손해를 방지하기 위해 계약에 의하지 않고 구조한 자에게 지급하는 보수를 말하며, 계약에 의해 구조한 자에게 지급하는 보수가 구조비이다.

또한 특별비용은 피보험이익의 안전이나 보존을 위해 피보험자에 의해 또는 피보험자를 위하여 지출된 비용으로서 공동해손비용이나 구조비를 제외한 비용을 말하고, 손해방지비용은 피보험위험이 발생한 경우에 이로 인해 보험목적물의 손해방지 또는 경감을 위해 피보험자 또는 그의 사용인 또는 그의 대리인이 지출한 비용을 말하며, 손해조사비용은 손해가 발생한 경우 손해액 사정인에 의해 손해의 원인 및 정도를 조사하는데 소요된 비용을 말한다.

제4편
무역계약의 종료

제8장 신용장과 대금결제 _ 132
제9장 무역클레임과 상사중재제도 _ 199

제8장 신용장과 대금결제

제1절 신용장의 의의

Ⅰ. 무역매매에 있어서 위험과 신용장

무역이란 국가간에 이루어지는 재화(물품), 용역(서비스), 또는 자본의 수출입 거래를 의미한다. 그런데 이 무역은 언어・문화・관습・법률 등이 서로 다르고, 정치적・경제적・사회적・역사적인 배경을 달리하고 있는 국가간에 이루어지므로, 국내매매와는 달리 여러 가지 위험에 노출되기 쉽고, 또한 복잡한 특성을 지니고 있다. 신용장거래와 관련하여 무역매매에 있어서 노출되기 쉬운 위험은 다음과 같다.

1. Credit Risk(신용위험)

수출업자가 수입업자로부터 대금지급을 받지 못할지도 모르는 위험이다. 이러한 신용위험은, 첫째 무역계약이 체결된 후 수입국 내에서 그 물품가격이 하락하여 수입업자가 수입을 거절하는 경우, 둘째 무역계약이 체결된 후 수입업자가 보다 싼 가격에 제3국으로부터 수입이 가능하여 계약을 취소하는 경우, 셋째 신용장이 아닌 결제방식으로 무역계약이 체결된 후 수입업자가 지급불능 상태가 되거나, 또는 지급능력이 있어도 고의적으로 지급을 거절하는 경우 등에서 발생할 수 있다. 그러나 이 신용위험은 신용장을 이용함으로써 확실한 은행의 신용보증을 바탕으로 커버할 수 있다.

2. Mercantile Risk(상업위험)

수출업자의 무역매매계약의 이행여부에 따르는 위험이다. 즉, 무역계약이 체결되면 수출업자는 계약조건에 일치하는 물품을 약정된 기일 내에 정확하게 선적하여야 하는데, 상업위험은 수출업자가 이러한 매매계약의 이행을 하지 않을지도 모르는 위험이다. 이러한 상업위험은 신용장을 이용함으로써 확실한 은행의 신용을 바탕으로 어느 정도 커버할 수 있다.

3. Contingency Risk(비상위험)

무역매매계약이 체결된 후 이행하는 단계에서 수입국 내에 전쟁, 내란, 혁명 등의 비상사태가 발생하여 정부가 외환유출금지 또는 대금지급금지 조치를 취하는 경우 수출업자가 이로 인해 수출대금을 받지 못할 위험을 말한다. 이러한 비상위험은 제3국의 은행을 개설은행으로 하는 신용장을 이용하거나 또는 수출보험에 의해 커버할 수 있다.

Ⅱ. 신용장의 개념

신용장(L/C : Letter of Credit)이란 그 명칭이나 표현에 관계없이 신용장개설의뢰인(수입업자)의 요청과 지시에 따라 행동하는 개설은행이 신용장조건에 일치하는 선적서류의 제시가 있으면 개설의뢰인의 대금지급 여부에 관계없이 개설은행이 지급, 연지급, 인수 또는 매입을 취소불능적으로 확약하는 조건부 보증서이다.

이 신용장의 정의에는 다음과 같은 신용장의 특성을 내포하고 있다.

① 신용장은 선적 후에 확정될 수입업자의 대금지급의무에 대해 수입업자를 대신하여 개설은행이 일정한 조건이 갖추어지면 독자적으로 지급채무의무를 이행한다는 약정서이다.
② 신용장은 그 조건과 일치하는 선적서류의 제시를 조건으로 하는 일종의 조건부 보증서이다.
③ 신용장은 개설은행이 수익자와의 계약관계에 의한 것이 아니라 개설의뢰인의 요청과 지시에 따라 개설하게 된다.
④ 신용장은 은행이 수익자로 지정된 자, 또는 양도가능신용장의 양수인에 대하여만 지급채무를 이행한다는 제한적인 약정서이다.
⑤ 신용장은 개설은행이 수익자가 환어음 없이 신용장조건에 일치하는 선적서류만 제시하여도 지급할 수 있으며, 또한 수익자가 환어음을 발행하면 이에 지급 또는 인수한다는 약정서이다.
⑥ 신용장은 수익자에 대한 개설은행의 지급채무 이행의 약정뿐만 아니라 타은행을 통하여 수익자에게 지급, 연지급, 인수 또는 매입하도록 하는 수권적인 약정도 포함하고 있다.

Ⅲ. 신용장의 성질

1. 신용장의 독립성

신용장은 매매계약상의 결제조건이 신용장인 경우에 개설되나 일단 개설이 되면 신용장거래와 매매계약은 독립적이다. 즉, 신용장은 그 성질상 매매계약과는 전혀 무관하며, 아무런 구속도 받지 않는다. 그러므로 신용장거래의 수익자가 제시한 선적서류의 내용이 매매계약과 다르더라도 신용장조건과 일치한다면 개설은행은 대금을 결제하여야 한다.

즉, 신용장거래에서 은행은 수출업자와 수입업자간의 대금결제를 위해 개입하지만 은행이 매매계약의 내용을 직접 확인하는 것은 현실적으로 불가능한 일이다. 그러므로 신용장거래에 있어서 은행은 선적서류의 내용에 근거하여만 대금결제를 하게 된다.

또한 신용장거래는 개설의뢰인과 개설은행간의 신용장개설계약과도 독립적이다. 그러므로 신용장 개설의뢰인은 자신과 개설은행과의 계약관계에 기초하여 개설은행의 지급의무에 대해 청구권을 행사하거나, 또는 항변할 수 없다. 그리고 신용장의 수익자도 개설의뢰인과 개설은행간의 계약관계를 원용할 수 없다.

2. 신용장의 추상성

신용장거래는 상품거래가 아니라 서류거래이다. 즉, 신용장거래에 관계하는 은행은 선적서류만을 근거로 하여 대금결제 여부를 판단하며, 또한 선적서류의 문면상으로만 심사하여 대금결제를 행하게 된다.

즉, 신용장거래에서 매매당사자간의 분쟁은 대부분 선적서류와 물품의 불일치에서 비롯된다. 만일 선적서류의 매입이나 지급에 참여한 은행이 물품의 일치성에까지 책임을 져야 한다면 은행은 신용장거래에 개입하기를 원하지 않을 것이다. 따라서 신용장거래에서는 선적서류가 신용장조건에 일치하는 한 은행은 대금결제의무를 이행하도록 하고 있다.

3. 신용장조건의 엄격일치성

신용장통일규칙에는 "만약 선적서류가 신용장의 제조건과 문면상 일치하게 표시되지 아니한 경우에 은행은 선적서류의 수리를 거절할 수 있다"고 규정하고 있다. 그러므로 신용장거래는 신용장조건과 일치하는 선적서류의 제시에 대하여만 대금결제가 이루어지므로 선적서류는 신용장조건과 엄격하게 일치하여야 한다.

신용장조건의 엄격일치성과 관련한 판례인 Lamborn v. Lake Shore Banking & Trust Co. 사건에서 피고인 은행은 550포대의 자바산 과립형 백설탕(Java white granulated sugar)에 대한 선화증권을 제시하는 것을 조건으로 신용장을 개설하였다. 그런데 원고인 수익자는 550포대의 "Java white sugar"라고만 명시한 선화증권을 제시하였으나, 은행은 선화증권 서류의 불일치를 이유로 수리를 거절하였다. 이에 법원은 신용장의 수익자는 신용장조건을 엄격히 준수하여야 하며, 만약 이를 이행하지 아니한 경우에는 그 은행에 대하여 여하한 항변도 할 수 없다고 판시하였다.

Ⅳ. 신용장의 요건

국내법에서는 신용장의 요건을 규정하고 있지 않지만, 신용장통일규칙에서 명시적 또는 묵시적으로 규정하고 있는 사항은 다음과 같다.

① 신용장은 일종의 조건부 지급보증서이므로 지급보증문구가 있어야 한다. 대표적인 지급보증문구는 "We hereby agree with the drawers, endorsers and bona fide holders of drafts drawn under and in compliance with the terms of this credit, that such drafts will be duly honored on due presentation to the drawee if negotiated on or before xx. xx, xxxx" 등이다.

② 신용장은 선적서류의 제시를 조건으로 하는 지급보증서이므로 제시하여야 할 선적서류에 대하여 완전하고, 정확하며, 또한 명료한 용어를 사용하여 명시하고 있어야 한다. 예를 들면, "Full set of clean on board Bills of Lading, made out to order of XXX Bank, L.A.

marked notify ZZZ Company, L.A. evidencing shipment from Busan, South Korea to L.A. during the month of September, 2000" 등이다.

③ 신용장은 Irrevocable(취소불능)의 표시가 있어야 하며, 비록 취소불능의 표시가 없더라도 취소불능으로 간주된다.

④ 신용장에는 지급 · 연지급 · 인수 또는 매입에 대한 명시와 매입은행의 지정여부, 양도가능여부 등의 명시가 있어야 한다.

⑤ 신용장은 보증서의 일종이므로 반드시 Expiry Date(유효기일)이 명시되어 있어야 한다.

⑥ 신용장에는 선적서류제시기간, 매입유효기일 등이 명시되어 있어야 한다.

Ⅴ. 신용장의 당사자

1. Applicant(개설의뢰인)

신용장의 개설을 자신의 거래은행인 개설은행에 요청하는 자로서 매매계약에서의 Buyer(매수인) 또는 Importer(수입업자)이다. 또한 수입대금의 Accountee(지급인), 물품을 수령하는 Consignee(수화인), 수익자가 발행한 환어음의 최종 Drawee(어음지급인)이기도 하다.

그러나 신용장 개설의뢰인은 반드시 수입업자이거나 매수인일 필요는 없으며, 수입대리상인 경우도 있다. 또한 신용장 개설의뢰인은 반드시 수익자가 발행한 환어음의 지급인일 필요는 없다. 일반적으로 개설은행이 자신 앞으로 환어음을 발행하도록 신용장을 개설하기 때문에 이 경우에는 개설의뢰인이 아닌 개설은행이 환어음의 지급인이 된다.

2. Issuing Bank(개설은행)

신용장 개설의뢰인의 요청과 지시에 따라 신용장을 개설하는 은행이며, "Opening Bank" 또는 "Establishing Bank"라고도 한다. 개설은행은 수익자에 대하여 신용장조건과 일치하는 선적서류의 제시를 조건으로 지급, 연지급, 인수 또는 매입의 최종적인 책임을 부담한다. 그리고 개설은행은 신용장을 개설하고 타은행에게 신용장조건과 일치하는 선적서류와 상환으로 지급, 연지급, 인수 또는 매입을 하도록 수권할 수도 있다.

우리나라에서는 외국환은행을 갑류와 을류로 구분하고, 갑류 외국환은행만 신용장의 개설업무를 할 수 있도록 하고 있다.

3. Beneficiary(수익자)

수익자는 수출업자를 말하며, 신용장거래의 혜택을 가장 많이 누리는 자라는 의미에서 붙여진 것이다. 매매계약에서는 Seller(매도인) 또는 Exporter(수출업자)이며, 환어음의 Drawer(어음발행인), 수출대금의 Accounter(수령인), 물품의 Consigner(송화인)이기도 하다.

신용장의 수익자는 신용장조건에 일치하는 선적서류의 제시를 조건으로 하여 개설은행이나 기타 지정된 지급은행, 연지급확약은행, 인수은행 또는 매입은행에 대하여 일방적인 지급청구권을 가진다.

4. Confirming Bank(확인은행)

개설은행의 위임을 받아 선적서류의 제시에 대해 대금결제를 확약하는 제2의 지급보증은행이며, 보통 수출지에 위치하여 수익자가 결제를 하는데 편의를 제공하고, 또한 통지은행 기능을 함께 수행하기도 한다.

즉, 개설은행의 신용상태가 불안정한 경우, 개설은행이 지급확약을 위반

할 가능성이 있는 경우, 개설은행이 파산 또는 지급불능 상태에 처할 위험이 있는 경우, 개설은행이 속한 국가가 내란 또는 전쟁위험이 있어 은행업무가 중단될 위험이 있는 경우 등에서는 개설은행으로부터 정상적인 대금회수를 할 수 없게 된다. 따라서 수익자는 개설은행 이외의 은행으로부터 추가적인 지급, 연지급, 인수 또는 매입을 확약받기를 원하는데, 이 경우에 대금결제를 확약하는 은행을 확인은행이라고 한다.

5. Advising Bank(통지은행)

개설은행의 요청에 따라 수익자에게 신용장 개설과 그 내용을 통지하는 은행이며, "Notifying Bank" 또는 "Transmitting Bank"라고도 한다. 그러나 이 통지은행은 상당한 주의를 다하여 신용장의 외관상의 진정성 만을 확인하고 이를 통지할 뿐이며, 선적서류제시에 대해 지급, 연지급, 인수 또는 매입할 의무는 없다.

6. Negotiating Bank(매입은행)

매입은행은 매입신용장이 개설된 경우 개설은행이나 개설의뢰인 앞으로 발행된 환어음과 선적서류를 매입하도록 수권된 은행을 말한다. 이 경우 개설은행이 일람출급환어음 또는 기한부환어음에 대해 매입하도록 지정을 받은 은행이 있는 경우에는 그 지정은행이, 그리고 특별한 지정이 없는 경우에는 모든 은행이 매입은행이 될 수 있다. 매입은행은 환어음과 선적서류를 할인매입하고 수출대금을 결제하는 은행이라고 하여, 일명 할인은행이라고도 한다.

7. Renegotiating Bank(재매입은행)

원매입은행으로부터 선적서류를 재매입하는 은행이다.

8. Paying Bank(지급은행)

수익자가 발행한 일람불 환어음에 대하여 지급하는 은행이다. 이 지급은행은 신용장조건에 따라 수익자가 발행한 환어음에 대하여 지급하도록 수권된 은행이며, 개설은행의 지정을 받은 예치환거래은행 또는 개설은행이 결제대금 전액을 미리 위탁시켜 둔 지정은행만이 지급은행이 될 수 있다.

9. Accepting Bank(인수은행)

수익자가 발행한 기한부 환어음을 인수하는 은행이다. 이 인수은행은 신용장조건에 따라 수익자가 발행한 기한부환어음에 대하여 인수하도록 수권된 은행이며, 인수은행은 자행 앞으로 발행된 기한부환어음을 인수한 경우에는 그 환어음의 만기일에 반드시 지급할 의무를 부담한다. 그러므로 인수은행은 환어음의 만기일에는 지급은행이 된다.

10. Deferred Payment Undertaking Bank(연지급 확약은행)

신용장에 연지급이 약정되어 있는 경우에 개설은행의 지시에 따라 선적서류를 제시한 수익자에게 만기일을 기재한 연지급 확약서를 발급해 주는 은행이며, 이 은행은 만기일에 대금을 지급하여 주어야 한다.

11. Nominated Bank(지정은행)

신용장 개설은행으로부터 지급, 인수 또는 매입을 행하도록 수권받은 은행을 말하며, 개설은행으로부터 수권받은 지급은행, 인수은행, 매입은행 등이 바로 지정은행이다.

12. Reimbursing Bank(보상은행 또는 상환은행)

개설은행의 지시에 따라 지급, 연지급 확약, 인수 또는 매입은행에 신용장 대금을 보상결제해 주는 은행이며, 일명 Settling Bank(결제은행)이라고도 한다.

제2절 신용장의 개설 및 통지

Ⅰ. 신용장의 개설

1. 의의

무역매매계약에서 대금결제는 신용장으로 한다고 약정하고 있는 경우 수입업자는 자신의 거래은행에 신용장개설을 의뢰하고, 그 은행(개설은행)은 신용장을 개설하여 수출업자인 수익자에게 통지하게 된다.

신용장개설은 개설은행의 입장에서 보면 장래의 대금보상결제를 확약하게 되는 지급, 연지급, 인수 또는 매입은행에 대하여 우발채무의 발생인 동시에 장래 대금보상결제를 받게 되는 개설의뢰인에 대한 우발채권의 발생을 의미한다.

2. 신청서류

1) 신용장거래약정서

신용장개설과 관련하여 개설은행과 개설의뢰인의 권리·의무 및 면책사항 등을 약정한 계약서이다. 그러므로 그 주요한 내용은 개설은행의 수입대금지급확약, 개설의뢰인의 보상의무·수수료지급의무·담보설정의무 등으로 구성되어 있으며, 보통 최초 거래시 포괄적으로 한번만 약정하여 제출하면 된다.

2) 신용장개설신청서

신용장 개설의뢰인이 개설은행에 신용장개설을 요청하는 서류이며, 이 신청서에는 신용장의 조건 및 신용장에 기재할 사항과 지시내용 등이 포함되어 있는 중요한 서류이다. 그러므로 개설의뢰인은 이 신청서에 기재할 모든 내용을 정확하고 완전하게 기재하여야 한다.

일반적으로 기재하여야 할 사항은 다음과 같다.

- 개설의뢰인의 주소와 성명
- 수익자의 주소와 성명
- 통지은행
- 신용장 금액
- 신용장 유효기일
- 환어음의 종류
- 운송서류의 명세
- 상업송장
- 보험서류 및 부보조건
- 기타 필요한 선적서류
- 상품의 명세 – 상품명, 원산지, 수량, 단가, 가격조건 등
- 선적조건 – 선적항, 목적항, 선적기일, 분할선적과 환적 허용 여부
- 서류제시기일
- 기타 특수조건

[양식 8-1] 신용장개설 신청서

〈APP700-20〉 취소불능화환신용장 개설신청서
(Irrevocable Documentary Credit Application)

Except so far as otherwise expressly stated, this documentary credit is subject to the Uniform Customs and Practice for Documentary Credits (2007 Revision) International Chamber of Commerce (Publication No. 600)

문서/전자 문서번호 : MD180802NU21
전자문서 기능표시 : Original
전자문서 응답유형 : Message acknowledgement
전자문서 접수번호 : 10022117801M0001
전자문서 및 시간 : 2010-02-21 12:31:53

〈일반정보〉

개설 신청 일자 : 2010/02/21
개설 방법 : By full cable
운송 방법 : Sea/Air
개설 (의뢰) 은행 : D180
우리은행 양산지점
(희망) 통지 은행 : STANDARD CHARTERED BANK NANJING BRANCH
SWIFT : SCBLCNSXNJG
신용 공여 주체 : Banker's
수입승인 : (수입승인번호) (통화) (금액)
기타 정보 : 위와 같이 수입신용장발행을 신청함에 있어서 따로 제출한 수입거래약정서의 각 조항에 따를 것을 확약하며 아울러 위 수입화물에 대한 모든 권리를 귀행에 양도하겠습니다.

〈스위프트〉

40A Form of Documentary Credit : IRREVOCABLE
31D Date and Place of Expiry : (Date) 2010/03/20
(Place) CHINA
50 Applicant : HS CO., LTD
134-7, SANMAK-DING, YANSAN-SHI,
KYUNG NAM, 626-110 KOREA
59 Beneficiary : A-STAR CHEMICAL GROUP LIMITED
7/F KIN ON COMM BLDG 49-51
JERVOIS ST. SHEUNG WAN HONGKONG
32B Currency code, Amount : USD 204,000,00
39A Percentage Credit Amount Tolerance :
39C Additional Amounts Covered:
42C Drafts at ... : 120 DAYS AFTER SIGHT
42M Mixed Payment Details :
42P Deferred Payment Details :

43P Partial Shipment : ALLOWED
43T Transhipment : PROHIBITED
44E Port of Loading/Airport of Departure : CHINA
44F Port of Discharge/Airport of Destination : BUSAN, KOREA
44C Latest Date of Shipment : 2010/03/15
44D Shipment Period
45A Description of Goods and/or Services :
CMB(RUBBER)
H-5064
17,000KGS USD 1.20/KG USD20,400,000
(Terms of price) CIF
(Place of terms of price) BUSAN
(Country of origin) CN P.R.CHINA
46A Documents Required
+SIGNED COMMERCIAL INVOICE IN 3 COPIES
+FULL SET OF CLEAN ON BOARD OCEAN BILLS OF LADING MADE OUT TO THE ORDER OF WOORI BANK
MARKED FREIGHT PREPAID AND NOTIFY APPLICANT
+FULL SET OF INSURANCE POLICIES OR CERTIFICATES, ENDORSED IN BLANK FOR 110% OF THE INVOICE VALUE, EXPRESSLY STIPULATING THAT CLAIMS ARE PAYABLE IN KOREA AND IT MUST INCLUDE : INSTITUTE CARGO CLAUSE ALL RISKS.
+PACKING LIST IN 3 COPIES
+OTHER DOCUMENT(S)
47A Other Additional Conditions :
ALL DOCUMENTS MUST BEAR OUR CREDIT NUMBER
A)BENEFICIARY MUST SEND ONE SET OF NON-NEGOTIABLE SHIPPING DOCUMENTS DIRECTLY TO THE APPLICANT BY DHL 3DAYS AFTER SHIPMENT.
B) B/L MUST BE INDICATED FULL ADDRESS AND TEL NO. OF SHIPPING COMPANY OR AGENT IN KOREA
71B Charges : ALL BANKING COMMISSIONS AND CHARGES INCLUDING REIMBURSEMENT CHARGES OUTSIDE KOREA ARE FOR ACCOUNT OF BENEFICIARY
48 Period for Presentation : DOCUMENTS TO BE PRESENTED WITHIN 15 DAYS AFTER THE DATE OF SHIPMENT BUT WITHIN THE VALIDITY OF THE CREDIT
49 Confirmation instructions : WITHOUT

위와 같이 수입신용장 발행을 신청함에 있어서 위 기재사항이 수입허가(승인)사항과 틀림없음을 확인하고 따로 제출한 수입거래약정서의 각 조항에 따를 것을 확약하며 아울러 위 수입화물에 대한 모든 권리를 귀행에 양도하겠습니다.

3) 수입승인서(Import Licence)

물품수입의 경우 수출입공고 등에 의해 수입제한품목이 있으면 수입승인 여부가 확인되어야 하므로 수입승인서를 제출하여야 한다.

4) 물품매도확약서(Offer Sheet) 또는 견적송장(Proforma Invoice)

물품매도확약서는 반드시 제출하여야 하는 서류는 아니지만, 수입승인이 필요한 품목을 수입하는 경우에 신용장개설신청서의 상품명세가 "as per your offer-sheet No. 1234……"라는 문구로 되어 있으면 개설은행이 물품매도확약서와 수입승인서의 상품명세 내용이 일치하는가를 확인하여야 하므로 물품매도확약서를 제출하여야 한다.

그러므로 동일한 원리에 의해, 신용장개설신청서의 상품명세가 "as per your proforma invoice No. 1234 ……"라는 문구로 되어 있으면 견적송장(Proforma Invoice)을 제출하여야 한다.

5) 보험서류

무역계약조건이 FOB, FCA 또는 CFR 등인 경우 무역보험의 부보는 매수인이 하여야 하므로, 개설은행은 신용장개설시 보험서류를 제출받아 부보여부를 확인하고, 무역운송시의 손해발생에 대비함으로써 개설은행의 담보력을 보전한다.

이것은 수입업자가 보험에의 부보를 늦게 하여 물품이 무보험상태에서 운송될 수도 있는 위험을 예방하는 차원에서 이루어지는 것이며, 실제로 보험서류는 선적물품이 확정되지 않은 상태이므로 예정보험(Provisional Insurance) 형태로 제출되며, 그 후 내용이 확정되면 개설의뢰인은 보험회사에 즉시 확정통지를 하여야 한다.

그러나 무역계약조건이 CIF, CIP 등인 경우에는 무역보험에의 부보를 수출업자가 하므로, 수입업자는 신용장개설시 보험서류를 제출할 필요가 없다.

3. 담보설정

취소불능신용장이 개설되면 개설은행은 수입업자의 대금지급 여부에 관계없이 대금지급을 확약하는 것이다. 그러므로 개설은행은 수입업자의 신용 등을 면밀히 검토한 다음 신용장을 개설하겠지만, 신용장개설에 대한 담보로서 수입보증금의 적립 또는 수입상품 자체를 담보로서 설정하게 된다. 실무적으로 개설은행은 선화증권(B/L)을 "개설은행의 지시로"(to the order of the issuing bank)의 형태로 발행하도록 신용장에 명기함으로써 수입상품에 대하여 담보를 설정한다.

4. 신용장개설신청시 유의사항

신용장 개설의뢰인은 다음 사항에 유의하여 신용장 개설을 의뢰하여야 한다.

1) 신용장 개설지시의 완전명확성

개설은행은 개설의뢰인의 지시에 따라 행동하므로 개설의뢰인의 지시는 완전하고 명확하게 이루어져야 한다. 신용장개설의 지시라 함은 환어음에 관한 지시사항, 선적에 관한 지시사항, 선적서류에 관한 지시사항 및 기타 특별사항에 관한 지시를 말한다.

또한 신용장의 기본요건, 즉 보증문언, 선적서류의 명세, 취소불능의 표시, 신용장의 사용방법, 유효기일과 선적서류 제시기일 등도 완전하고 정확하여야 한다.

2) 과도한 명세의 삽입억제

신용장거래에 있어서 오해나 혼란을 야기할지도 모르는 과도한 명세는 신용장개설 요청시 삽입하는 것을 피해야 한다. 개설의뢰인은 신용장거래의 독립·추상성에 따라 신용장거래의 당사자 중에서 가장 불리한 입장에 있다. 따라서 개설의뢰인은 신용장에 여러 가지 조건을 부가함으로써 자기 방어책을 강구하려고 신용장에 과도한 명세를 삽입하려는 경향이 있다. 그러나 이것은 오히려 신용장거래의 역기능을 야기할 수 있으므로 과도한 명세를 삽입하려는 시도는 억제되어야 한다.

3) 애매한 용어사용의 주의

신용장에 다음과 같은 불명료한 용어를 사용하는 경우에는 주의하여야 한다.

첫째, 서류의 발행인을 의미하는 용어로서 "well known", "first class", "qualified", "independent", "official", "competent", "local" 등의 용어는 수익자를 제외하고 선적서류를 발행하는 모든 발행인에게 허용된다.

둘째, 선적서류에 사용이 요구된 경우를 제외하고 "prompt", "immediately", "as soon as possible"과 같은 용어는 무시된다.

셋째, "usual risks", "customary risks" 등의 보험조건에 관한 불명확한 용어는 사용을 억제하여야 하나, 이러한 용어가 사용된 경우 부보되지 않은 어떠한 위험에 관계없이 은행은 보험서류를 수리한다.

넷째, 선적기간을 결정하기 위해 사용된 "to", "until", "till", "from", "between"이라는 용어는 당해일자를 포함하며, "before", "after"라는 용어는 당해일자를 제외한다.

4) 외국 법률 및 관행의 준수

신용장거래는 국제간에 이루어지므로 외국의 법률 및 관습에 저촉되는 지시를 하여서는 안 된다. 즉, 신용장은 일단 개설되면 신용장의 통지, 확인, 지급, 연지급, 인수 또는 매입 등이 모두 외국에서 발생한다. 그러므로 개설의뢰인이 외국법률이나 관습을 준수하지 않는다면 신용장거래상에 복잡한 법률문제가 야기될 수 있으므로 신용장통일규칙은 특별히 개설의뢰인에게 국제법률 및 관습을 준수하도록 규정하고 있다.

5. 신용장개설신청서의 심사

신용장개설신청서는 신용장개설의 근간이 되는 가장 중요한 서류이므로 상호 모순이 없는가 또는 오류가 없는가 정확하게 심사하여야 한다. 즉, 개설은행은 신용장개설신청서를 다음 사항에 유의하여 심사하여야 한다.

- 수입승인의 취득여부
- 취소불능성의 표시여부
- 양도가능성의 표시여부
- 상환청구불능성의 표시
- 신용장금액과 통화표시
- 환어음의 만기 및 금액
- 선적서류의 명세
- 신용장 · 선적 · 선적서류제시 · 매입유효기일
- 운임지급조건
- 보험조건
- 물품명세
- 선적지 및 도착지
- 분할선적 및 환적여부 등

[양식 8-2] 취소불능 화환신용장

*Advice Br. : 동수원지점 Advice of Issue of Documentary Credit *Beneficiary : TEL. 031-224-7579 KEUMJUNG CO., LTD. 1029-1 KWONSUN-DONG, KWONSUN-KU, SUWON *Amount : EUR 27,200.00 *Expiry Date : 2010. 03 *Receipt No : 20100202-7-0000615-00 *Sender's Bank : UNCRITMM	*Advice Date : 2010.02.02(FAX/1078084) *Advice No : A-0662-002-00445(OP) *Credit No : 411010290200 *Applicant : PO, INT, ER, SRL VIA MONTE DI PIETA 2 10121 TORINO TO ITALY *Issuing Bank : UNCRITMM UNICREDIT SPA, MILAN PIAZA CORDUSIO 20123 MILANO MI, ITALY

Gentlemen :
At the request of the issuing bank, and without any engagement or responsibility on our part, we are plased to inform you that we have received the following AUTHENTICATED teletransmission dated 2010.02.01

:700 ISSUE OF A DOCUMENTARY CREDIT

: 27	Sequence of Total	: 1/1
: 40A	Form of Documentary Credit	: IRREVOCABLE
: 20	Documentary Credit Number	: 411010290200
: 31C	Date of Issue	: 100201
: 40E	Applicable Rules	: UCP LATEST VERSION
: 31D	Date and Place of Expiry	: 100312KOREA
: 51D	Applicant Bank	: UNICREDIT BANCA SPA C.TEST. PIE. VDA/TO
: 50	Applicant	: PO. INTER. SRL VIA MONTE DI PIETA 2 10121 TORINO TO ITALY
: 59	Beneficiary	: KEUMJUNG CO., LTD 1029 1 KWONSUN DONG, KWONSUN KU, SUWON, KYUNGHI 441 390 KOREA
: 32B	Currency Code, Amount	: EUR27200,
: 39B	Maximum Credit Amount	: NOT EXCEEDING
: 41A	Available With... By...	: UNCRITMM BY PAYMENT
: 43P	Partial Shipment	: PROHIBITED
: 43T	Transshipment	: ALLOWED
: 44A	Place of taking in Charge/ Dispatch fro	: SUWON, KYUNGHI KOREA
44E	Port of Loading/Airport of Destination	: ANY KOREAN PORT
44F	Port of Descharge/Airport of Destination	: GENOVA PORT, ITALY
: 44C	Latest Date of Shipment	: 100225
: 45A	Description of Goods and/or Services :	

HIESCAT HI 54K 16,000 KGS AT EUR 1, 70/KG FOR TOTAL AMOUNT OF EUR 27.200,00 GOODS AS PER P/O NO. 47 AND PROFORMA INVOICE NO. KJC 100210 DATED 26JAN2010. GOODS DELIVERED CIF GENOVA PORT.

: 46A Documents Required

+ HAND SIGNED AND DATED COMMERCIAL INVOICES IN 3 FOLDS.
+ FULL SET (3/3) CLEAN ON BOARD BILL OF LADING ISSUED TO THE ORDER AND BLANK ENDORSED. NOTIFY TO THE APPLICANT (FAX NO. +39118608), MARKED FREIGHT PREPAID.
+ CERTIFICATE OF ORIGIN/GSP FORM A ISSUED BY LOCAL AUTHORITIES STATING THE KOREAN ORIGIN OF THE GOODS.
+ PACKING LIST IN 3 FOLDS.
+ WEIGHT LIST IN 3 FOLDS.
+ INSURANCE POLICY OR CERTIFICATE ISSUED IN DUPLICATE AND IN NEGOTIABLE FORM COVERING 110 PCT OF CIF INVOICE AMOUNT COVERING ALL RISKS AS PER I.C.C 1/01/82 CLAUSE (A) INCLUDING WAR MINES, TORPEDOES, S.R.C.C., T.P.N.D., FROM SELLER'S WAREHOUSE TO BUYER' WAREHOUSE, STATING LOSSES AND DAMAGES PAYABLE IN ITALY.
+ CERTIFICATE OF ANALYSIS IN 3 FOLDS.
+ BENEFICIARY'S CERTIFICATE CERTIFYING THAT THEY HAVE FAXED TO APPLICANT AND TO ADVICING BANK ALL SHIPMENT DETAILS WITHIN THREE DAYS AFTER SHIPMENT DATE.

: 47A Additional Conditions

A) A DISCREPANCY FEE OF EUR 75, 00 OR EQUIVALENT WILL BE DEDUCTED FROM THE PROCEEDS OF EACH SET OF DOCUMENTS WITH DISCREPANCIES PRESENTED UNDER THIS CREDIT. THIS STATEMENT IS NOT CONSTRUED TO MEAN THAT DOCUMENTS WITH DISCREPANCIES WILL BE HONOURED BY US, NOR THAT, IN THE EVENT OF PAYMENT DESPITE DISCREPANCIES. SIMILAR DISCREPANCIES IN FUTURE DRAWINGS WILL BE WAIVED. THE DISCREPANCY FEE IS ALWAYS FOR BENEFICIARY'S ACCOUNT.

B) PLS SEND ALL YR CORRESPONDENCE TO SWIFT CODE UNCRIT2BZ01 ALWAYS QUOTING OUR L/C NUMBER

C) PLS SEND DOCUMENTS REQUIRED IN TWO SEPARATE SETS ALMOST ONE BY COURIER SERVICE.

D) IT IS AN AMENDMENT TO THE PROVISIONS OF UCP 600, A PRESENTATION TO THE ISSUING BANK WILL BE DEEMED AS CORRECTLY EFFECTED ONLY IF THE DOCUMENTS ARE SENT TO THE ADDRESS DETAILED BELOW.
MAILING TO ANY OTHER ADDRESS IS NOT ALLOWED ADDRESS UNICREDIT BANCA SPA. CENTRO ESTERO PIEMONTE NORD E VALLE
AOSTA 4581. VIA NIZZA, 150 10126 TORINO ITALY.

: 71B Charges	: ALL COMMS AND CHARGES OUTSIDE ITALY INCLUDING REIMBURSEMENT CHARGES ARE FOR BENEFICIARY'S ACCIONT.
: 48 Period for Presentation	: WITHIN 15 DAYS AFTER SHIPMENT DATE BUT WITHIN L/C VALIDITY.
: 49 Confirmation Instructions	: WITHOUT

: 78 Inst. to the Pay/Accept/Negotiate Bank	: UPON RECEIPT OF STRICTLY CONFORM DOCUMENTS AT OUR COUNTERS WE SHALL REMIT PROCEEDS TO PRESENTING BANK AS PER THEIR INSTRUCTIONS.
: 72 Sender to Receiver Information	: PLS ADVICE PRESENT L/C THROUCH YOUR TONGSUWON BRANCH. BENEFICIARY'S ACCOUNT NUMBER 254 55D 101132 4

Please note that we reserve the right to make such corrections to this advice as may be necessary upon receipt of the cable confirmation and assume no responsibility for any errors and/or omissions in the transmission and/or translation of the teletransmission. and for any forgery and/or alteration on the credit. If the credit is available by negotiation, each presentation must be noted on the reverse of this advice by the bank where the credit is available. THIS ADVICE IS SUBJECT TO THE UNIFORM CUSTOMS AND PRACTICE FOR DOCUMENTARY CREDITS(2007 REVISION, ICC PUBLICATION NO. 600)

6. 신용장 양식

현재 사용되고 있는 신용장 표준양식은 국제상업회의소(ICC)가 1983년 신용장통일규칙의 제4차 개정을 단행하면서 발표한 8가지 표준양식을 기본으로 하여 각 은행이 자신의 실정에 맞게 약간의 수정을 가하여 사용하고 있다.

그러나 개설은행은 신용장양식에 신용장 자체에 관한 사항, 제시서류에 관한 사항, 환어음에 관한 사항, 상품명세에 관한 사항, 선적에 관한 사항 및 기타 특수조건에 관한 사항 등을 기재하여 개설하여야 한다.

7. 신용장개설의 방법

신용장개설의 방법으로는 우편수단과 전신수단을 이용하는 방법이 있다. 이 중 전신수단을 이용하는 방법에는 전보, 텔렉스, 팩시밀리, SWIFT(세계은행간 금융전산망) 등이 있다.

1) 우편에 의한 방법

수익자에 대한 신용장 통지가 급하지 않은 경우에 이용되며, 개설은행이 보유하고 있는 신용장양식에 맞추어 신용장을 개설하여 우편으로 통지은행에 발송하면, 통지은행이 수익자에게 신용장 개설을 통지하는 방법이다.

우편신용장의 개설에는 ① 우편신용장 만을 우송하는 방법과 ② 우편신용장을 우송하는 것과 병행하여 신용장번호, 수익자, 개설의뢰인, 신용장금액, 상품명세, 유효기일 등 반드시 필요한 사항을 사전예고하기 위해 약식전신(Short Cable)을 전송하는 방법이 있다.

2) 전신에 의한 방법

수익자는 신용장을 접수한 후에 수출 물품을 준비하는 것이 안전하므로 가능한 빨리 신용장을 받기를 원하고 있다. 따라서 신용장 개설은 전신을 이용하는 경우가 많으며, 이에는 크게 3가지 방법이 있다.

(1) 정식전신(Full Cable)

신용장의 내용을 처음부터 끝까지 모두 전보, 전신 또는 텔렉스 등으로 전송하는 방법이다. 이 방법은 전신료가 많이 소요되는 단점이 있다.

(2) 암호(Code, Cypher)

전신료 및 시간을 절약하기 위해 통지은행과 전신암호(Cypher : Private Code Words)를 서로 교환하여 필요한 사항만을 타전하면 통지은행은 전신암호에 따라 동 타전된 내용을 대입하여 완전한 형식을 갖춘 신용장을 완성하여 통지하는 방법이다.

(3) 약식전신(Short Cable)

신용장번호, 수익자, 개설의뢰인, 신용장금액, 상품명세, 유효기일 등 핵심사항만을 사전에 통지하여 주고, 그 후에 정식의 신용장을 보내주는 방법이다. 이 약식전신은 신용장을 개설하였다는 정보를 제공하는데 지나지 않으며, 그 후에 보내 주는 신용장 원본만이 유효한 신용장으로 인정된다.

3) SWIFT에 의한 방법

최근 신용장 개설방법으로 가장 많이 이용되고 있는 것이 SWIFT (Society for Worldwide Interbank Financial Telecommunication)에 의한 방법이다. SWIFT는 국제간에 대금결제에 관한 데이터통신망을 기획하고 운영할 것을 목적으로 설립된 세계은행간 금융데이터통신협회를 말하며, 이 SWIFT 신용장 양식이 표준화되어 있고, 이용이 편리할 뿐만 아니라 비용면에서도 저렴하여 가장 일반적으로 이용되고 있다.

8. 신용장거래의 수수료

신용장거래와 관련하여 다음과 같은 수수료가 발생한다.

1) 신용장개설 등의 수수료

개설의뢰인은 신용장의 개설·증액·조건변경수수료 및 전신이용시 전신사용료를 부담한다.

2) 코레스비용(Corres Charge)

개설의뢰인은 자신의 지시사항의 이행에 따르는 개설은행의 타행서비스 이용료 등을 부담하여야 한다. 이에는 통지수수료, 확인수수료, 매입 또는 지급수수료, 보상수수료 등이 있다.

Ⅱ. 신용장의 통지

1. 의의

신용장의 통지란 개설은행이 개설한 신용장을 통지은행이 그 신용장의 진위를 확인한 후 수출지의 수익자에게 신용장 개설사실을 알리는 것을 말한다. 이러한 신용장의 통지방법에는 개설은행이 직접 수익자에게 통지할 수도 있으나, 신용장의 진위확인을 위해 수출지의 통지은행을 통하여 통지하는 방법이 일반화되어 있다.

2. 통지은행의 의무

① 신용장의 외견상 진위확인 : 통지은행은 신용장의 외견상의 진위성을 확인하기 위해 상당한 주의를 하여야 한다. 보통 서명감이나 Test Key에 의한 진위성 확인을 하며, 통지시에는 통지번호를 부여한다.
② 통지은행은 수익자에게 신용장개설 사실을 신속·정확하게 통지하여야 한다.
③ 통지은행이 신용장을 통지하지 않기로 선택한 경우 이를 개설은행에게 지체없이 통고하여야 한다.

3. 통지은행의 면책

① 신용장 통지 중의 사고에 대한 면책
② 전문용어의 번역 또는 해석상의 오류에 대한 면책

[양식 8-3] 약식 신용장 통지

KORE A INSTITUTE BANK

SEOUL, KOREA

CABLE ADDRESS : ______________________
"INSTBANK"

OUR ADVICE NO. ______________

GENTLEMEN :

WE ARE PLEASED TO INFORM YOU, WITHOUT ANY RESPONSIBILITY ON OUR PART, THAT WE HAVE RECEIVED A TELEGRAPHIC MESSAGE
DATED
FROM
READING AS FOLLOWS :

AS THIS MESSAGE HAS BEEN ADVISED BY CABLE, WE RESERVE THE RIGHT TO MAKE SUCH CORRECTIONS AS MAY BE NECESSARY UPON RECEIPT OF THE MAIL ADVICE AND WE ASSUME NO RESPONSIBILITY FOR ANY ERRORS AND/OR OMISSIONS IN THE TRANSMISSION AND/OR TRANSLATION OF THE CABLE.

YOURS VERY TRULY,

NON-NEGOTIABLE

For KOREA INSTITUTE BANK

Asst. Manager

[양식 8-4] 정식 신용장 통지

KOREA INSTITUTE BANK

Date

<table>
<tr><td rowspan="2">IRREVOCABLE DOCUMENTARY CREDIT</td><td colspan="2"></td></tr>
<tr><td>of issuing bank</td><td>of advising bank</td></tr>
<tr><td></td><td colspan="2">Accountee</td></tr>
<tr><td rowspan="2"></td><td colspan="2">Amount</td></tr>
<tr><td colspan="2">Expriy date</td></tr>
<tr><td colspan="3">Dear Sir(s),
We are requested by the opening bank to advise you that have opened their irrevocable credit.
Which is available by your draft(s) at drawn on bearing the clause : Drawn under documentary credit No. dated of accompanied by the following documents marked 'X' :
☒ Full aet of clean on board ocean bils of lading, made out to the order of marked 'Freight' and Notify
☒ Marine insurance policy or certificate in duplicate endorse in blank for 110% of the invoice value. Insurance must include :
☒ signed commercial invoice in
☒ Other documents : covering</td></tr>
<tr><td>Shipment from
to latest</td><td>Partial shipments</td><td>Transhipments</td></tr>
<tr><td colspan="3">Documents must be presented within days after the date of issuance of the bill of lading or other shipping documents.</td></tr>
<tr><td colspan="3">Special conditions :</td></tr>
<tr><td rowspan="2">The opening bank engages with the drawers, endorsers and bona fide holders of drafts drawn under and in compliance with the terms of credit that such drafts shall be duly honored on delivery of documents as specified.
This letter is solely an advice of credit opened by the above mentioned correspondent and conveys no engagement by us.
We reserve the right to make such amendments to this advice as may be and assume no responsibility for any errors and / or omissions in the transmission and / or translation of the cable.</td><td colspan="2">The amount each draft must be endorsed on the reverse of this credit by the negotiating bank.</td></tr>
<tr><td colspan="2">Yours faithtully,

Authorized Signature</td></tr>
</table>

N.B., In case of difficulties, please consult us before communicating with your customers.

4. 통지은행의 지위

1) 통지은행과 개설은행

통지은행은 개설은행의 대리인적 지위에 있으며, 따라서 통지은행은 개설은행의 지시내용을 신속·정확하게 수익자에게 통지하는 중계은행에 불과하다.

2) 통지은행과 수익자

통지은행의 통지행위는 수익자에 대한 의무가 아니라 개설은행에 대한 의무이며, 통지태만시 야기되는 수익자에 대한 손실은 개설은행으로부터 추징당할 수 있다.

제3절 신용장의 확인·양도 및 변경

Ⅰ. 신용장의 확인

1. 의의

신용장의 확인이란 개설은행이 1차적으로 지급, 인수 또는 매입을 확약하고 있는 취소불능신용장에 대하여 제2의 은행(확인은행)이 개설은행의 요청에 따라 2차적으로 지급, 인수 또는 매입을 확약하거나 어음발행인에게 매입대금을 상환청구함이 없이 매입을 확약하는 것을 말한다.

따라서 신용장의 확인은 다음과 같이 요약할 수 있다.

① 취소불능신용장에 대한 제2의 은행의 확약이다.
② 개설은행의 요청에 의해 확인은행이 확약한다.
③ 지급, 인수를 확약하거나 어음발행인에게 상환의무를 부과함이 없이 매입을 확약한다.

이와 같은 확인신용장은 수익자가 개설은행의 신용을 절대적으로 신뢰할 수 없는 경우에 개설은행의 지급보증에 이어 확인은행의 2차적인 보증을 받고자 하는 의도에서 생겨난 것이다. 그러므로 확인신용장은 개설은행과 확인은행의 2중적인 지급보증에 의해 개설은행의 신용상태가 불안한 경우 수익자를 신용위험으로부터 보호한다.

2. 신용장 확인업무

무역매매계약에서 수익자가 신용장 확인을 요청하면 개설의뢰인은 개설은행에 신용장 확인을 요청하여야 한다. 그리고 이러한 확인 요청을 받은 개설은행은 확인은행에 신용장 확인을 요청하게 된다. 신용장 확인절차는 다음과 같다.

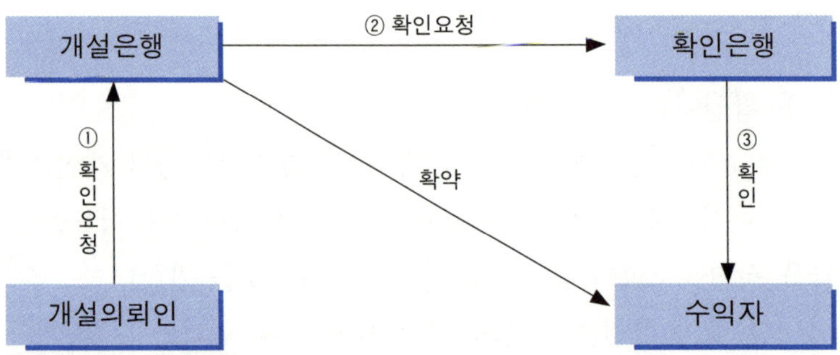

[그림 8-1] 신용장 확인절차

이 경우 신용장 확인업무는 다음과 같다.

① 확인은행은 개설은행으로부터 신용장 확인을 요청받으면 다음 사항을 고려하여야 한다.

- 개설은행의 신용과 자산이 충실한가?
- 개설은행의 소재지에 불가항력 사태가 발생하여 보증채무의 이행에 곤란을 초래할 가능성이 있는가?
- 개설은행과의 환거래계약의 확인에 관한 약정이 있는가? 또한 그 한도는 있는가?

② 개설된 신용장이 지급 또는 인수신용장일 경우에는 지급 또는 인수의 확인을 하게 된다. 이 경우 지급, 인수의 확인문구는 다음과 같다.

〈예 1〉

"At the request of our correspondent, we confirm their credit and also engage with you that drafts drawn in confirmity with the conditions of this credit will be duly honoured."

〈예 2〉

"We confirm this credit and hereby undertake that all drafts drawn and presented as above stipulated shall be duly honored by us."

③ 개설된 신용장이 매입신용장일 경우에는 매입의 확인을 하게 되며, 확인문구에 상환청구함이 없다는 문구인 "without recourse to drawer" 등이 삽입되어야 한다.

〈예 1〉

"We undertake that any drafts drawn by you in accordance with the terms of the credit will be duly negotiated by us without recourse."

〈예 2〉

"We confirm this credit and engage that drafts drawn in confirmity with the terms of the credit will be duly negotiated by us without recourse to drawer and/or bona fide holders."

④ 확인은행은 보통 수출지에 위치하며, 통지은행 업무를 겸한다.

⑤ 보통 신용장의 확인을 요청하는 문구는 "Please advise this L/C to the beneficiary, adding your confirmation" 등이다.

⑥ 신용장 확인의 변경 및 취소는 개설은행, 수익자, 확인은행 등 신용장 관계당사자 전원의 동의 없이는 불가능하다.

⑦ 신용장상에 확인수수료에 대한 언급이 있으면 그대로 따라서 청구하면 되며, 아무런 언급이 없으면 개설은행에 청구하는 것으로 해석된다.

Ⅱ. 신용장의 양도

1. 의의

신용장의 양도란 양도가능신용장상의 권리・의무의 전부 또는 일부를 원수익자가 지시하는 제2수익자에게 양도하는 것을 말한다. 그러므로 양도가능신용장이란 원수익자(제1수익자, 양도인)가 지급, 인수 또는 매입을 할 권한이 부여된 은행에 대하여 1명 또는 수명의 제2수익자(양수인)에게 신용장의 전부 또는 일부를 이용할 수 있도록 할 수 있는 권한이 부여된 신용장이다.

신용장을 양도하는 이유는 ① 수출자격이나 수출쿼터를 가지고 있지 않은 자가 신용장을 받은 경우 수출자격이 있는 자에게 양도하거나, ② 수출지에 있는 수입업자의 대리점 또는 지사가 먼저 신용장을 일괄적으로 받아놓고 필요시 실제 수출업자에게 신용장을 양도하거나, ③ 중간차익을 획득하는 것을 목적으로 신용장을 받아 다른 수출업자에게 양도하는 경우 등이다.

2. 양도가능신용장의 당사자

1) 양도의뢰인(Applicant for the Transfer)

신용장양도를 신청하는 자로서 최초로 신용장을 받은 원수익자, 즉 제1수익자이며, 일명 양도인이라고 한다.

2) 양수인(Transferee)

신용장을 양수하는 제2수익자를 말한다.

3) 양도은행(Transferring Bank)

신용장 양도의뢰인의 요청에 의해 신용장양도를 취급하는 은행을 말한다. 지급, 인수 또는 매입신용장의 경우에는 지급, 인수 또는 매입은행이 신용장양도를 취급하며, 특히 매입은행이 제한되어 있지 않은 매입신용장은 어느 은행이나 신용장양도를 취급할 수 있다.

4) 양도지시은행

양도가능신용장을 개설한 개설은행이 양도가능 여부를 지시하게 된다.

3. 신용장 양도업무

신용장의 양도와 관련된 업무는 다음과 같은 점에 유의하여 실행되어야 한다.

① 신용장상에 "Transferable"이라고 양도가능의 명시가 있어야 한다. 그러나 "Divisible", "Fractionable", "Assignable", "Transmissible" 등과 같은 용어의 사용은 인정되지 않는다.
② 양도는 1회에 한한다. 그러나 분할선적이 허용되는 경우 수회로 나누어 분할양도가 가능하며, 이 경우에는 1회로 간주된다.
③ 여러 명의 제2수익자에게 나누어 양도하는 것도 가능하나, 총금액의 합계가 원신용장 금액을 초과하여서는 안 된다.
④ 신용장 양도는 전액 또는 일부금액을 양도하는 것이 가능하며, 국내외 양도도 가능하다.
⑤ 신용장의 양도는 원수익자의 요청에 따라 이루어진다.
⑥ 신용장의 양도는 지급, 인수 또는 매입이 수권된 은행만 취급할 수 있다.
⑦ 양도수수료는 별도의 합의가 없으면 원수익자로부터 징수한다.

4. 신용장대금의 양도

신용장대금의 양도는 신용장양도와는 별개의 개념을 가지고 있다. 즉, 신용장양도는 신용장에 관련된 일체의 권리가 제2수익자에게 양도되는 것임에 비하여, 신용장대금의 양도는 신용장대금에 대한 권리만이 양도되며, 선적 및 서류작성의 의무는 여전히 원수익자에게 있다. 그리고 신용장대금의 양도는 신용장상에 "Transferable"이라는 문구가 없어도 가능하다.

[양식 8-5] 양도가능신용장

APPLICATION FOR ADVICE OF TOTAL TRANSFER

Korea Institute Bank
Seoul, Korea

Date:
Your Advice No.

Gentlemen :

Re : L/C No.
for
Favour
Opening Bank :

We hereby irrevocably transfer all of our right under the above mentioned credit to

The transferee(hereinafter called the "Second Beneficiary") shall have sole rights as beneficiary under the credit, including all rights relating to any amendment, whether increases or other amendments, and whether now existing or hereafter made. The credit hereafter may be amended, extended or increased, without our consent or notice to us and you will give notice thereof directly to the Second Beneficiary.

The original credit(including amendments to this date, if any) is returned herewith for your endorsement. We request you to notify the second Beneficiary in such form as you deem advisable of this transferred.

We agree to indemnity and hold you harmless against any and all losses, damages and expenses arising from your actions on this transfer.

Yours very truly,

Accepted by

Authorized Signature &
Name of First Beneficiary

Authorized Signature &
Name of Second Beneficiary

Ⅲ. 신용장의 변경 및 취소

1. 신용장의 조건변경

신용장의 조건변경이란 이미 개설된 신용장의 조건 중 일부를 신용장 관련 당사자간의 합의에 따라 수정하는 것을 말한다. 신용장의 조건변경은 취소불능신용장의 경우 관련 당사자 모두의 합의가 없이는 불가능하며, 개설은행의 신용장 조건변경서의 발급에 의해 이루어진다. 한편 개설은행은 조건변경서의 발급 후에는 이를 임의로 취소할 수 없으며, 수입승인 대상품목을 수입하는 경우 다음 사항을 변경하고자 하는 경우에는 당초의 승인기관장에게 변경신고를 또한 하여야 한다.

- 원산지
- 규격
- 용도가 지정되어 있는 경우의 수입물품의 용도
- 승인조건

한편 신용장 조건변경시에는 반드시 원신용장을 통지한 통지은행을 통하여 조건변경을 통지하여야 한다. 또한 개설은행이 신용장 조건변경서의 발급 후 상당기간이 경과하도록 수익자의 거절통지가 없다고 하여 자동적으로 수락한 것으로 볼 수 없으며, 수익자의 명시적인 의사표시가 있어야 비로소 신용장 조건변경을 동의한 것으로 볼 수 있다.

2. 신용장 조건변경시 유의사항

신용장 조건변경시에는 다음과 같은 사항에 유의하여야 한다.

- 조건변경 신청인과 당초 개설의뢰인의 동일성 여부
- 원신용장과 관련성 여부

- 변경 Offer 및 수입승인 변경허가서와의 일치 여부
- 물품명세서의 변경 여부
- 개설은행은 신용장금액의 증액, 유효기한 연장 등의 경우에는 적절한 담보확보 여부

3. 신용장 조건변경 사항

1) 신용장금액의 증액 또는 감액

신용장금액의 증액 또는 감액을 나타내는 문구는 다음과 같다.

〈예 1〉

"L/C amount is increased by US$100,000 to US$200,000."
"Amount is decreased by US$100,000 making total of US$100,000."

2) 선적기일 또는 유효기일의 연장

선적기일 또는 유효기일의 연장을 나타내는 문구는 다음과 같다.

〈예 1〉

"Shipping date is extended to June 20, 2003."
"Expiry date is extended to June 20, 2003."

3) 상품명세의 변경

품목명 등 상품명세가 변경된 경우에는 다음과 같이 기재한다.

〈예 1〉

"Descriptions of commodity are changed as follows. 20,000 pcs of Sporting Wear USA origin @ US$ 30 CIF Busan."

[양식 8-6] 신용장 조건변경신청서

APPLICATION FOR AMENDMENT
TO IRREVOCABLE DOCUMENTARY CREDIT

☐ Cable
☐ Airmail

I/L No.		Credit number
Adising bank		Amount
Benficiary		Applicant
		Expiry date

AMENDMENTS :

Amount ☐ increased by
☐ decreased by
to

☐ The latest shipment date is extended until
☐ the expiry date is exteneded until

Others :

All other terms and conditions remain unchanged. TEL

상기 사항이 수입허가(승인)변경사항과 상위없음을 서약하고 위와 같이 신용장 조건변경을 신청합니다

주 소 :

신청인 : ㊞

한국협회은행장 귀하

지급보증	금 액	
	번 호	
	일 자	

인감대조	검인	확인

4) 선적항 또는 목적항의 변경

선적항 또는 목적항이 변경된 경우에는 다음과 같이 기재한다.

〈예 1〉

"Shipping port is changed into Seattle instead of San Francisco."

"Destination is changed into Busan instead of Incheon."

4. 신용장의 취소

개설의뢰인이 신용장의 개설을 취소하는 경우에는 서면으로 개설은행에 취소신청을 하여야 하며, 취소불가능신용장의 경우 신용장의 취소는 수익자 등 관련 당사자 모두의 동의 없이는 불가능하다. 한편 신용장 유효기간이 상당기간 경과하였음에도 불구하고 개설은행에 서류가 도달하지 않았다고 하여 개설은행이 수익자의 동의 없이 신용장을 취소할 수 없다.

제4절 선적서류의 매입 및 인도

Ⅰ. 선적서류의 매입

1. 의의

신용장거래에 있어서 선적서류의 매입(Nego)이란 수익자가 신용장조건에 따라 물품의 선적을 완료하고 발행한 환어음 및 신용장에 의거하여 발행된 선적서류를 매입은행이 개설은행으로부터 신용장대금을 상환받기 전에 할인하여 매입하는 것을 말하며, 이 경우 매입은행은 선적서류를 담보로 확보하면서 매입하는 것이며, 선적서류의 매입은 수익자에 대한 일종의 여신행위라고 할 수 있다.

선적서류의 매입은 매입은행이 개설은행의 강한 보증력을 믿고 수익자에게 여신을 제공하여 무역계약의 결제를 원활하게 하는 것을 본질로 하는 것이므로, 선적서류를 매입하는 경우에는 상당한 주의를 가지고 선적서류를 점검하여야 한다.

2. 매입은행의 지위

1) 매입은행과 개설은행의 관계

취소가능신용장의 경우 개설은행은 신용장 관련 당사자의 사전 동의 없이 신용장의 취소가 가능하므로 매입은행은 개설은행에 대하여 아무런 구상권이 없다. 그러나 이 경우에도 신용장 취소의 통지를 받기 이전에 선적서류와 환어음을 매입한 매입은행은 개설은행에 대하여 구상권을 가진다. 한편 취소불능신용장의 경우에는 보통신용장에서는 어느 매입은행이건 개설은행에 대하여 구상권을 가지며, 특정신용장에서는 지정받은 매입은행만 개설은행에 대하여 구상권을 가진다.

2) 매입은행과 수익자의 관계

매입은행은 수익자에 대하여 선의의 어음소지인으로서의 권리를 가지며, 따라서 상환청구가능신용장의 경우 매입한 선적서류 및 환어음에 대하여 개설은행으로부터 상환받지 못한다면 수익자에 대하여 상환청구를 할 권리를 가진다. 그러나 상환청구불능신용장의 경우에는 원칙적으로 수익자에 대하여 상환청구를 할 수 없으나, 우리나라 어음법에서는 상환청구불능 자체를 인정하지 않고 있으므로 상환청구불능이라고 기재되어 있어도 수익자에 대하여 상환 청구할 수 있다.

3) 매입은행과 개설의뢰인의 관계

신용장거래에 있어서 이 양 당사자는 아무런 권리 및 의무관계에 있지 않다.

3. 매입은행의 위험부담

매입은행은 1차적으로 개설은행의 신용을 믿고 선적서류를 매입하게 되며, 매입 후에는 개설은행으로부터 신용장대금을 상환받게 되는데, 이 과정에서 매입은행은 다음과 같은 위험을 부담하게 된다.

1) 수입국의 비상위험

일명 수입국의 Country Risk라고 하는 것으로, 이는 개설은행의 소재국인 수입국의 외환사정악화, 전쟁·내란 등의 발발 등으로 인해 매입은행이 개설은행으로부터 신용장대금상환을 받지 못할 위험이다.

2) 개설은행의 신용위험

개설은행의 파산, 지급불능사태 등으로 인해 매입은행이 개설은행으로부터 신용장대금상환을 받지 못할 위험이다.

3) 매입한 선적서류의 위조 등으로부터 야기되는 위험부담

매입한 선적서류의 신용장조건과의 일치여부, 선적서류 자체의 위조여부 등을 면밀하게 심사하기 어려운 상태에서 야기될 수 있는 위험부담이다.

4. 선적서류의 발행 및 수리요건

신용장거래에 있어서 선적서류의 매입시 매입은행에 제출하여야 하는 서류 일체를 선적서류라고 하며, 이에는 담보확보를 위한 선화증권과 상업송

장, 보험증권 등의 필수서류와 포장명세서, 영사송장, 세관송장, 검사증명서, 원산지증명서 등의 부가서류 등이 있다. 제출되어야 하는 선적서류 일체는 모두 신용장조건과 일치하여야 한다.

1) 선화증권(B/L : Bill of Lading)

(1) 의의

선화증권은 배서나 교부에 의해 제3자에게 양도할 수 있는 유가증권으로서, 보통 신용장 상에는 "Full set of clean on board ocean bill of lading made out to the order of xxx marked freight xxx to notify xxx"와 같은 문구로 기재되어 있다. 이 문구를 해설하면 다음과 같다.

① **full set** : 선화증권의 원본은 발행된 全通이어야 한다.

② **clean** : 무고장의 의미로서 발행된 선화증권의 비고란에 선적내용과 관련하여, 예컨대 포장불량, 수량부족 등과 같은 하자내용의 기재가 전혀 없어야 한다.

③ **on board** : 본선적재의 의미로서 선화증권은 본선적재 후 발행된 것이어야 한다.

④ **ocean** : 海洋을 항해하여 운송하는 해상운송을 나타내는 선화증권이어야 한다.

⑤ **to the order of xxx** : 선화증권은 xxx(개설은행)의 지시식으로 발행된다는 의미이며, 따라서 xxx(개설은행) 다음에 나오는 자가 선화증권을 제3자에게 양도할 수 있는 권한을 가지는 선적서류상의 화주가 된다. 실무적으로는 개설은행이 기입되어 발행되는 것이 통상적이다.

⑥ **marked freight xxx** : 운임지급이 선불인가 또는 후불인가를 나타내는 것으로, 신용장 상의 무역계약이 CIF, CFR, CIP 등인 경우에는 "PREPAID"로 표기되어 운임이 선불임을 나타내게 되고, FOB, FCA

등인 경우에는 "COLLECT"로 표기되어 운임이 후불임을 나타내게 된다.

⑦ **to notify xxx** : to notify xxx(개설의뢰인) 다음에 표기되는 자는 도착항에서 화물을 인수할 자를 나타내며, 보통 개설의뢰인(수입업자)으로 표기되어 있다.

(2) 일반적 수리요건

① 선화증권은 xxx의 지시식으로 발행된 무고장 본선적재 해양선화증권으로서 복수(보통 3통)로 발행된 원본 全通이 제출되어야 한다.

② 신용장에 별도의 명시가 없는 한 서명 등이 있는 정규성을 갖춘 선화증권이어야 한다.

③ 운송인, 운송인의 대리인, 선장 또는 선장의 대리인이 발행하고 서명한 것이어야 한다. 또한 운송중개인이 발행하고 서명한 선화증권은 그 운송중개인이 운송인으로서, 또는 운송인의 대리인으로서 발행하고 서명한 것이어야 수리가능하며, 그러므로 단순한 운송중개인이 발행하고 서명한 선화증권은 수리되지 않는다.

④ 선화증권의 발행자와는 별도로 운송인의 명칭이 선화증권의 앞면에 명시되어야 한다.

⑤ 특정물품이 기명된 선박(a Named Vessel)에 본선적재되었음을 명시하고 있어야 한다. 그러므로 수취선화증권은 물품이 본선에 적재되었다는 사실과 본선적재일자가 표시하고 있는 본선적재부기(on Board Notation)가 있어야 하며, 기명된 선박이란 선화증권 상에 선박명이 명시되어 있어야 한다는 의미이다. 특히 화물이 환적되는 경우에는 운송선박명을 모두 명시하여야 한다.

⑥ 선적항과 최초 수탁지 또는 양륙항과 최종 목적지가 다르거나, 지정된 선적항과 양륙항을 명시하고 있으면서 선적항 또는 양륙항에 '예정된'이라는 표시가 있는 경우에도 선화증권상의 선적항・양륙항은

신용장상에 지정한 선적항・양륙항과 일치하여야 한다.

⑦ 해상운송에 관한 배면약관이 있거나 또는 이 배면약관이 없는 약식선화증권(Short Form B/L, Blank Back B/L)도 수리가능하다. 그러나 약식선화증권의 경우에는 운송조건의 일부 또는 전부가 선화증권 자체 이외의 자료 또는 서류에 근거하고 있다는 문구가 선화증권에 명시되어 있어야 한다.

⑧ 별도의 명시가 없는 한 용선계약 또는 帆船만에 의한 운송이라는 어떠한 명시도 없어야 한다.

⑨ 별도의 명시가 없는 한 갑판적재 사실의 표시가 없어야 한다.

⑩ 신용장조건이 분할선적과 환적을 금지하고 있지 않는 한 분할선적과 환적은 허용된다.

⑪ 선적기일 내의 선적일자 표시가 있어야 한다.

(3) 수리거절되는 선화증권

원칙적으로 다음과 같은 선화증권은 수리거절된다.

① **용선계약선화증권** : 용선계약선화증권은 매입은행이 우선적으로 수리거절하는 서류이다.

② **범선선적선화증권** : 동력선박에 에너지를 절약하기 위하여 돛이 달려있는 범선의 경우는 수리된다.

③ **갑판선적선화증권** : 화물을 갑판에 적재될 수도 있다는 갑판적재유보약관이 기재된 선화증권은 수리된다.

④ **고장부선화증권** : 고장부선화증권(Foul B/L)은 신용장에서 특별히 허용하고 있지 않는 한 수리되지 않는다.

(4) 자동수리되는 선화증권

원칙적으로 다음과 같은 선화증권은 자동수리된다.

① **무고장선화증권** : 무고장선화증권(Clean B/L)은 자동수리된다.

② **부지약관선화증권**(Unknown Clause B/L) : 컨테이너화물에서 송화인이 내적하여 운송인이 그 내용물과 수량 등을 확인할 수 없는 경우에서와 같이 "shipper's load and counter" 또는 "said by shipper to contain"이나 이와 유사한 문구의 부지약관이 표시되어 있는 선화증권은 자동수리된다.

③ **제3자 선화증권**(Third Party or Neutral B/L) : 화물을 선적한 송화인이 수익자가 아닌 제3자인 선화증권은 신용장에서 금지하고 있지 않는 한 자동수리된다.

(5) 선화증권의 제시기간

신용장에는 선화증권 등이 발행되어 제시되어야 하는 서류제시기간이 명시되어 있어야 하며, 선적서류는 이 서류제시기간 내에 제시되어야 한다. 그러나 서류제시기간에 대하여 아무런 언급이 없는 경우에는 선적일자 후 21일 이내에 제시되어야 한다.

서류제시기간의 기산일은 원칙적으로 선적일자이다. 따라서 선적선화증권의 경우는 선화증권의 발행일이 선적일이 되며, 선적 후 선화증권의 제시가 지나치게 늦은 선화증권을 Stale B/L이라고 한다.

(6) 분할선적(Partial Shipment)

신용장에서 금지하고 있지 않는 한 분할선적은 원칙적으로 허용된다. 또한 수회에 걸쳐 선적되어 선화증권이 분리되어 여러 장 발행되더라도 동일항해 동일선박으로서 목적지가 같으면 분할선적으로 간주되지 않는다.

(7) 할부선적(Instalment Shipment)

분할선적이 허용되는 경우 일정기간 내에 일정량씩을 나누어 선적하는 것이 할부선적이다. 분할선적이 허용되는 경우 할부선적도 허용되는 것이 원칙이다. 또한 할부선적이 허용되는 경우, 예컨대 2차분을 할부선적하지 못하였다면 그 다음 차수의 모든 선적분에 대하여 신용장은 무효가 된다. 한편 신용장에서 "partial shipment within an instalment shipment"을 허용하고 있는 경우를 제외하고 할부선적분에서는 분할선적이 허용되지 않는 것이 원칙이다.

(8) 환적(Transhipment)

신용장에서 금지하고 있지 않는 한 환적은 원칙적으로 허용된다. 그러나 신용장에서 환적을 금지하고 있더라도 다음과 같이 환적할 수 있다는 유보문언이 있는 선화증권은 수리된다.

① 전해상운송구간이 하나의 동일한 선화증권으로 커버되는 경우 그 화물이 컨테이너, 트레일러 및 래쉬바지선(LASH Barge Ship)에 선적되어 환적될 것이라는 표시가 있는 것

② 복합운송시 환적될 수 있다는 유보문언이 표시되어 있는 것

③ 운송인이 환적할 권리를 유보한다고 명시하고 있는 것

[양식 8-7] 선화증권(Marine Bill of Lading)

Shipper	**HANJIN SHIPPING CO., LTD.** Marine Bill of Lading
Consignee	
Notify Party	
Pre-carriage by　　Place of receipt	
Ocean vessel Voy. No. Port of loading	

Port of discharge	Place of delivery	Final destination for the Merchant reference

Container No.	Seal No. Marks and Numbers	Numbers of containers or packages	Kind of package: Description of goods	Gross weight	Measurem-ent

Freight and Charge	Price Term FOB BUSAN	Rate	per	Prepaid	Collect

Ex. Rate	Freight prepaid at	Freight payable at	Place and date of issue
	Total prepaid in	No. of original B/L	HANJIN SHIPPING CO., LTD. Gil Dong Hong Gil Dong Hong
Date	Laden on board the vessel		

2) 해상화물운송장(Sea Waybill)

해상화물운송장은 유가증권이 아닌 기명식으로 발행되는 비유통증권으로서, 수화인은 자신이 해상화물운송장상의 수화인 본인임을 입증하면 화물을 인도받을 수 있으며, 해상화물운송장을 제출할 필요는 없다.

해상화물운송장은 화물과 같이 운송되어 수화인에게 인도되므로, 오늘날 선박운송의 고속화로 서류보다 화물이 먼저 목적항에 도착함으로써 야기되는 화물적체문제를 해결하는데 있어서 수입화물선취보증장(L/G : Letter of Guarantee)을 대신하여 중요한 기능을 수행하고 있다.

한편 이러한 해상화물운송장은 신용장에서 별도로 허용하고 있는 경우 운송서류로서의 일반적 요건을 갖추고 있으면 매입은행에서 수리된다.

3) 용선계약선화증권(Charter Party Bill of Lading)

용선계약선화증권이란 제3의 선주로부터 빌린 용선선박에 화물을 적재한 경우에 발행되는 선화증권을 말한다. 이 용선계약선화증권은 신용장이 별도로 요구하고 있거나 허용하고 있는 경우에만 수리될 수 있다. 용선계약선화증권의 일반적인 수리요건은 다음과 같다.

① 용선계약에 따른다는 명시문언이 있을 것
② 선장, 선장의 대리인, 선주 또는 선주의 대리인이 발행하고 서명한 것
③ 운송인 명의를 반드시 기재할 필요는 없음
④ 물품이 본선적재 또는 선적되었음을 명시한 것
⑤ 신용장상의 지정된 선적항 및 양륙항과 일치하는 선적항 및 양륙항을 명시한 것
⑥ '예정된' 선박, '예정된' 선적항 등의 기재가 없을 것
⑦ 발행된 원본 전통의 제시
⑧ 범선만의 운송이라는 어떤 명시도 없을 것
⑨ 기타 신용장조건을 모두 충족할 것

4) 복합운송서류(Multimodal Transport Document)

신용장이 복합운송서류를 요구하고 있는 경우 매입은행은 그 명칭과는 관계없이 다음과 같은 일반적인 요건을 갖춘 복합운송서류를 수리하여야 한다.

① 운송인, 복합운송인, 선장 또는 그 대리인이 발행하고 서명한 것
② 운송인이나 복합운송인의 명의를 기재하고 있을 것
③ 물품이 발송, 수탁 또는 본선적재되었음을 표시하고 있을 것
④ 선적항과 다른 수탁지 또는 양륙항과 다른 최종목적지를 명시하고 있는 서류
⑤ '예정된' 선박, 선적항 또는 양륙항을 명시하고 있는 서류도 수리가능
⑥ 운송에 관한 배면약관이 있거나 또는 그 약관이 없는 약식의 서류도 수리가능
⑦ 발행된 원본 전통의 제시
⑧ 용선계약 또는 범선만의 운송이라는 어떤 명시도 없을 것
⑨ 신용장상의 환적금지문언이 있어도 전 운송과정이 하나의 복합운송서류에 의해 커버된다면 수리가능
⑩ 기타 신용장조건을 모두 충족할 것

5) 항공운송서류(Air Transport Document)

항공화물운송장(AWB : Air Waybill)으로 대표되는 항공운송서류는 비유가증권으로서, 신용장이 이 항공운송서류를 요구하고 있는 경우 다음과 같은 일반적인 요건을 갖추고 있으면 그 명칭과 관계없이 수리가능하다.

① 운송인의 명의가 기재되어 있을 것
② 운송인 또는 그 대리인이 발행하고 서명한 것일 것. 그러므로 단순 운송중개인이 발행한 House AWB는 수리되지 않는다.

[양식 8-8] 복합운송선화증권(Combined Transport Bill of Lading)

Consignor PUKYONG TRADING Co., LTD. C.P.O. BOX 3415 SEOUL KOREA	NO TWL-0136 FBL
Consigned to order of THE BANK OF CALIFORNIA	NOGOTIABLE FIATA MULTIMODAL TRANSPORT BILL OF LADING issued subject to UNCTD/ICC Ruls for Multimodal Transport Documents(ICC Publication 481)
Notify Address THE YOUNG IMPORTING CO., INC. 2510 WEST 7TH ST. LOS ANGELES CA 90019 U.S.A	
Place of receipt BUSAN CY	LOFISTICS CO., LTD. TEL : (02)3402-3080~5 FAX : (02)3402-3090
Ocean Vessel Queen v. 100 / Part of loading BUSAN, KOREA	
Port of discharge LOS ANGELES / Place of delivery	

Marks and numbers	Number and kind if p'kges	Description of Goods	Gross Weight	Measurement
	SHIPPER'S LOAD&COUNT SAID TO CONTAIN		1,005,000KG	8,100CBM
AI LOS ANGELS C/NO. 1,001-11,000 MADE IN KOREA	10,000 CTNS (ONE SET SEPARATELY IN HARDBOARD BOX)	COLOR TV DCT-1526		
AI LOS ANGELS C/NO. 2,001-7,000 MADE IN KOREA	10,000TNS (ONE SET SEPARATELY IN HARDBOARD BOX)	REFRIGERATOR DRF-F600		
	L/C NO : 99/8000 'FREIGHT PREPAID' SAY:CTNS ONLY		LOADED ON BOARD DATE : JULY, 25, 2010	

according to the declaration of the consignor

Declaration of Interest of the consignor timely delivery(Clausc 6.2)

Declared value for valorem rate according to the in declaration of the consignor (Clauses 7 and 8)

The goods and instructions are accepted and dealt with subject to the Standard Conditions printed overleaf.
Taken in charge in apparent good order and condition, unless otherwise noted here in, at the place of receipt for transport and delivery as mentioned above.
One of these Multimodal Transport Bills of Lading must be surrendered duly endorsed in exchange for goods. In witness where of he original Multimodal Transport Bills of Lading all of this tenor and date have been signed in the number stated below, one of which being accomplished the other(s) to be void.

Freight amount AS AGREED	Freight payable at SEOUL, KOREA	Place and Date of issue SEOUL, KOREA : JULY 25, 2010
Cargo Insurance through the undersigned ☐no : covered ☐Covered according to attached Policy	Number of Original FBL's THREE/3	Stamp and Signature WILLIM COOK LOGISTICS CO., LTD.
For delivery of goods please apply to :		

③ 화물이 운송을 위하여 수취되었음을 표시하고 있을 것
④ 신용장에 실제 발송일자의 기재를 요구하고 있는 경우 이의 명확한 기재가 있을 것
⑤ 신용장에 지정한 출발공항과 도착공항을 명시하고 있을 것
⑥ 신용장이 원본 전통의 제시를 요구하고 있는 경우에도 송화인용 원본 1통만 제시하면 수리가능
⑦ 운송에 관한 배면약관이 있거나 또는 그 약관이 없는 약식의 서류도 수리 가능
⑧ 운송조건의 전부 또는 일부를 항공운송서류 이외의 다른 근거 또는 서류를 참조하라고 표시하고 있는 서류도 수리가능
⑨ 용선계약항공운송서류도 수리가능
⑩ 신용장이 환적을 금지하고 있어도 전 운송구간을 하나의 항공운송서류가 커버하고 있으면 환적은 허용된다.

6) 철도 · 도로 · 내수로 운송서류(Road · Rail · Inland Waterway Transport Document)

신용장이 특별히 철도 · 도로 · 내수로 운송서류를 요구하고 있는 경우 다음과 같은 일반적인 요건을 갖추고 있으면 그 명칭과 관계없이 수리가능하다.

① 운송인의 명의가 기재되어 있을 것
② 운송인 또는 그 대리인이 발행하고 서명거나, 또는 기타의 방법으로 화물수령표시를 한 것
③ 물품이 운송을 위하여 선적 또는 수령되었음을 표시한 서류
④ 신용장이 지정한 선적항, 수탁지 또는 목적항, 최종목적지를 표시한 서류
⑤ 기타 신용장조건을 충족한 서류

7) 특송 · 우편수령증(Courier · Post Receipt)

신용장이 우편수령증을 요구하고 있는 경우 지정된 발송지에서 발송되었음을 표시하고 있는 우편수령증은 수리된다. 또한 신용장이 특송업자가 발행한 특송수령증을 요구하고 있는 경우에는 다음과 같은 일반적인 요건을 갖추고 있는 서류는 그 명칭과 관계없이 수리된다.

① 신용장이 특송업자를 지정하고 있는 경우에는 그 지정된 특송업자가 발행하고 서명한 서류
② 화물 접수일이나 수령일을 표시한 서류
③ 기타 신용장조건을 충족한 서류

8) 상업송장(Commercial Invoice)

(1) 의의

상업송장은 수익자가 발행하는 물품출하안내서 및 대금청구서(가격계산서)이다. 또한 상업송장은 수입상에게는 수입구매서로서의 기능을 하며, 관세신고시 평가의 기초자료가 된다.

(2) 일반적 수리요건

① 신용장에 별도의 명시가 없는 한 수익자가 개설의뢰인 앞으로 작성한 것이어야 한다.
② 신용장과 상업송장 당사자는 상호 일치하여야 한다. 다만 양도가능신용장의 경우는 예외이다.
③ 상업송장, 선화증권, 보험증권상의 기재내용은 상호 일치하여야 한다.
④ 상업송장에는 신용장번호와 개설은행명이 기재되어 있어야 한다.
⑤ 상업송장은 신용장금액 한도 내에서 작성되어야 한다. 그러나 신용장금액을 초과하여 작성한 상업송장은 매입은행이 수리여부를 선택할 수 있으며, 매입은행이 수리한 경우 모든 당사자를 구속한다.

[양식 8-9] 상업송장(Commercial Invoice)

<table>
<tr><td colspan="2">Shipper/Exporter</td><td colspan="3">No. & date of Commercial Invoice</td></tr>
<tr><td colspan="2">For Account & Risk of :</td><td colspan="3">No. & date of L/C</td></tr>
<tr><td colspan="2">Notify party</td><td colspan="3">L/C Issuing Bank</td></tr>
<tr><td>Port of loading</td><td>Final destination</td><td colspan="3" rowspan="2">Remarks :
* COUNTRY OF ORIGIN :
* P.O. NO. :</td></tr>
<tr><td>Carrier</td><td>Sailing on or about</td></tr>
<tr><td>Marks and number of PKGS</td><td>Description of Goods</td><td>Quantity/Unit</td><td>Unit Price</td><td>Amount</td></tr>
<tr><td colspan="5">Signed by :
Korean Trading Co., Inc.
Gil Dong Hong
Gil Dong Hong
President</td></tr>
</table>

[양식 8-10] 상업송장(Commercial Invoice)

COMMERCIAL INVOICE

1. Shipper Export PUKYONG TRADING CO., LTD. C.P.O. BOX 1234 SEOUL, KOREA		8. No. & Date of invoice DH-2001-015 JULY 22, 2001 9. No. & Date of L/C 99/80000 JUNE 20, 2001
2. For Account & Risk of Messrs. THE YOUNG IMPORTING CO., INC. 2150 WEST 7TH ST. LOS ANGELES CA. 90019 U.S.A.		10. L/C Issuing Bank THE BANK OF CALIFORNIA LOS ANGELES, CALIFORNIA, U.S.A.
3. Notify Party Same AS ABOVE		
4. Port of loading Busan, KOREA	5. Final destination LOS ANGELES, U.S.A.	11. Remarks CONTRACT NO. : 2001-315
6. Carrier QUEEN V. 100	7. Sailing on or about JULY 25, 2001	

12. Marks & Nos. of p'kgs	13. Description of goods	14. Quantity/Unit	15. Unit price	16. Amount
AI LOS ANGELES C/NO 1001-11,000 MADE IN KOREA	COLOR TELEVISION DCT-1526	10.000SETS	US$500.00	US$5,000,000.00
AI LOS ANGELES C/NO 2001-7,000 MADE IN KOREA	REFRIGERATOR DRF-F600	5,000SETS	US$900.00	US$4,500,000.00
TOTAL		1,500SETS		US$9,500,000.00

17 C.P.O. BOX : 3415 SEOUL, KOREA
CABLE ADD : DHTRA SEOUL
TELEX NO: DHTRA K 28570
TELEPHONE : 778-2181-5
FACSIMILE : (82-2) 777-4040

18. Signed *Gil Dong Song*
Gil Dong Song
General Manager

Pukyong TRADING CO., LTD.

⑥ 신용장과 상업송장의 상품명세는 일치하여야 한다. 또한 신용장이 특별히 허용하고 있지 않는 한 상품등급은 중고품이 아닌 A등급이어야 한다.

⑦ 신용장금액, 단가, 수량 앞에 about, circa, approximate 등이 표시되어 있으면 10%의 상하 편차가 허용된다. 그러나 기간 등에는 이러한 용어를 사용할 수 없다.

⑧ 광물, 곡물 등의 Bulk Cargo에는 아무런 표시가 없더라도 5%의 과부족편차가 허용된다.

9) 보험서류(Insurance Document)

(1) 의의

무역계약이 FOB, FCA 등인 경우 매수인이 부보하기 때문에 선적서류의 매입시 보험서류를 요구하지 않으며, 무역계약이 CIF, CIP 등인 경우에만 매도인은 신용장이 요구하는 보험서류를 제공하여야 한다. 이러한 보험서류에는 보험증권(Insurance Policy), 보험증명서(Certificate of Insurance) 등이 있다.

(2) 일반적 수리요건

① 보험회사, 보험업자 또는 그 대리인이 발행하고 서명한 것이어야 한다. 그러므로 보험중개인이 발행한 부보각서(Cover Note)는 신용장이 허용하지 않는 한 수리거절된다. 그러나 보험회사, 보험업자 또는 그 대리인이 선서명하여 발행한 포괄예정보험(Open Cover)을 위한 보험증명서나 보험확인서(Declaration)는 수리된다.

② 발행된 보험서류 원본 전통의 제시

③ 보험서류의 뒷면에 수익자의 백지배서가 있어야 한다.

④ 신용장과 보험서류의 표시통화는 일치하여야 한다.

[양식 8-11] 해상적하보험증권(Marine Cargo Insurance Policy)

<table>
<tr><td colspan="3">ABC MARINE INSURANCE CO., INC
123, 2-Ka, Chung Mu-Ro, Chung-Ku, Seoul, Korea
C.P.O BOX 1234 Tel : 02-111-1111

Marine Cargo Insurance Policy</td></tr>
<tr><td colspan="3">Policy No. 2001HG22035 Assured(s), etc. PUKYONG TRADING CO., LTD.</td></tr>
<tr><td colspan="2">Claim, if any, payable of
ABC MARINE INSURANCE CO., INC.
L.A. BRANCH, 320 WEST 3RD ST. L.A.
CA 90023, U.S.A.
IN U.S. DALLAR</td><td>Ref. No.
L/C NO. 99/80000
INV. NO. DO-2001-015</td></tr>
<tr><td colspan="2">Survey should be approved by
ABC MARINE INSURANCE CO., INC.,
L.A. BRANCH, 320 WEST 3RD ST. L.A.
CA 90023, U.S.A.</td><td>Amount insured
US$10,450,000.00
(US$9,500,000.00×110%)</td></tr>
<tr><td colspan="2">Local Vessel or Conveyance From</td><td rowspan="5">Conditions
Subject to the following Clauses as per back here of Institute Cargo Clause(ICC(A)) Special Replacement Clause(applying to mechinery) On-Deck Clause</td></tr>
<tr><td>Ship or Vessel</td><td>Sailing on or about</td></tr>
<tr><td>Queen V.100</td><td>JULY 25, 2010</td></tr>
<tr><td>at and from
BUSAN, KOREA</td><td>Transhipped at</td></tr>
<tr><td colspan="2">arrived at
LOS ANGELES, U.S.A</td></tr>
<tr><td colspan="3">Subject-matter Insured
10,000 SETS OF COLOR TELEVISIONS DCT-1526
5,000 SETS OF REFRIGERATORS DRF-F600
Marks and Numbers as per Invoice No. specified above</td></tr>
<tr><td>Place and Date signed in</td><td>SEOUL, KOREA
JULY 23, 2010</td><td>Numbers of Policies issued
DUPLICATE</td></tr>
<tr><td colspan="3">For ABC MARINE INSURANCE CO., INC.
AUTHORIZED SIGNATURE</td></tr>
</table>

⑤ 별도 명시가 없는 한 보험금액은 보통 송장금액의 110%로 부보한다. 즉, 신용장통일규칙에서는 최저부보금액을 CIF나 CIP 가액의 110%로 규정하고 있다.

⑥ 보험서류의 부보일자는 물품의 본선적재일, 수탁일 또는 발송일과 같거나 그 이전이어야 한다.

⑦ 보험서류의 종류 및 담보위험은 신용장조건과 일치하여야 한다. 그러나 신용장상에서 보험증명서나 보험확인서를 요구하더라도 보험증권을 대신 제시할 수 있다.

⑧ 보험서류상의 상품명세는 신용장, 선화증권, 상업송장의 상품명세와 모순되어서는 안 된다.

10) 기타 서류(Other Documents)

신용장이 운송서류, 상업송장 및 보험서류 이외에 다른 서류의 제시를 요구하고 있는 경우, 이들 서류는 신용장조건을 충족하고 있으면 수리가능하다. 이러한 서류에는 다음과 같은 것들이 있다.

① **포장명세서** : 포장기법 및 상태를 나타내는 서류이다.

② **영사송장** : 가격확인 등을 위하여 수출국 주재의 수입국 영사가 발행한 서류이다.

③ **세관송장** : 수입통계나 수입관세의 부과시 필요한 서류이다.

④ **검사증명서** : 품질상에 하자가 없음을 증명하는 전문가의 증명서이다.

⑤ **원산지증명서** : 원산지국가를 증명하는 서류이다.

[양식 8-12] 포장명세서(Packing List)

PACKING LIST

<table>
<tr><td colspan="2">1. Shipper Export
PUKYONG TRADING CO., LTD.
C.P.O. BOX 1234
SEOUL, KOREA</td><td>8. No. & Date of invoice
DH-2001-015 JULY 22, 2010</td></tr>
<tr><td colspan="2">2. For Account & Risk of Messrs.
THE YOUNG IMPORTING CO., INC.
2150 WEST 7TH ST. LOS ANGELES
CA. 90019 U.S.A</td><td rowspan="4">9. Remarks
L/C No. : 99/8000
CONTRACT NO. : CT 2001-315</td></tr>
<tr><td colspan="2">3. Notify Party
Same AS ABOVE</td></tr>
<tr><td>4. Port of loading
BUSAN, KOREA</td><td>5. Final destination
LOS ANGELES, U.S.A.</td></tr>
<tr><td>6. Carrier
QUEEN V. 100</td><td>7. Sailing on or about
JULY 25, 2010</td></tr>
</table>

10. Marks & Nos. of p'kgs	11. Description of goods	12. Quantity	13. Net-weight	14. Gross-weight	15. Measurement
AI					
LOS ANGELES C/NO 1001-11,000 MADE IN KOREA	COLOR TELEVISION DCT-1526	10,000SETS	370,000KG 37KG/SET	400,000KG 40KG/SET	2,400CBM 0.24CBM/SET
AI					
LOS ANGELES C/NO 2001-7,000 MADE IN KOREA	REFRIGERATOR DRF-F600	5000SETS	600,000KG 120KG/SET	650,000KG 130KG/SET	5,700CBM 1.14CBM/SET

17.	18.
17. C.P.O. BOX : 3415 SEOUL, KOREA CABLE ADD : DHTRA SEOUL TELEX NO : DHTRA K 28570 TELEPHONE : 778-2181-5 FACSIMILE : (82-2) 777-4040	18. Signed Gil Dong Song Gil Dong Song Genera Manager Pukyong TRADING CO., LTD.

[양식 8-13] 원산지증명서(Certificate of Origin)

<table>
<tr><td colspan="2">1. Seller
FICO TRADING COMPANY
ROOM NO. 102 HANYANG TOWER BLDG
150-6 GEOJEDONG DONGNAEKU
BUSAN, SOUTH KOREA</td><td>CERTIFICATE OF ORIGIN
issued by
THE BUSAN CHAMBER OF COMMERCE
& INDUSTRY
BUSAN, Republic of Korea
원산지증명서
부산상공회의소</td></tr>
<tr><td colspan="2">2. Consignee
TO ORDER OF THE KWANGTUNG
PROVINCIAL BANK</td><td>4. Buyer
SLOW CHIANG & CO. PTE LTD
30 UBI ROAD 4 SINGAPORE 1440</td></tr>
<tr><td colspan="2" rowspan="2">3. Particulars of Transport(where required)
BY SEA
FROM : BUSAN, SOUTH KOREA
TO : SINGAPORE</td><td>5. Country of orign
REPUBLIC OF KOREA</td></tr>
<tr><td>6. Invoice Number and Date
FIO50SCC, APRIL 20, 2010</td></tr>
<tr><td>7. Shipping Marks
SCK
SINGAPORE
ITEM NO :
C/T NO :
MADE IN KOREA</td><td>8. Number and kind of Packages Description of Goods
FIDHING TACKLE
"L/C NO. 2 11LC500132"
//////////////////////</td><td>9. Gross Weight or Other Quantity
1,300pcs F/rods
(65C/TNS)
///////////////////</td></tr>
<tr><td colspan="3">10. Other Information
The BUSAN Chamber of Commerce & Industry hereby certifies on the basis of relevant invoice and other documents that the above mentioned goods originate in the country shown in column 5.

THE BUSAN CHAMBER OF COMMERCE & INDUSTRY</td></tr>
</table>

5. 환어음의 발행 및 기재사항

1) 의의

환어음(Drafts, Bill of Exchange)이란 채권자인 어음발행인(수익자)이 채무자인 어음지급인(개설의뢰인 또는 개설은행)에 대하여 그 채권금액 전부를 지시인 또는 소지인에게 무조건적으로 지급할 것을 지시하는 요식・유가・유통증권이다.

환어음의 종류는 다음과 같다.

① **환어음** : 선적서류가 첨부된 환어음
② **무담보환어음** : 선적서류가 첨부되지 않은 환어음
③ **일람출급환어음** : 일람 즉시 지급되는 환어음
④ **기한부환어음** : 일람 후 일정기간이 경과하여 지급되는 환어음
⑤ **은행환어음** : 지급인이 은행으로 되어 있는 환어음
⑥ **개인환어음** : 지급인이 개설의뢰인과 같이 개인으로 되어 있는 환어음
⑦ **상환청구가능환어음** : 환어음에 대한 지급거절이 있는 경우 환어음을 매입한 은행이 어음발행인에게 대금상환을 청구할 수 있는 환어음
⑧ **상환청구불능환어음** : 환어음에 대한 지급거절이 있는 경우 환어음을 매입한 은행이 어음발행인에게 대금상환을 청구할 수 없는 환어음

2) 환어음의 기재사항

환어음의 필수기재사항은 다음과 같다.

- 어음문구 중에 환어음(Bill of Exchange)의 표시
- 무조건적인 지급지시문언
- 지급인의 명의
- 지급일과 지급지의 표시

- 지급받을 자 또는 지급받을 자를 지시할 자의 표시
- 발행일 및 발행지의 표시
- 발행인의 기명날인 및 서명

[양식 8-14] 환어음

BILL OF EXCHANGE

No. : 1234
For : US$10,000

Date : Aug. 8, 2010, Korea

At ____Sight____ of this FIRST BILL OF EXCHANGE(second of the same tenor and date being unpaid), pay to the order of ABC BANK, the sum of:
US$ TEN THOUSAND ONLY

value received and charge this same to account of American Trading Co., Inc
drawn under Letter of Credit No.__________ dated ____________________
issued by ____
____

To: ________________________________ Korean Trading Co., Inc.
____

____
AUTHORIZED SIGNATURE

6. 선적서류의 매입의뢰

선적서류와 환어음의 매입은 일종의 매입은행의 수익자에 대한 여신행위이므로, 수익자와 매입은행간에 체결된 외국환거래약정서(수출거래약정서)에 근거하여 이루어진다. 이 약정서는 은행이 일방적으로 작성한 것에 수익자가 서명한 것이며, 보통 최초 거래시 한번만 약정하여 제출하면 된다. 이 약정서의 주요한 내용은 선적서류와 환어음의 매입과 관련하여 수익자가 매입은행에게 부담하는 각종 의무, 비용, 담보 등이다.

[양식 8-15] 선적서류송부장(Covering Letter)

REGISTERED AIR MAIL | KOREA INSTIUTE BANK SEOUL, KOREA | ORIGINAL DOCUMENT

CABLE ADDRESS INSTBANK

Date ______________

① Reimbursing Bank

in reply please quote our ref. No.

②

MAIL TO ⇒ In accordance with the terms of the credit, we have negotiated /accepted the shipping documents listed below and have reimbursed through the above reimbursing bank.

Drawer(shipper)	Draft amount
Drawn under L/C issue by	Tenor
Drawee	L/C No.

Particulars of shipment

Merchandise	Carrying vessl
destination	B/M date

③ Documents forwarded

Mail To		Draft	Com. Inv	Pkg. List	Ocean B/L	Cons/Cust Inv.	Air Way Bill	Insp Cert	W/M List
Your-selves	1ST SET								
	2ND SET								
Drawee bank	1ST SET								
	2ND SET								

④ General Instuctions

☐ Advise us by cable of non0acceptance/non-payment giving reasons.
☐ Advise us by airmail of the dates of acceptance and maturity, in case of usance bill.
☐ In case any irregularities are mentioned herein, it is to be understood that we have effected negotiation/payment under reserve. Please advise us when the reserve may be lifted.

⑤ Special Instruction

Very tuly yours,

Authorized Signature

한편 선적서류와 환어음의 매입시 수익자가 제출하여야 하는 서류는 다음과 같다.

- 외국환거래약정서(수출거래약정서)
- **환어음** : 환어음이 필요한 신용장에서만 제출
- **선적서류** : 신용장조건이 요구하는 일체의 서류제출(선적서류송부장 : Covering Letter 포함)
- **매입신청서** : 은행지정양식에 작성 제출
- 신용장원본
- 대금결제용 수출신고서 또는 수출신고필증(세관장발행)

7. 매입은행의 선적서류와 환어음의 심사

1) 서류심사의 의의

매입은행은 신용장의 내용을 확인한 후 선적서류와 환어음이 신용장조건과 일치하는가를 심사하여야 한다. 이 경우 모든 서류는 그 자체가 다음과 같은 정규성(Regularity)을 갖추고 있어야 한다.

- 서류는 유효하고 합법적일 것
- 서류는 현행 국제상관습상 사용 중인 것일 것
- 서류는 제시기간이 경과되지 않았을 것

2) 서류심사와 매입은행의 면책

매입은행은 선적서류의 매입시 상당한 주의를 다하여 선적서류와 환어음을 심사하였음에도 불구하고 발견하지 못한 다음의 사항으로부터 면책된다.

- 선적서류와 환어음 자체의 형식(Form), 충분성(Sufficiency), 정확성(Accuracy)

- 선적서류와 환어음 내용의 진정성(Genuineness), 위조(Falsification), 법적효력(Legal Effect)
- 선적서류와 환어음 문면상의 일반적 또는 특수조건(General or Particular Conditions)
- 물품의 명세, 물품의 가치, 물품의 실존여부
- 선적서류와 환어음의 작성자 및 발행자에 대한 것

3) 신용장에 대한 심사

신용장 자체에 대한 심사에서 첫 번째는 신용장 원본이 제시되었는가를 확인하는 것이며, 두 번째는 신용장조건 자체의 외견상의 내용을 확인하는 것이고, 세 번째는 신용장의 유효기일을 확인하는 것이다. 신용장 유효기일이 경과하면 신용장은 그 효력을 상실하므로 신용장 유효기일을 확인하는 것은 매우 중요하다.

매입은행의 서류심사에 시간이 걸려 매입일이 유효기일을 경과한 경우는 유효기일을 경과한 것으로 되지 않으며, 신용장의 유효기일이 매입은행의 정상적인 휴업일에 종료한 경우에는 다음 영업일까지 자동적으로 연장된다. 그러나 천재지변 등 불가항력적인 사유에 의해 매입은행이 휴업한 경우에는 여기에 해당하지 않으며, 선적유효기일은 자동연장되지 않는다.

4) 선적서류에 대한 심사

선적서류에 대한 매입은행의 심사는 다음과 같은 점에 유의하여야 한다.

① **선적서류의 신용장조건과의 일치여부** : 제시된 선적서류가 신용장조건과 일치하여야 수리될 수 있음은 신용장거래에서 가장 기본적인 요소이다.

② 선적서류 및 환어음 상호간의 불일치 여부의 확인

③ **선적서류의 정규성 검토** : 선적서류가 정규성을 갖추고 있지 않으면

수리되지 않는다.

④ **선적서류의 필요한 통수** : 별도의 명시가 없는 한 여러 통의 서류가 필요한 경우 한 통만 원본서류를 제시하고 나머지는 사본을 제시하면 된다. 또한 원본서류는 반드시 원본이라는 표시가 있어야 하고 서명되어야 한다.

⑤ **권리양도의 적법성** : 선화증권, 보험증권, 환어음 등이 신용장거래 관련은행 및 수익자에게 적법하게 양도되었는가를 확인하여야 한다.

⑥ **서류의 발행일자의 확인** : 신용장상에 특별히 금지되어 있지 않다면 신용장개설 이전에 발행된 서류도 유효하다. 그러나 유효기일이 경과하여 발행된 서류는 수리되지 않는다.

5) 환어음에 대한 심사

환어음에 대한 매입은행의 심사는 다음과 같은 점에 유의하여야 한다.

① 신용장조건과 환어음이 일치하는지를 확인하여야 한다.

② 환어음 발행금액은 신용장금액을 초과하지 않고 상업송장 금액과 일치하여야 한다.

③ 환어음의 발행일과 제시일은 신용장 유효기일 및 서류매입 유효기일을 경과하지 않아야 한다.

④ 환어음 지급인이 신용장조건과 일치하는가를 확인하여야 한다.

⑤ 환어음 발행인의 서명과 환어음 거래약정서의 서명감이 일치하는지를 확인하여야 한다.

⑥ 환어음의 만기가 신용장 조건과 일치하는지를 확인하여야 한다.

⑦ 환어음의 표시통화가 상업송장의 것과 일치하는지를 확인하여야 한다.

8. 개설은행에의 선적서류의 발송 및 보상

선적서류송부장(Covering Letter)은 매입은행이 매입한 선적서류와 환어음을 개설은행에게 발송하는 것과 관련하여 매입사실, 발송서류의 종류와 명칭, 검토의견, 상환청구내용 등을 기재한 서류이다. 매입은행은 수익자에게 지급한 대금의 상환을 위하여 선적서류송부장을 작성하고, 여기에 선적서류와 환어음을 첨부하여 개설은행에게 송부하게 된다.

한편 단순신용장의 경우에는 매입은행은 개설은행으로부터 직접 대금을 보상받게 되며, 보상신용장의 경우에는 보상은행을 통하여 대금을 보상받게 된다.

9. 瑕疵있는 선적서류의 매입

하자있는 선적서류란 신용장조건과 불일치하거나 모순되는 선적서류를 말한다. 하자있는 선적서류는 개설은행의 지급거절 사유가 되므로 매입은행은 선적서류를 매입할 때에 주의를 하여야 한다.

매입은행 등 신용장거래 관련 은행은 선적서류의 수령일 이후 제7은행영업일 이내에 선적서류를 심사하여 하자있는 선적서류인 경우 이를 거절할 수 있다. 그러나 매입은행은 하자있는 선적서류를 수령한 경우 다음과 같은 방법으로 처리할 수 있다.

① 환어음을 추심하여 입금확인후 매입지급한다.
② 개설은행에 하자서류내용을 통보하여 승낙받은후 매입지급한다.
③ 하자있는 선적서류에 맞게 신용장을 조건변경요청후 매입지급한다.
④ 수익자의 보상장(Letter of Indemnity)이나 유보조건부(Under Reserve) 또는 보증조건부(Under Guarantee)로 매입지급 한다.

Ⅱ. 선적서류의 인도

1. 의의

개설은행은 매입은행 등으로부터 송부받은 선적서류를 개설의뢰인이 수입절차를 완료하고 대금을 결제하도록 하기 위해 개설의뢰인에게 인도한다. 그런데 개설은행은 선적서류를 개설의뢰인에게 인도하기 전에 다음과 같은 점에 유의하여 심사하여야 한다.

- 선적서류의 신용장조건과의 일치 여부
- 선적서류 상호간의 일치 여부
- 선적서류 및 환어음의 적합한 배서 여부 등

개설은행이 선적서류를 심사한 결과 하자가 발견되면 개설은행은 보통 개설의뢰인에게 이를 조회한 후 수락여부를 서면통지 받은 다음에 처리하게 된다. 한편 선적서류를 인도받은 개설의뢰인은 개설은행에 대금을 결제하여야 한다.

2. 서류인도의 형태

선적서류를 개설의뢰인에게 인도하는 방법에는 다음과 같은 것들이 있다.

① 하자없는 선적서류의 원본이 정시에 도착한 경우 선적서류를 개설의뢰인에게 인도하여 신용장거래를 종료시킨다.

② 개설은행이 선적서류를 심사한 결과 선적서류에 하자가 발견되면 "수입신용장조건 불일치에 관한 조회"와 같은 양식을 사용하여 개설의뢰인에게 이를 조회한 후 수락여부를 서면통지 받은 다음 선적서류를 인도한다.

[양식 8-16] 수입신용장조건 불일치에 관한 조회

한 국 협 회 은 행

수입신용장조건불일치에 관한 조회

＿＿＿＿＿＿앞

신용장번호	
금 액	

귀하의 신청에 의하여 발행된 위 수입신용장에 따른 수입환어음 또는 선적서류의 매입, 지급, 인수와 관련하여 아래와 같이 신용장 조건과 불일치한 내용이 있어 이에 대한 귀하의 동의 여부를 조회하니 조속히 회보하여 주시기 바라며 이 조회장의 발송일자로부터 7일이내에 회보가 저희 은행에 도착하지 않을 경우에는 매입, 지급, 인수에 동의한 것으로 보겠습니다.

불일치내용

20 년 월 일

한국협회은행 지점(부)

…………………… 절 …………………… 취 …………………… 선 ……………………

한국협회은행 지점(부)앞

신용장번호	
금 액	

20 년 월 일자 귀행의 조회에 관하여 위 수입신용장에 따른 수입환어음 또는 선적서류의 매입, 지급, 인수에 □ 동의 □ 거절 하니 필요한 조치를 취하여 주시기 바라며 이로 말미암아 생기는 비용과 명백한 책임이 없는 손해는 본인이 부담하겠습니다.

20 년 월 일

본 인

주 소 ㊞

인감대조

은행사용란	처리일자 20 년 월 일	담 당	책임자

[양식 8-17] 수입화물선취보증장(Letter of Guarantee)

Revenuse Stamp

LETTER OF GUARANTEE

DATE :

SHIPPING CO		NUMBER OF CREDIT	L/G NUMBER
		NUMBER OF B/L	
SHIPPER		VESSEL NAME	
		ARRIVAL DATE	
		VOYAGE NUMBER	
INVOICE VALUE		PORT OF LOADING	
		PORT OF DISCHARGE	
NOS & MARKS	PACKAGES	DESCRIPTION OF GOODS	

In consideration of your grating us delivery of above-mentioned cargo which we declare has been shipped to our consignment, but Bills of Lading of which have not been received, we hereby engage to deliver you the said Bill of Lading as soon as we receive them and we further guarantee to indemmify yourselves and/or the owners of the said vessel against any claims that may be made by other parties on accont of the aforesaid cargo, and to pay to you on demand any freight or other charges that may be 열 here or that may be due here or that may have remained unpaid at the port of shipment in respect to the above-mentioned goods.

In the event of the Bill of Lading for the cargo herein mentioner being hypothecated to any other bank, company, firm or person, we further guarantee to hold you harmelss from all consequences whatsoever arising thereform and furthermore unfertake to inform you immediately in the even of Bills of Lading being so hypothecated

Yours faithfully,

Party claiming right of delivery

We hereby guarantee to surrender to you the corresponding Bill of Lading, Kindly be advised that this guarantee shall be automatically null and void, upon you acknowledging receipt of the coresponding Bills of Lading which are to be endorsed and presented to you by us for the only purpose of the redemption of the purpose of the redemption of this letter of guarantee.

Authorized Singnature

KOREA INSTITUTE BANK

③ 선적서류가 화물보다 늦게 도착한 경우 개설의뢰인의 요청에 의해 수입화물선취보증장(L/G : Letter of Guarantee)을 이용하여 수입화물을 먼저 인수토록 하고 선적서류의 원본은 도착시 인도하여 신용장거래를 종료시킨다.

④ 개설의뢰인이 수입대금의 일시지급이 어려운 경우 개설은행이 수입화물에 대하여 담보권을 확보하는 제도인 수입화물貸與引渡(T/R : Trust Receipt)를 이용하여 선적서류를 미리 인도함으로써 신용장거래를 종료시킨다.

제 9 장 무역클레임과 상사중재제도

제1절 무역클레임의 의의

무역클레임이란 무역매매에서 상대방의 과실에 대하여 손해배상을 청구하는 행위를 말한다. 일반적으로 무역클레임은 일방이 계약조건을 위반하여 발생하는 경우가 대부분이지만, 경우에 따라서는 시장상황의 악화에 따라 매수인이 매도인에게 가격인하나 인수거부 등 고의적으로 제기하는 소위 Market Claim도 적지 않다.

무역클레임의 발생원인은 다양하지만 대표적인 것들은 다음과 같다.

- 무역계약체결과정에서의 원인 – 청약과 승낙의 효력 등
- 계약내용상의 원인 – 무역계약의 6대조건 불명확, 품질불량, 포장불량, 수량부족, 규격상이, 대금미지급 등
- 계약이행상의 원인 – 선적불이행, 지연선적 등
- 의사소통상의 원인 – 언어소통의 문제
- 상관습과 법률상의 상위
- 부도덕한 상인과의 거래 – 계약위반 및 불이행

무역클레임은 한번 발생하면 무역매매 당사자간에 신뢰가 무너지게 되어 무역거래에 악영향을 미칠 수 있다. 따라서 무역클레임은 다음과 같은 사항을 철저히 강구하여 무역클레임을 예방하는 것이 중요하다.

- 신의성실의 원칙 준수
- 철저한 신용조사
- 무역상담시의 주의
- 계약서의 완비 및 상사중재조항의 삽입
- 생산공급업자의 엄선
- 국제상관습의 숙지

제2절 무역클레임의 해결방법

Ⅰ. 당사자간의 우호적 해결

1. 철회(Withdrawl)

일방당사자가 타방당사자로부터 손해를 배상받을 수 있는 권리인 청구권을 행사하지 않는 것을 말한다. 따라서 당사자는 손해배상 이외의 방법으로 분쟁을 해결하고 배상청구권을 포기하게 되는데, 철회의 원인은 상대방이 다른 조건으로 만족시켜 준다든가, 클레임의 구상액이 너무 적어 상호 신뢰회복 차원에서 포기하는 것 등이다.

2. 화해(Amicable Settlement)

무역클레임의 대부분은 제3(법원, 중재인, 조정인)자의 개입 없이 양당사자간의 자주적인 교섭(Negotiation)으로 해결되고 있는데, 이를 화해라고 한다. 화해에 의해 무역클레임이 해결되면 당사자간에 신뢰가 회복되어 향후 무역거래에서 좋은 결과를 기대할 수 있다. 이러한 화해의 요건으로 우리나라 민법은 ① 당사자가 서로 양보할 것, ② 분쟁을 종지할 것, ③ 그 뜻을 약정할 것 등을 규정하고 있다.

Ⅱ. 제3자의 개입에 의한 해결

1. 알선(Intermediation)

알선이란 공정한 제3자가 당사자의 일방 또는 쌍방의 의뢰에 의하여 사건에 개입하여 원만한 타협이 되도록 조력하는 방법을 말한다. 알선의 경우 쌍방의 협력이 없으면 성공할 수 없다. 알선은 구속력이 없으나 알선을 맡은 제3자적 기관이 당사자에게 강한 영향력을 미칠 수 있는 경우에는 성공하는 경우가 많다. 또한 알선은 당사자간의 비밀을 보장하고 거래관계를 지속할 수 있는 장점이 있다.

2. 조정(Conciliation)

조정은 양 당사자가 공정한 제3자를 조정인으로 선임하고 조정인이 제시하는 구체적인 해결안에 대하여 합의함으로써 무역클레임을 해결하는 방법을 말한다. 이러한 조정은 상사중재를 신청한 당사자 쌍방이 합의한 경우에만 행하여지는 것으로, 양 당사자가 분쟁을 상사중재에 부탁한 경우에 중재절차 도중이나 중재절차가 개시되기에 앞서 분쟁을 좀 더 자율적이고 우호적으로 해결하면서 효과는 중재판정과 동일하게 하는 방법이다.

그러나 일정기간 내에 조정이 성립하지 못하는 경우 조정절차는 자동적으로 폐기되면서 상사중재절차로 이행되게 된다.

3. 상사중재(Arbitration)

중재인(Arbitrator)이라고 부르는 공평한 제3자를 스스로 선정하고 그에게 자진하여 그들의 분쟁의 해결을 부탁하는 절차를 말한다. 일반적으로 말하기를 상사중재는 재판(Litigation)보다 낫고, 조정(Conciliation)은 중재보다 나으며, 분쟁의 예방은 조정보다 낫다고 한다.

이러한 상사중재의 범위는 당사자가 자유로이 처분할 수 있는 사법상의 사적인 분쟁으로서 현재 또는 장래에 발생할 분쟁 모두가 대상이 된다. 그리고 상사중재의 경우에는 당사자간에 상사중재에 의하여 분쟁을 해결한다는 합의, 즉 중재합의가 반드시 필요하다. 또한 중재합의는 분쟁에 대한 법원의 재판권을 배제하는 약속이기도 하다.

상사중재는 다음과 같은 많은 장점을 가지고 있어 널리 이용되고 있다.

- 절차가 간단하고, 단 한 번의 판정으로 분쟁이 종료되므로 매우 신속함
- 단심제로 비용이 저렴
- 변호사 선임 없이 가능 – 비용 저렴
- 무역 등 상사전문가인 중재인의 공정한 판정
- 비공개주의로 비밀 보장

4. 소송(Litigation)

소송은 사인간의 분쟁을 국가기관인 재판소의 판결에 의하여 강제적으로 해결하는 제도이다. 무역클레임 중에는 당사자간의 교섭 등에 의한 방법으로는 해결되지 못하는 경우가 있다. 이 경우에는 상대방에게 강제를 기하기 위해 최후수단으로서 국가 공권력에 의해 강제적으로 해결하는 방법 밖에 없다. 그러나 이 소송은 국가간의 거래인 무역매매에서는 거래 상대방이 법역을 달리하므로 재판권이 상대방에게 미치지 못하는 장애가 있다.

부 록

- Incoterms 2010 _ 204
- Uniform Customs and Practice for Documentary Credit (2007 Revision) _ 263

FOREWORD

By Jean Rozwadowski, ICC Secretary General

The global economy has given businesses broader access than ever before to markets all over the world. Goods are sold in more countries, in larger quantities, and in greater variety. But as the volume and complexity of global sales increase, so do possibilities for misunderstandings and costly disputes when sale contracts are not adequately drafted.

The Incoterms® rules, the ICC rules on the use of domestic and international trade terms, facilitate the conduct of global trade. Reference to an *Incoterms® 2010* rule in a sale contract clearly defines the parties' respective obligations and reduces the risk of legal complications.

Since the creation of the Incoterms® rules by ICC in 1936, this globally accepted contractual standard has been regularly updated to keep pace with the development of international trade. The *Incoterms® 2010* rules take account of the continued spread of customs-free zones, the increased use of electronic communications in business transactions, heightened concern about security in the movement of goods and changes in transport practices. *Incoterms® 2010* updates and consolidates the 'delivered' rules, reducing the total number of rules from 13 to 11, and offers a simpler and clearer presentation of all the rules. *Incoterms® 2010* is also the first version of the Incoterms® rules to make all references to buyers and sellers gender-neutral.

The broad expertise of ICC's Commission on International Commercial Practice, whose membership is drawn from all parts of the world and all trade sectors, ensures that the *Incoterms® 2010* rules respond to business needs everywhere.

ICC would like to express its gratitude to the members of the Commission, chaired by Prof. Fabio Bortolotti (Italy), to the Drafting Group, which comprised Prof. Charles Debattista (Co-Chair, UK), Christoph Martin Radtke (Co-Chair, France), Jens Bredow (Germany), Prof. Johnny Herre (Sweden), David Lowe (UK), Lauri Railas (Finland), Frank Reynolds (US), and Miroslav Śubert (Czech Republic), and to Asko Raty (Finland) for assistance with the images depicting the 11 rules.

INTRODUCTION

The Incoterms®[1] rules explain a set of three-letter trade terms reflecting business-to-business practice in contracts for the sale of goods. The Incoterms rules describe mainly the tasks, costs and risks involved in the delivery of goods from sellers to buyers.

How to use the Incoterms® 2010 rules

1 ***Incorporate the Incoterms® 2010 rules into your contract of sale***

If you want the Incoterms® 2010 rules to apply to your contract, you should make this clear in the contract, through such words as, "[*the chosen Incoterms rule including the named place, followed by*] Incoterms® 2010".

2 ***Choose the appropriate Incoterms rule***

The chosen Incoterms rule needs to be appropriate to the goods, to the means of their transport, and above all to whether the parties intend to put additional obligations, for example such as the obligation to organize carriage or insurance, on the seller or on the buyer. The Guidance Notes to each Incoterms rule contain information that is particularly helpful when making this

[1] "Incoterms" is a registered trademark of the International Chamber of Commerce, registered in several countries.

choice. Whichever Incoterms rule is chosen, the parties should be aware that the interpretation of their contract may well be influenced by customs particular to the port or place being used.

3 *Specify your place or port as precisely as possible*

The chosen Incoterms rule can work only if the parties name a place or port, and will work best if the parties specify the place or port as precisely as possible.

A good example of such precision would be:

"FCA 38 Cours Albert 1er, Paris, France Incoterms® 2010".

Under the Incoterms rules Ex Works (EXW), Free Carrier (FCA), Delivered at Terminal (DAT), Delivered at Place (DAP), Delivered Duty Paid (DDP), Free Alongside Ship (FAS), and Free on Board (FOB), the named place is the place where delivery takes place and where risk passes from the seller to the buyer. Under the Incoterms rules Carriage Paid To (CPT), Carriage and Insurance Paid To (CIP), Cost and Freight (CFR) and Cost, Insurance and Freight (CIF), the named place differs from the place of delivery. Under these four Incoterms rules, the named place is the place of destination to which carriage is paid. Indications as to place or destination can helpfully be further specified by stating a precise point in that place or destination in order to avoid doubt or argument.

4 *Remember that Incoterms rules do not give you a complete contract of sale*

Incoterms rules *do* say which party to the sales contract has the obligation to make carriage or insurance arrangements, when the seller delivers the goods to the buyer, and which costs each party is responsible for. Incoterms rules, however, say nothing about the price to be paid or the method of its payment. Neither do they deal with the transfer of ownership of the goods, or the consequences of a breach of contract. These matters are normally dealt with through express terms in the contract of sale or in the law governing that contract. The parties should be aware that mandatory local law may override any aspect of the sale contract, including the chosen Incoterms rule.

Main features of the Incoterms® 2010 rules

1 ***Two new Incoterms rules – DAT and DAP – have replaced the Incoterms 2000 rules DAF, DES, DEQ and DDU***

The number of Incoterms rules has been reduced from 13 to 11. This has been achieved by substituting two new rules that may be used irrespective of the agreed mode of transport – DAT, Delivered at Terminal, and DAP, Delivered at Place – for the Incoterms 2000 rules DAF, DES, DEQ and DDU.

Under both new rules, delivery occurs at a named destination: in DAT, at the buyer's disposal unloaded from the arriving vehicle (as under the former DEQ rule); in DAP, likewise at the buyer's disposal, but ready for unloading (as under the former DAF, DES and DDU rules).

The new rules make the Incoterms 2000 rules DES and DEQ superfluous. The named terminal in DAT may well be in a port, and DAT can therefore safely be used in cases where the Incoterms 2000 rule DEQ once was. Likewise, the arriving "vehicle" under DAP may well be a ship and the named place of destination may well be a port: consequently, DAP can safely be used in cases where the Incoterms 2000 rule DES once was. These new rules, like their predecessors, are "delivered", with the seller bearing all the costs (other than those related to import clearance, where applicable) and risks involved in bringing the goods to the named place of destination.

2 ***Classification of the 11 Incoterms® 2010 rules***

The 11 Incoterms® 2010 rules are presented in two distinct classes:

<u>RULES FOR ANY MODE OR MODES OF TRANSPORT</u>

EXW	EX WORKS
FCA	FREE CARRIER
CPT	CARRIAGE PAID TO
CIP	CARRIAGE AND INSURANCE PAID TO
DAT	DELIVERED AT TERMINAL
DAP	DELIVERED AT PLACE
DDP	DELIVERED DUTY PAID

<u>RULES FOR SEA AND INLAND WATERWAY TRANSPORT</u>

FAS	FREE ALONGSIDE SHIP
FOB	FREE ON BOARD
CFR	COST AND FREIGHT
CIF	COST INSURANCE AND FREIGHT

The first class includes the seven Incoterms® 2010 rules that can be used irrespective of the mode of transport selected and irrespective of whether one or more than one mode of transport is employed. EXW, FCA, CPT, CIP, DAT, DAP and DDP belong to this class. They can be used even when there is no maritime transport at all. It is important to remember, however, that these rules *can* be used in cases where a ship *is* used for part of the carriage.

In the second class of Incoterms® 2010 rules, the point of delivery and the place to which the goods are carried to the buyer are *both* ports, hence the label "sea and inland waterway" rules. FAS, FOB, CFR and CIF belong to this class. Under the last three Incoterms rules, all mention of the ship's rail as the point of delivery has been omitted in preference for the goods being delivered when they are "on board" the vessel. This more closely reflects modern commercial reality and avoids the rather dated image of the risk swinging to and fro across an imaginary perpendicular line.

3 ***Rules for domestic and international trade***

Incoterms rules have traditionally been used in *international* sale contracts where goods pass across national borders. In various areas of the world, however, trade blocs, like the European Union, have made border formalities between different countries less significant. Consequently, the subtitle of the Incoterms® 2010 rules formally recognizes that they are available for application to both international and domestic sale contracts. As a result, the Incoterms® 2010 rules clearly state in a number of places that the obligation to comply with export/import formalities exists only where applicable.

Two developments have persuaded the ICC that a movement in this direction is timely. Firstly, traders commonly use Incoterms rules for purely domestic sale contracts. The second reason is the greater willingness in the United States to use Incoterms rules in domestic trade rather than the former Uniform Commercial Code shipment and delivery terms.

4 *Guidance Notes*

Before each Incoterms® 2010 rule you will find a Guidance Note. The Guidance Notes explain the fundamentals of each Incoterms rule, such as when it should be used, when risk passes, and how costs are allocated between seller and buyer. The Guidance Notes are not part of the actual Incoterms® 2010 rules, but are intended to help the user accurately and efficiently steer towards the appropriate Incoterms rule for a particular transaction.

5 *Electronic communication*

Previous versions of Incoterms rules have specified those documents that could be replaced by EDI messages. Articles A1/B1 of the Incoterms® 2010 rules, however, now give electronic means of communication the same effect as paper communication, as long as the parties so agree or where customary. This formulation facilitates the evolution of new electronic procedures throughout the lifetime of the Incoterms® 2010 rules.

6 *Insurance cover*

The Incoterms® 2010 rules are the first version of the Incoterms rules since the revision of the Institute Cargo Clauses and take account of alterations made to those clauses. The Incoterms® 2010 rules place information duties relating to insurance in articles A3/B3, which deal with contracts of carriage and insurance. These provisions have been moved from the more generic articles found in articles A10/B10 of the Incoterms 2000 rules. The language in articles A3/B3 relating to insurance has also been altered with a view to clarifying the parties' obligations in this regard.

7 *Security-related clearances and information required for such clearances*

There is heightened concern nowadays about security in the movement of goods, requiring verification that the goods do not pose a threat to life or property for reasons other than their inherent nature. Therefore, the Incoterms® 2010 rules have allocated obligations between the buyer and seller to obtain or to render assistance in obtaining security-related clearances, such as chain-of-custody information, in articles A2/B2 and A10/B10 of various Incoterms rules.

8 *Terminal handling charges*

Under Incoterms rules CPT, CIP, CFR, CIF, DAT, DAP, and DDP, the seller must make arrangements for the carriage of the goods to the agreed destination. While the freight is paid by the seller, it is actually paid *for* by the buyer as freight costs are normally included by the seller in the total selling price. The carriage costs will sometimes include the costs of handling and moving the goods within port or container terminal facilities and the carrier or terminal operator may well charge these costs to the buyer who receives the goods. In these circumstances, the buyer will want to avoid paying for the same service twice: once to the seller as part of the total selling price and once independently to the carrier or the terminal operator. The Incoterms® 2010 rules seek to avoid this happening by clearly allocating such costs in articles A6/B6 of the relevant Incoterms rules.

9 *String sales*

In the sale of commodities, as opposed to the sale of manufactured goods, cargo is frequently sold several times during transit "down a string". When this happens, a seller in the middle of the string does not "ship" the goods because these have already been shipped by the first seller in the string. The seller in the middle of the string therefore performs its obligations towards its buyer not by shipping the goods, but by "procuring" goods that have been shipped. For clarification purposes, Incoterms® 2010 rules include the obligation to "procure goods shipped" as an alternative to the obligation to ship goods in the relevant Incoterms rules.

Variants of Incoterms rules

Sometimes the parties want to alter an Incoterms rule. The Incoterms® 2010 rules do not prohibit such alteration, but there are dangers in so doing. In order to avoid any unwelcome surprises, the parties would need to make the intended effect of such alterations extremely clear in their contract. Thus, for example, if the allocation of costs in the Incoterms® 2010 rules is altered in the contract, the parties should also clearly state whether they intend to vary the point at which the risk passes from seller to buyer.

Status of this introduction

This introduction gives general information on the use and interpretation of the Incoterms® 2010 rules, but does not form part of those rules.

Explanation of terms used in the Incoterms® 2010 rules

As in the Incoterms 2000 rules, the seller's and buyer's obligations are presented in mirror fashion, reflecting under column A the seller's obligations and under column B the buyer's obligations. These obligations can be carried out personally by the seller or the buyer or sometimes, subject to terms in the contract or the applicable law, through intermediaries such as carriers, freight forwarders or other persons nominated by the seller or the buyer for a specific purpose.

The text of the Incoterms® 2010 rules is meant to be self-explanatory. However, in order to assist users the following text sets out guidance as to the sense in which selected terms are used throughout the document.

Carrier: For the purposes of the Incoterms® 2010 rules, the carrier is the party with whom carriage is contracted.

Customs formalities: These are requirements to be met in order to comply with any applicable customs regulations and may include documentary, security, information or physical inspection obligations.

Delivery: This concept has multiple meanings in trade law and practice, but in the Incoterms® 2010 rules, it is used to indicate where the risk of loss of or damage to the goods passes from the seller to the buyer.

Delivery document: This phrase is now used as the heading to article A8. It means a document used to prove that delivery has occurred. For many of the Incoterms® 2010 rules, the delivery document is a transport document or corresponding electronic record. However, with EXW, FCA, FAS and FOB, the delivery document may simply be a receipt. A delivery document may also have other functions, for example as part of the mechanism for payment.

Electronic record or procedure: A set of information constituted of one or more electronic messages and, where applicable, being functionally equivalent with the corresponding paper document.

Packaging: This word is used for different purposes:

1. The packaging of the goods to comply with any requirements under the contract of sale.
2. The packaging of the goods so that they are fit for transportation.
3. The stowage of the packaged goods within a container or other means of transport.

In the Incoterms® 2010 rules, packaging means both the first and second of the above. The Incoterms® 2010 rules do not deal with the parties' obligations for stowage within a container and therefore, where relevant, the parties should deal with this in the sale contract.

RULES FOR ANY MODE OR MODES OF TRANSPORT

EX WORKS

EXW (insert named place of delivery) Incoterms® 2010

GUIDANCE NOTE

This rule may be used irrespective of the mode of transport selected and may also be used where more than one mode of transport is employed. It is suitable for domestic trade, while FCA is usually more appropriate for international trade.

"Ex Works" means that the seller delivers when it places the goods at the disposal of the buyer at the seller's premises or at another named place (i.e., works, factory, warehouse, etc.). The seller does not need to load the goods on any collecting vehicle, nor does it need to clear the goods for export, where such clearance is applicable.

The parties are well advised to specify as clearly as possible the point within the named place of delivery, as the costs and risks to that point are for the account of the seller. The buyer bears all costs and risks involved in taking the goods from the agreed point, if any, at the named place of delivery.

EXW represents the minimum obligation for the seller. The rule should be used with care as:

a) The seller has no obligation to the buyer to load the goods, even though in practice the seller may be in a better position to do so. If the seller does load the goods, it does so at the buyer's risk and expense. In cases where the seller is in a better position to load the goods, FCA, which obliges the seller to do so at its own risk and expense, is usually more appropriate.

b) A buyer who buys from a seller on an EXW basis for export needs to be aware that the seller has an obligation to provide only such assistance as the buyer may require to effect that export: the seller is not bound to organize the export clearance. Buyers are therefore well advised not to use EXW if they cannot directly or indirectly obtain export clearance.

c) The buyer has limited obligations to provide to the seller any information regarding the export of the goods. However, the seller may need this information for, e.g., taxation or reporting purposes.

[DRAWING FOR EXW TO COME]

A THE SELLER'S OBLIGATIONS	B THE BUYER'S OBLIGATIONS
A1 **General obligations of the seller** The seller must provide the goods and the commercial invoice in conformity with the contract of sale and any other evidence of conformity that may be required by the contract. Any document referred to in A1-A10 may be an equivalent electronic record or procedure if agreed between the parties or customary.	**B1** **General obligations of the buyer** The buyer must pay the price of the goods as provided in the contract of sale. Any document referred to in B1-B10 may be an equivalent electronic record or procedure if agreed between the parties or customary.
A2 **Licences, authorizations, security clearances and other formalities** Where applicable, the seller must provide the buyer, at the buyer's request, risk and expense, assistance in obtaining any export licence, or other official authorization necessary for the export of the goods. Where applicable, the seller must provide, at the buyer's request, risk and expense, any information in the possession of the seller that is required for the security clearance of the goods.	**B2** **Licences, authorizations, security clearances and other formalities** Where applicable, it is up to the buyer to obtain, at its own risk and expense, any export and import licence or other official authorization and carry out all customs formalities for the export of the goods.
A3 **Contracts of carriage and insurance** a) Contract of carriage The seller has no obligation to the buyer to make a contract of carriage. b) Contract of insurance The seller has no obligation to the buyer to make a contract of insurance. However, the seller must provide the buyer, at the buyer's request, risk, and expense (if any), with information that the buyer needs for obtaining insurance.	**B3** **Contracts of carriage and insurance** a) Contract of carriage The buyer has no obligation to the seller to make a contract of carriage. b) Contract of insurance The buyer has no obligation to the seller to make a contract of insurance.
A4 **Delivery** The seller must deliver the goods by placing them at the disposal of the buyer at the agreed point, if any, at the named place of delivery, not loaded on any collecting vehicle. If no specific point has been agreed within the named place of delivery, and if there are several points available, the seller may select the point that best suits its purpose. The seller must deliver the goods	**B4** **Taking delivery** The buyer must take delivery of the goods when A4 and A7 have been complied with.

on the agreed date or within the agreed period.	
A5 **Transfer of risks** The seller bears all risks of loss of or damage to the goods until they have been delivered in accordance with A4 with the exception of loss or damage in the circumstances described in B5.	**B5** **Transfer of risks** The buyer bears all risks of loss of or damage to the goods from the time they have been delivered as envisaged in A4. If the buyer fails to give notice in accordance with B7, then the buyer bears all risks of loss of or damage to the goods from the agreed date or the expiry date of the agreed period for delivery, provided that the goods have been clearly identified as the contract goods.
A6 **Allocation of costs** The seller must pay all costs relating to the goods until they have been delivered in accordance with A4, other than those payable by the buyer as envisaged in B6.	**B6** **Allocation of costs** The buyer must: a) pay all costs relating to the goods from the time they have been delivered as envisaged in A4; b) pay any additional costs incurred by failing either to take delivery of the goods when they have been placed at its disposal or to give appropriate notice in accordance with B7, provided that the goods have been clearly identified as the contract goods; c) pay, where applicable, all duties, taxes and other charges, as well as the costs of carrying out customs formalities payable upon export; and d) reimburse all costs and charges incurred by the seller in providing assistance as envisaged in A2.
A7 **Notices to the buyer** The seller must give the buyer any notice needed to enable the buyer to take delivery of the goods.	**B7** **Notices to the seller** The buyer must, whenever it is entitled to determine the time within an agreed period and/or the point of taking delivery within the named place, give the seller sufficient notice thereof.
A8 **Delivery document** The seller has no obligation to the buyer.	**B8** **Proof of delivery** The buyer must provide the seller with appropriate evidence of having taken delivery.

A9 **Checking – packaging – marking** The seller must pay the costs of those checking operations (such as checking quality, measuring, weighing, counting) that are necessary for the purpose of delivering the goods in accordance with A4. The seller must, at its own expense, package the goods, unless it is usual for the particular trade to transport the type of goods sold unpackaged. The seller may package the goods in the manner appropriate for their transport, unless the buyer has notified the seller of specific packaging requirements before the contract of sale is concluded. Packaging is to be marked appropriately.	**B9** **Inspection of goods** The buyer must pay the costs of any mandatory pre-shipment inspection, including inspection mandated by the authorities of the country of export.
A10 **Assistance with information and related costs** The seller must, where applicable, in a timely manner, provide to or render assistance in obtaining for the buyer, at the buyer's request, risk and expense, any documents and information, including security-related information, that the buyer needs for the export and/or import of the goods and/or for their transport to the final destination.	**B10** **Assistance with information and related costs** The buyer must, in a timely manner, advise the seller of any security information requirements so that the seller may comply with A10. The buyer must reimburse the seller for all costs and charges incurred by the seller in providing or rendering assistance in obtaining documents and information as envisaged in A10.

FREE CARRIER

FCA (insert named place of delivery) Incoterms® 2010

GUIDANCE NOTE

This rule may be used irrespective of the mode of transport selected and may also be used where more than one mode of transport is employed.

"Free Carrier" means that the seller delivers the goods to the carrier or another person nominated by the buyer at the seller's premises or another named place. The parties are well advised to specify as clearly as possible the point within the named place of delivery, as the risk passes to the buyer at that point.

If the parties intend to deliver the goods at the seller's premises, they should identify the address of those premises as the named place of delivery. If, on the other hand, the parties intend the goods to be delivered at another place, they must identify a different specific place of delivery.

FCA requires the seller to clear the goods for export, where applicable. However, the seller has no obligation to clear the goods for import, pay any import duty or carry out any import customs formalities.

[DRAWING FOR FCA TO COME]

A THE SELLER'S OBLIGATIONS	B THE BUYER'S OBLIGATIONS
A1 **General obligations of the seller** The seller must provide the goods and the commercial invoice in conformity with the contract of sale and any other evidence of conformity that may be required by the contract. Any document referred to in A1-A10 may be an equivalent electronic record or procedure if agreed between the parties or customary.	B1 **General obligations of the buyer** The buyer must pay the price of the goods as provided in the contract of sale. Any document referred to in B1-B10 may be an equivalent electronic record or procedure if agreed between the parties or customary.
A2 **Licences, authorizations, security clearances and other formalities** Where applicable, the seller must obtain, at its own risk and expense, any export licence or other official authorization and carry out all customs formalities necessary for the export of the goods.	B2 **Licences, authorizations, security clearances and other formalities** Where applicable, it is up to the buyer to obtain, at its own risk and expense, any import licence or other official authorization and carry out all customs formalities for the import of the goods and for their transport through any country.
A3 **Contracts of carriage and insurance** a) Contract of carriage The seller has no obligation to the buyer to make a contract of carriage. However, if requested by the buyer or if it is commercial practice and the buyer does not give an instruction to the contrary in due time, the seller may contract for carriage on usual terms at the buyer's risk and expense. In either case, the seller may decline to make the contract of carriage and, if it does, shall promptly notify the buyer. b) Contract of insurance The seller has no obligation to the buyer to make a contract of insurance. However, the seller must provide the buyer, at the buyer's request, risk, and expense (if any), with information that the buyer needs for obtaining insurance.	B3 **Contracts of carriage and insurance** a) Contract of carriage The buyer must contract at its own expense for the carriage of the goods from the named place of delivery, except when the contract of carriage is made by the seller as provided for in A3 a). b) Contract of insurance The buyer has no obligation to the seller to make a contract of insurance.
A4 **Delivery** The seller must deliver the goods to the carrier or another person nominated by the buyer at the agreed point, if any, at the named place on the agreed date or within the agreed period.	B4 **Taking delivery** The buyer must take delivery of the goods when they have been delivered as envisaged in A4.

Delivery is completed: a) If the named place is the seller's premises, when the goods have been loaded on the means of transport provided by the buyer. b) In any other case, when the goods are placed at the disposal of the carrier or another person nominated by the buyer on the seller's means of transport ready for unloading. If no specific point has been notified by the buyer under B7 d) within the named place of delivery, and if there are several points available, the seller may select the point that best suits its purpose. Unless the buyer notifies the seller otherwise, the seller may deliver the goods for carriage in such a manner as the quantity and/or nature of the goods may require.	
A5 **Transfer of risks** The seller bears all risks of loss of or damage to the goods until they have been delivered in accordance with A4, with the exception of loss or damage in the circumstances described in B5.	**B5** **Transfer of risks** The buyer bears all risks of loss of or damage to the goods from the time they have been delivered as envisaged in A4. If a) the buyer fails in accordance with B7 to notify the nomination of a carrier or another person as envisaged in A4 or to give notice; or b) the carrier or person nominated by the buyer as envisaged in A4 fails to take the goods into its charge, then, the buyer bears all risks of loss of or damage to the goods: (i) from the agreed date, or in the absence of an agreed date, (ii) from the date notified by the seller under A7 within the agreed period; or, if no such date has been notified, (iii) from the expiry date of any agreed period for delivery, provided that the goods have been clearly identified as the contract goods.
A6 **Allocation of costs** The seller must pay a) all costs relating to the goods until they	**B6** **Allocation of costs** The buyer must pay a) all costs relating to the goods from the

have been delivered in accordance with A4, other than those payable by the buyer as envisaged in B6; and b) where applicable, the costs of customs formalities necessary for export, as well as all duties, taxes, and other charges payable upon export.	time they have been delivered as envisaged in A4, except, where applicable, the costs of customs formalities necessary for export, as well as all duties, taxes, and other charges payable upon export as referred to in A6 b); b) any additional costs incurred, either because: (i) the buyer fails to nominate a carrier or another person as envisaged in A4, or (ii) the carrier or person nominated by the buyer as envisaged in A4 fails to take the goods into its charge, or (iii) the buyer has failed to give appropriate notice in accordance with B7, provided that the goods have been clearly identified as the contract goods; and c) where applicable, all duties, taxes and other charges as well as the costs of carrying out customs formalities payable upon import of the goods and the costs for their transport through any country.
A7 **Notices to the buyer** The seller must, at the buyer's risk and expense, give the buyer sufficient notice either that the goods have been delivered in accordance with A4 or that the carrier or another person nominated by the buyer has failed to take the goods within the time agreed.	**B7** **Notices to the seller** The buyer must notify the seller of a) the name of the carrier or another person nominated as envisaged in A4 within sufficient time as to enable the seller to deliver the goods in accordance with that article; b) where necessary, the selected time within the period agreed for delivery when the carrier or person nominated will take the goods; c) the mode of transport to be used by the person nominated; and d) the point of taking delivery within the named place.
A8 **Delivery document** The seller must provide the buyer, at the seller's expense, with the usual proof that the goods have been delivered in accordance with A4. The seller must provide assistance to the buyer, at the buyer's request, risk and expense, in obtaining a transport document.	**B8** **Proof of delivery** The buyer must accept the proof of delivery provided as envisaged in A8.

A9	B9
Checking – packaging – marking The seller must pay the costs of those checking operations (such as checking quality, measuring, weighing, counting) that are necessary for the purpose of delivering the goods in accordance with A4, as well as the costs of any pre-shipment inspection mandated by the authority of the country of export. The seller must, at its own expense, package the goods, unless it is usual for the particular trade to transport the type of goods sold unpackaged. The seller may package the goods in the manner appropriate for their transport, unless the buyer has notified the seller of specific packaging requirements before the contract of sale is concluded. Packaging is to be marked appropriately.	**Inspection of goods** The buyer must pay the costs of any mandatory pre-shipment inspection, except when such inspection is mandated by the authorities of the country of export.
A10	**B10**
Assistance with information and related costs The seller must, where applicable, in a timely manner, provide to or render assistance in obtaining for the buyer, at the buyer's request, risk and expense, any documents and information, including security-related information, that the buyer needs for the import of the goods and/or for their transport to the final destination. The seller must reimburse the buyer for all costs and charges incurred by the buyer in providing or rendering assistance in obtaining documents and information as envisaged in B10.	**Assistance with information and related costs** The buyer must, in a timely manner, advise the seller of any security information requirements so that the seller may comply with A10. The buyer must reimburse the seller for all costs and charges incurred by the seller in providing or rendering assistance in obtaining documents and information as envisaged in A10. The buyer must, where applicable, in a timely manner, provide to or render assistance in obtaining for the seller, at the seller's request, risk and expense, any documents and information, including security-related information, that the seller needs for the transport and export of the goods and for their transport through any country.

CARRIAGE PAID TO

CPT (insert named place of destination) Incoterms® 2010

GUIDANCE NOTE

This rule may be used irrespective of the mode of transport selected and may also be used where more than one mode of transport is employed.

"Carriage Paid To" means that the seller delivers the goods to the carrier or another person nominated by the seller at an agreed place (if any such place is agreed between the parties) and that the seller must contract for and pay the costs of carriage necessary to bring the goods to the named place of destination.

When CPT, CIP, CFR or CIF are used, the seller fulfils its obligation to deliver when it hands the goods over to the carrier and not when the goods reach the place of destination.

This rule has two critical points, because risk passes and costs are transferred at different places. The parties are well advised to identify as precisely as possible in the contract both the place of delivery, where the risk passes to the buyer, and the named place of destination to which the seller must contract for the carriage. If several carriers are used for the carriage to the agreed destination and the parties do not agree on a specific point of delivery, the default position is that risk passes when the goods have been delivered to the first carrier at a point entirely of the seller's choosing and over which the buyer has no control. Should the parties wish the risk to pass at a later stage (e.g., at an ocean port or airport), they need to specify this in their contract of sale.

The parties are also well advised to identify as precisely as possible the point within the agreed place of destination, as the costs to that point are for the account of the seller. The seller is advised to procure contracts of carriage that match this choice precisely. If the seller incurs costs under its contract of carriage related to unloading at the named place of destination, the seller is not entitled to recover such costs from the buyer unless otherwise agreed between the parties.

CPT requires the seller to clear the goods for export, where applicable. However, the seller has no obligation to clear the goods for import, pay any import duty or carry out any import customs formalities.

[DRAWING FOR CPT TO COME]

A THE SELLER'S OBLIGATIONS	B THE BUYER'S OBLIGATIONS
A1 **General obligations of the seller** The seller must provide the goods and the commercial invoice in conformity with the contract of sale and any other evidence of conformity that may be required by the contract. Any document referred to in A1-A10 may be an equivalent electronic record or procedure if agreed between the parties or customary.	**B1** **General obligations of the buyer** The buyer must pay the price of the goods as provided in the contract of sale. Any document referred to in B1-B10 may be an equivalent electronic record or procedure if agreed between the parties or customary.
A2 **Licences, authorizations, security clearances and other formalities** Where applicable, the seller must obtain, at its own risk and expense, any export licence or other official authorization and carry out all customs formalities necessary for the export of the goods, and for their transport through any country prior to delivery.	**B2** **Licences, authorizations, security clearances and other formalities** Where applicable, it is up to the buyer to obtain, at its own risk and expense, any import licence or other official authorization and carry out all customs formalities for the import of the goods and for their transport through any country.
A3 **Contracts of carriage and insurance** a) Contract of carriage The seller must contract or procure a contract for the carriage of the goods from the agreed point of delivery, if any, at the place of delivery to the named place of destination or, if agreed, any point at that place. The contract of carriage must be made on usual terms at the seller's expense and provide for carriage by the usual route and in a customary manner. If a specific point is not agreed or is not determined by practice, the seller may select the point of delivery and the point at the named place of destination that best suit its purpose. b) Contract of insurance The seller has no obligation to the buyer to make a contract of insurance. However, the seller must provide the buyer, at the buyer's request, risk, and expense (if any), with information that the buyer needs for obtaining insurance.	**B3** **Contracts of carriage and insurance** a) Contract of carriage The buyer has no obligation to the seller to make a contract of carriage. b) Contract of insurance The buyer has no obligation to the seller to make a contract of insurance. However, the buyer must provide the seller, upon request, with the necessary information for obtaining insurance.
A4 **Delivery** The seller must deliver the goods by	**B4** **Taking delivery** The buyer must take delivery of the goods

handing them over to the carrier contracted in accordance with A3 on the agreed date or within the agreed period.	when they have been delivered as envisaged in A4 and receive them from the carrier at the named place of destination.
A5 **Transfer of risks** The seller bears all risks of loss of or damage to the goods until they have been delivered in accordance with A4, with the exception of loss or damage in the circumstances described in B5.	**B5** **Transfer of risks** The buyer bears all risks of loss of or damage to the goods from the time they have been delivered as envisaged in A4. If the buyer fails to give notice in accordance with B7, it must bear all risks of loss of or damage to the goods from the agreed date or the expiry date of the agreed period for delivery, provided that the goods have been clearly identified as the contract goods.
A6 **Allocation of costs** The seller must pay a) all costs relating to the goods until they have been delivered in accordance with A4, other than those payable by the buyer as envisaged in B6; b) the freight and all other costs resulting from A3 a), including the costs of loading the goods and any charges for unloading at the place of destination that were for the seller's account under the contract of carriage; and c) where applicable, the costs of customs formalities necessary for export, as well as all duties, taxes and other charges payable upon export, and the costs for their transport through any country that were for the seller's account under the contract of carriage.	**B6** **Allocation of costs** The buyer must, subject to the provisions of A3 a), pay a) all costs relating to the goods from the time they have been delivered as envisaged in A4, except, where applicable, the costs of customs formalities necessary for export, as well as all duties, taxes, and other charges payable upon export as referred to in A6 c); b) all costs and charges relating to the goods while in transit until their arrival at the agreed place of destination, unless such costs and charges were for the seller's account under the contract of carriage; c) unloading costs, unless such costs were for the seller's account under the contract of carriage; d) any additional costs incurred if the buyer fails to give notice in accordance with B7, from the agreed date or the expiry date of the agreed period for dispatch, provided that the goods have been clearly identified as the contract goods; and e) where applicable, all duties, taxes and other charges, as well as the costs of carrying out customs formalities payable upon import of the goods and the costs for their transport through any country, unless included within the cost of the contract of carriage.
A7 **Notices to the buyer**	**B7** **Notices to the seller**

The seller must notify the buyer that the goods have been delivered in accordance with A4. The seller must give the buyer any notice needed in order to allow the buyer to take measures that are normally necessary to enable the buyer to take the goods.	The buyer must, whenever it is entitled to determine the time for dispatching the goods and/or the named place of destination or the point of receiving the goods within that place, give the seller sufficient notice thereof.
A8 **Delivery document** If customary or at the buyer's request, the seller must provide the buyer, at the seller's expense, with the usual transport document[s] for the transport contracted in accordance with A3. This transport document must cover the contract goods and be dated within the period agreed for shipment. If agreed or customary, the document must also enable the buyer to claim the goods from the carrier at the named place of destination and enable the buyer to sell the goods in transit by the transfer of the document to a subsequent buyer or by notification to the carrier. When such a transport document is issued in negotiable form and in several originals, a full set of originals must be presented to the buyer.	**B8** **Proof of delivery** The buyer must accept the transport document provided as envisaged in A8 if it is in conformity with the contract.
A9 **Checking – packaging – marking** The seller must pay the costs of those checking operations (such as checking quality, measuring, weighing, counting) that are necessary for the purpose of delivering the goods in accordance with A4, as well as the costs of any pre-shipment inspection mandated by the authority of the country of export. The seller must, at its own expense, package the goods, unless it is usual for the particular trade to transport the type of goods sold unpackaged. The seller may package the goods in the manner appropriate for their transport, unless the buyer has notified the seller of specific packaging requirements before the contract of sale is concluded. Packaging is to be marked appropriately.	**B9** **Inspection of goods** The buyer must pay the costs of any mandatory pre-shipment inspection, except when such inspection is mandated by the authorities of the country of export.
A10 **Assistance with information and related costs**	**B10** **Assistance with information and related costs**

The seller must, where applicable, in a timely manner, provide to or render assistance in obtaining for the buyer, at the buyer's request, risk and expense, any documents and information, including security-related information, that the buyer needs for the import of the goods and/or for their transport to the final destination. The seller must reimburse the buyer for all costs and charges incurred by the buyer in providing or rendering assistance in obtaining documents and information as envisaged in B10.	The buyer must, in a timely manner, advise the seller of any security information requirements so that the seller may comply with A10. The buyer must reimburse the seller for all costs and charges incurred by the seller in providing or rendering assistance in obtaining documents and information as envisaged in A10. The buyer must, where applicable, in a timely manner, provide to or render assistance in obtaining for the seller, at the seller's request, risk and expense, any documents and information, including security-related information, that the seller needs for the transport and export of the goods and for their transport through any country.

CARRIAGE AND INSURANCE PAID TO

CIP (insert named place of destination) Incoterms® 2010

GUIDANCE NOTE

This rule may be used irrespective of the mode of transport selected and may also be used where more than one mode of transport is employed.

"Carriage and Insurance Paid to" means that the seller delivers the goods to the carrier or another person nominated by the seller at an agreed place (if any such place is agreed between the parties) and that the seller must contract for and pay the costs of carriage necessary to bring the goods to the named place of destination.

The seller also contracts for insurance cover against the buyer's risk of loss of or damage to the goods during the carriage. The buyer should note that under CIP the seller is required to obtain insurance only on minimum cover. Should the buyer wish to have more insurance protection, it will need either to agree as much expressly with the seller or to make its own extra insurance arrangements.

When CPT, CIP, CFR or CIF are used, the seller fulfils its obligation to deliver when it hands the goods over to the carrier and not when the goods reach the place of destination.

This rule has two critical points, because risk passes and costs are transferred at different places. The parties are well advised to identify as precisely as possible in the contract both the place of delivery, where the risk passes to the buyer, and the named place of destination to which the seller must contract for carriage. If several carriers are used for the carriage to the agreed destination and the parties do not agree on a specific point of delivery, the default position is that risk passes when the goods have been delivered to the first carrier at a point entirely of the seller's choosing and over which the buyer has no control. Should the parties wish the risk to pass at a later stage (e.g., at an ocean port or an airport), they need to specify this in their contract of sale.

The parties are also well advised to identify as precisely as possible the point within the agreed place of destination, as the costs to that point are for the account of the seller. The seller is advised to procure contracts of carriage that match this choice precisely. If the seller incurs costs under its contract of carriage related to unloading at the named place of destination, the seller is not entitled to recover such costs from the buyer unless otherwise agreed between the parties.

CIP requires the seller to clear the goods for export, where applicable. However, the seller has no obligation to clear the goods for import, pay any import duty or carry out any import customs formalities.

[DRAWING FOR CIP TO COME]

A THE SELLER'S OBLIGATIONS	B THE BUYER'S OBLIGATIONS
A1 **General obligations of the seller** The seller must provide the goods and the commercial invoice in conformity with the contract of sale and any other evidence of conformity that may be required by the contract. Any document referred to in A1-A10 may be an equivalent electronic record or procedure if agreed between the parties or customary.	**B1** **General obligations of the buyer** The buyer must pay the price of the goods as provided in the contract of sale. Any document referred to in B1-B10 may be an equivalent electronic record or procedure if agreed between the parties or customary.
A2 **Licences, authorizations, security clearances and other formalities** Where applicable, the seller must obtain, at its own risk and expense, any export licence or other official authorization and carry out all customs formalities necessary for the export of the goods and for their transport through any country prior to delivery.	**B2** **Licences, authorizations, security clearances and other formalities** Where applicable, it is up to the buyer to obtain, at its own risk and expense, any import licence or other official authorization and carry out all customs formalities for the import of the goods and for their transport through any country.
A3 **Contracts of carriage and insurance** a) Contract of carriage The seller must contract or procure a contract for the carriage of the goods from the agreed point of delivery, if any, at the place of delivery to the named place of destination or, if agreed, any point at that place. The contract of carriage must be made on usual terms at the seller's expense and provide for carriage by the usual route and in a customary manner. If a specific point is not agreed or is not determined by practice, the seller may select the point of delivery and the point at the named place of destination that best suit its purpose. b) Contract of insurance The seller must obtain at its own expense cargo insurance complying at least with the minimum cover as provided by Clauses (C) of the Institute Cargo Clauses (LMA/IUA) or any similar clauses. The insurance shall be contracted with underwriters or an insurance company of good repute and entitle the buyer, or any other person having an insurable interest in the goods, to claim directly from the insurer.	**B3** **Contracts of carriage and insurance** a) Contract of carriage The buyer has no obligation to the seller to make a contract of carriage. b) Contract of insurance The buyer has no obligation to the seller to make a contract of insurance. However, the buyer must provide the seller, upon request, with any information necessary for the seller to procure any additional insurance requested by the buyer as envisaged in A3 b).

When required by the buyer, the seller shall, subject to the buyer providing any necessary information requested by the seller, provide at the buyer's expense any additional cover, if procurable, such as cover as provided by clauses (A) or (B) of the Institute Cargo Clauses (LMA/IUA) or any similar clauses, and/or cover complying with the Institute War Clauses and/or Institute Strikes Clauses (LMA/IUA) or any similar clauses. The insurance shall cover, at a minimum, the price provided in the contract plus 10% (i.e., 110%) and shall be in the currency of the contract. The insurance shall cover the goods from the point of delivery set out in A4 and A5 to at least the named place of destination. The seller must provide the buyer with the insurance policy or other evidence of insurance cover. Moreover, the seller must provide the buyer, at the buyer's request, risk, and expense (if any), with information that the buyer needs to procure any additional insurance.	
A4 **Delivery** The seller must deliver the goods by handing them over to the carrier contracted in accordance with A3 on the agreed date or within the agreed period.	**B4** **Taking delivery** The buyer must take delivery of the goods when they have been delivered as envisaged in A4 and receive them from the carrier at the named place of destination.
A5 **Transfer of risks** The seller bears all risks of loss of or damage to the goods until they have been delivered in accordance with A4, with the exception of loss or damage in the circumstances described in B5.	**B5** **Transfer of risks** The buyer bears all risks of loss of or damage to the goods from the time they have been delivered as envisaged in A4. If the buyer fails to give notice in accordance with B7, it must bear all risks of loss of or damage to the goods from the agreed date or the expiry date of the agreed period for delivery, provided that the goods have been clearly identified as the contract goods.

A	B
A6 **Allocation of costs** The seller must pay a) all costs relating to the goods until they have been delivered in accordance with A4, other than those payable by the buyer as envisaged in B6; b) the freight and all other costs resulting from A3 a), including the costs of loading the goods and any charges for unloading at the place of destination that were for the seller's account under the contract of carriage; c) the costs of insurance resulting from A3 b); and d) where applicable, the costs of customs formalities necessary for export, as well as all duties, taxes and other charges payable upon export, and the costs for their transport through any country that were for the seller's account under the contract of carriage.	**B6** **Allocation of costs** The buyer must, subject to the provisions of A3 a), pay a) all costs relating to the goods from the time they have been delivered as envisaged in A4, except, where applicable, the costs of customs formalities necessary for export, as well as all duties, taxes and other charges payable upon export as referred to in A6 d); b) all costs and charges relating to the goods while in transit until their arrival at the agreed place of destination, unless such costs and charges were for the seller's account under the contract of carriage; c) unloading costs, unless such costs were for the seller's account under the contract of carriage; d) any additional costs incurred if it fails to give notice in accordance with B7, from the agreed date or the expiry date of the agreed period for dispatch, provided that the goods have been clearly identified as the contract goods; e) where applicable, all duties, taxes and other charges as well as the costs of carrying out customs formalities payable upon import of the goods and the costs for their transport through any country, unless included within the cost of the contract of carriage; and f) the costs of any additional insurance procured at the buyer's request under A3 and B3.
A7 **Notices to the buyer** The seller must notify the buyer that the goods have been delivered in accordance with A4. The seller must give the buyer any notice needed in order to allow the buyer to take measures that are normally necessary to enable the buyer to take the goods.	**B7** **Notices to the seller** The buyer must, whenever it is entitled to determine the time for dispatching the goods and/or the named place of destination or the point of receiving the goods within that place, give the seller sufficient notice thereof.
A8 **Delivery document** If customary or at the buyer's request, the seller must provide the buyer, at the seller's expense, with the usual transport	**B8** **Proof of delivery** The buyer must accept the transport document provided as envisaged in A8 if it is in conformity with the contract.

document[s] for the transport contracted in accordance with A3. This transport document must cover the contract goods and be dated within the period agreed for shipment. If agreed or customary, the document must also enable the buyer to claim the goods from the carrier at the named place of destination and enable the buyer to sell the goods in transit by the transfer of the document to a subsequent buyer or by notification to the carrier. When such a transport document is issued in negotiable form and in several originals, a full set of originals must be presented to the buyer.	
A9 **Checking – packaging – marking** The seller must pay the costs of those checking operations (such as checking quality, measuring, weighing, counting) that are necessary for the purpose of delivering the goods in accordance with A4 as well as the costs of any pre-shipment inspection mandated by the authority of the country of export. The seller must, at its own expense, package the goods, unless it is usual for the particular trade to transport the type of goods sold unpackaged. The seller may package the goods in the manner appropriate for their transport, unless the buyer has notified the seller of specific packaging requirements before the contract of sale is concluded. Packaging is to be marked appropriately.	**B9** **Inspection of goods** The buyer must pay the costs of any mandatory pre-shipment inspection, except when such inspection is mandated by the authorities of the country of export.
A10 **Assistance with information and related costs** The seller must, where applicable, in a timely manner, provide to or render assistance in obtaining for the buyer, at the buyer's request, risk and expense, any documents and information, including security-related information, that the buyer needs for the import of the goods and/or for their transport to the final destination. The seller must reimburse the buyer for all costs and charges incurred by the buyer in providing or rendering assistance in obtaining documents and information as	**B10** **Assistance with information and related costs** The buyer must, in a timely manner, advise the seller of any security information requirements so that the seller may comply with A10. The buyer must reimburse the seller for all costs and charges incurred by the seller in providing or rendering assistance in obtaining documents and information as envisaged in A10. The buyer must, where applicable, in a timely manner, provide to or render

envisaged in B10.	assistance in obtaining for the seller, at the seller's request, risk and expense, any documents and information, including security-related information, that the seller needs for the transport and export of the goods and for their transport through any country.

DELIVERED AT TERMINAL

DAT (insert named terminal at port or place of destination) Incoterms® 2010

GUIDANCE NOTE

This rule may be used irrespective of the mode of transport selected and may also be used where more than one mode of transport is employed.

"Delivered at Terminal" means that the seller delivers when the goods, once unloaded from the arriving means of transport, are placed at the disposal of the buyer at a named terminal at the named port or place of destination. "Terminal" includes any place, whether covered or not, such as a quay, warehouse, container yard or road, rail or air cargo terminal. The seller bears all risks involved in bringing the goods to and unloading them at the terminal at the named port or place of destination.

The parties are well advised to specify as clearly as possible the terminal and, if possible, a specific point within the terminal at the agreed port or place of destination, as the risks to that point are for the account of the seller. The seller is advised to procure a contract of carriage that matches this choice precisely.

Moreover, if the parties intend the seller to bear the risks and costs involved in transporting and handling the goods from the terminal to another place, then the DAP or DDP rules should be used.

DAT requires the seller to clear the goods for export, where applicable. However, the seller has no obligation to clear the goods for import, pay any import duty or carry out any import customs formalities.

[DRAWING FOR DAT TO COME]

A THE SELLER'S OBLIGATIONS	B THE BUYER'S OBLIGATIONS
A1 **General obligations of the seller** The seller must provide the goods and the commercial invoice in conformity with the contract of sale and any other evidence of conformity that may be required by the contract. Any document referred to in A1-A10 may be an equivalent electronic record or procedure if agreed between the parties or customary.	**B1** **General obligations of the buyer** The buyer must pay the price of the goods as provided in the contract of sale. Any document referred to in B1-B10 may be an equivalent electronic record or procedure if agreed between the parties or customary.
A2 **Licences, authorizations, security clearances and other formalities** Where applicable, the seller must obtain, at its own risk and expense, any export licence and other official authorization and carry out all customs formalities necessary for the export of the goods and for their transport through any country prior to delivery.	**B2** **Licences, authorizations, security clearances and other formalities** Where applicable, the buyer must obtain, at its own risk and expense, any import licence or other official authorization and carry out all customs formalities for the import of the goods.
A3 **Contracts of carriage and insurance** a) Contract of carriage The seller must contract at its own expense for the carriage of the goods to the named terminal at the agreed port or place of destination. If a specific terminal is not agreed or is not determined by practice, the seller may select the terminal at the agreed port or place of destination that best suits its purpose. b) Contract of insurance The seller has no obligation to the buyer to make a contract of insurance. However, the seller must provide the buyer, at the buyer's request, risk, and expense (if any), with information that the buyer needs for obtaining insurance.	**B3** **Contracts of carriage and insurance** a) Contract of carriage The buyer has no obligation to the seller to make a contract of carriage. b) Contract of insurance The buyer has no obligation to the seller to make a contract of insurance. However, the buyer must provide the seller, upon request, with the necessary information for obtaining insurance.
A4 **Delivery** The seller must unload the goods from the arriving means of transport and must then deliver them by placing them at the disposal of the buyer at the named terminal referred to in A3 a) at the port or place of	**B4** **Taking delivery** The buyer must take delivery of the goods when they have been delivered as envisaged in A4.

destination on the agreed date or within the agreed period.	
A5 **Transfer of risks** The seller bears all risks of loss of or damage to the goods until they have been delivered in accordance with A4 with the exception of loss or damage in the circumstances described in B5.	**B5** **Transfer of risks** The buyer bears all risks of loss of or damage to the goods from the time they have been delivered as envisaged in A4. If a) the buyer fails to fulfil its obligations in accordance with B2, then it bears all resulting risks of loss of or damage to the goods; or b) the buyer fails to give notice in accordance with B7, then it bears all risks of loss of or damage to the goods from the agreed date or the expiry date of the agreed period for delivery, provided that the goods have been clearly identified as the contract goods.
A6 **Allocation of costs** The seller must pay a) in addition to costs resulting from A3 a), all costs relating to the goods until they have been delivered in accordance with A4, other than those payable by the buyer as envisaged in B6; and b) where applicable, the costs of customs formalities necessary for export as well as all duties, taxes and other charges payable upon export and the costs for their transport through any country, prior to delivery in accordance with A4.	**B6** **Allocation of costs** The buyer must pay a) all costs relating to the goods from the time they have been delivered as envisaged in A4; b) any additional costs incurred by the seller if the buyer fails to fulfil its obligations in accordance with B2, or to give notice in accordance with B7, provided that the goods have been clearly identified as the contract goods; and c) where applicable, the costs of customs formalities as well as all duties, taxes and other charges payable upon import of the goods.
A7 **Notices to the buyer** The seller must give the buyer any notice needed in order to allow the buyer to take measures that are normally necessary to enable the buyer to take delivery of the goods.	**B7** **Notices to the seller** The buyer must, whenever it is entitled to determine the time within an agreed period and/or the point of taking delivery at the named terminal, give the seller sufficient notice thereof.
A8 **Delivery document** The seller must provide the buyer, at the	**B8** **Proof of delivery** The buyer must accept the delivery

seller's expense, with a document enabling the buyer to take delivery of the goods as envisaged in A4/B4.	document provided as envisaged in A8.
A9 **Checking – packaging – marking** The seller must pay the costs of those checking operations (such as checking quality, measuring, weighing, counting) that are necessary for the purpose of delivering the goods in accordance with A4, as well as the costs of any pre-shipment inspection mandated by the authority of the country of export. The seller must, at its own expense, package the goods, unless it is usual for the particular trade to transport the type of goods sold unpackaged. The seller may package the goods in the manner appropriate for their transport, unless the buyer has notified the seller of specific packaging requirements before the contract of sale is concluded. Packaging is to be marked appropriately.	**B9** **Inspection of goods** The buyer must pay the costs of any mandatory pre-shipment inspection, except when such inspection is mandated by the authorities of the country of export.
A10 **Assistance with information and related costs** The seller must, where applicable, in a timely manner, provide to or render assistance in obtaining for the buyer, at the buyer's request, risk and expense, any documents and information, including security-related information, that the buyer needs for the import of the goods and/or for their transport to the final destination. The seller must reimburse the buyer for all costs and charges incurred by the buyer in providing or rendering assistance in obtaining documents and information as envisaged in B10.	**B10** **Assistance with information and related costs** The buyer must, in a timely manner, advise the seller of any security information requirements so that the seller may comply with A10. The buyer must reimburse the seller for all costs and charges incurred by the seller in providing or rendering assistance in obtaining documents and information as envisaged in A10. The buyer must, where applicable, in a timely manner, provide to or render assistance in obtaining for the seller, at the seller's request, risk and expense, any documents and information, including security-related information, that the seller needs for the transport and export of the goods and for their transport through any country.

DELIVERED AT PLACE

DAP (insert named place of destination) Incoterms® 2010

GUIDANCE NOTE

This rule may be used irrespective of the mode of transport selected and may also be used where more than one mode of transport is employed.

"Delivered at Place" means that the seller delivers when the goods are placed at the disposal of the buyer on the arriving means of transport ready for unloading at the named place of destination. The seller bears all risks involved in bringing the goods to the named place.

The parties are well advised to specify as clearly as possible the point within the agreed place of destination, as the risks to that point are for the account of the seller. The seller is advised to procure contracts of carriage that match this choice precisely. If the seller incurs costs under its contract of carriage related to unloading at the place of destination, the seller is not entitled to recover such costs from the buyer unless otherwise agreed between the parties.

DAP requires the seller to clear the goods for export, where applicable. However, the seller has no obligation to clear the goods for import, pay any import duty or carry out any import customs formalities.
If the parties wish the seller to clear the goods for import, pay any import duty and carry out any import customs formalities, the DDP term should be used.

[DRAWING FOR DAP TO COME]

A THE SELLER'S OBLIGATIONS	B THE BUYER'S OBLIGATIONS
A1 **General obligations of the seller** The seller must provide the goods and the commercial invoice in conformity with the contract of sale and any other evidence of conformity that may be required by the contract. Any document referred to in A1-A10 may be an equivalent electronic record or procedure if agreed between the parties or customary.	**B1** **General obligations of the buyer** The buyer must pay the price of the goods as provided in the contract of sale. Any document referred to in B1-B10 may be an equivalent electronic record or procedure if agreed between the parties or customary.
A2 **Licences, authorizations, security clearances and other formalities** Where applicable, the seller must obtain, at its own risk and expense, any export licence and other official authorization and carry out all customs formalities necessary for the export of the goods and for their transport through any country prior to delivery.	**B2** **Licences, authorizations, security clearances and other formalities** Where applicable, the buyer must obtain, at its own risk and expense, any import licence or other official authorization and carry out all customs formalities for the import of the goods.
A3 **Contracts of carriage and insurance** a) Contract of carriage The seller must contract at its own expense for the carriage of the goods to the named place of destination or to the agreed point, if any, at the named place of destination. If a specific point is not agreed or is not determined by practice, the seller may select the point at the named place of destination that best suits its purpose. b) Contract of insurance The seller has no obligation to the buyer to make a contract of insurance. However, the seller must provide the buyer, at the buyer's request, risk, and expense (if any), with information that the buyer needs for obtaining insurance.	**B3** **Contracts of carriage and insurance** a) Contract of carriage The buyer has no obligation to the seller to make a contract of carriage. b) Contract of insurance The buyer has no obligation to the seller to make a contract of insurance. However, the buyer must provide the seller, upon request, with the necessary information for obtaining insurance.
A4 **Delivery** The seller must deliver the goods by placing them at the disposal of the buyer on the arriving means of transport ready for unloading at the agreed point, if any, at the named place of destination on the agreed date or within the agreed period.	**B4** **Taking delivery** The buyer must take delivery of the goods when they have been delivered as envisaged in A4.

A5 **Transfer of risks** The seller bears all risks of loss of or damage to the goods until they have been delivered in accordance with A4, with the exception of loss or damage in the circumstances described in B5.	**B5** **Transfer of risks** The buyer bears all risks of loss of or damage to the goods from the time they have been delivered as envisaged in A4. If a) the buyer fails to fulfil its obligations in accordance with B2, then it bears all resulting risks of loss of or damage to the goods; or b) the buyer fails to give notice in accordance with B7, then it bears all risks of loss of or damage to the goods from the agreed date or the expiry date of the agreed period for delivery, provided that the goods have been clearly identified as the contract goods.
A6 **Allocation of costs** The seller must pay a) in addition to costs resulting from A3 a), all costs relating to the goods until they have been delivered in accordance with A4, other than those payable by the buyer as envisaged in B6; b) any charges for unloading at the place of destination that were for the seller's account under the contract of carriage; and c) where applicable, the costs of customs formalities necessary for export as well as all duties, taxes and other charges payable upon export and the costs for their transport through any country, prior to delivery in accordance with A4.	**B6** **Allocation of costs** The buyer must pay a) all costs relating to the goods from the time they have been delivered as envisaged in A4; b) all costs of unloading necessary to take delivery of the goods from the arriving means of transport at the named place of destination, unless such costs were for the seller's account under the contract of carriage; c) any additional costs incurred by the seller if the buyer fails to fulfil its obligations in accordance with B2 or to give notice in accordance with B7, provided that the goods have been clearly identified as the contract goods; and d) where applicable, the costs of customs formalities, as well as all duties, taxes and other charges payable upon import of the goods.
A7 **Notices to the buyer** The seller must give the buyer any notice needed in order to allow the buyer to take measures that are normally necessary to enable the buyer to take delivery of the goods.	**B7** **Notices to the seller** The buyer must, whenever it is entitled to determine the time within an agreed period and/or the point of taking delivery within the named place of destination, give the seller sufficient notice thereof.

A8	B8
Delivery document The seller must provide the buyer, at the seller's expense, with a document enabling the buyer to take delivery of the goods as envisaged in A4/B4.	**Proof of delivery** The buyer must accept the delivery document provided as envisaged in A8.
A9	**B9**
Checking – packaging – marking The seller must pay the costs of those checking operations (such as checking quality, measuring, weighing, counting) that are necessary for the purpose of delivering the goods in accordance with A4, as well as the costs of any pre-shipment inspection mandated by the authority of the country of export. The seller must, at its own expense, package the goods, unless it is usual for the particular trade to transport the type of goods sold unpackaged. The seller may package the goods in the manner appropriate for their transport, unless the buyer has notified the seller of specific packaging requirements before the contract of sale is concluded. Packaging is to be marked appropriately.	**Inspection of goods** The buyer must pay the costs of any mandatory pre-shipment inspection, except when such inspection is mandated by the authorities of the country of export.
A10	**B10**
Assistance with information and related costs The seller must, where applicable, in a timely manner, provide to or render assistance in obtaining for the buyer, at the buyer's request, risk and expense, any documents and information, including security-related information, that the buyer needs for the import of the goods and/or for their transport to the final destination. The seller must reimburse the buyer for all costs and charges incurred by the buyer in providing or rendering assistance in obtaining documents and information as envisaged in B10.	**Assistance with information and related costs** The buyer must, in a timely manner, advise the seller of any security information requirements so that the seller may comply with A10. The buyer must reimburse the seller for all costs and charges incurred by the seller in providing or rendering assistance in obtaining documents and information as envisaged in A10. The buyer must, where applicable, in a timely manner, provide to or render assistance in obtaining for the seller, at the seller's request, risk and expense, any documents and information, including security-related information, that the seller needs for the transport and export of the goods and for their transport through any country.

DELIVERED DUTY PAID

DDP (insert named place of destination) Incoterms® 2010

GUIDANCE NOTE

This rule may be used irrespective of the mode of transport selected and may also be used where more than one mode of transport is employed.

"Delivered Duty Paid" means that the seller delivers the goods when the goods are placed at the disposal of the buyer, cleared for import on the arriving means of transport ready for unloading at the named place of destination. The seller bears all the costs and risks involved in bringing the goods to the place of destination and has an obligation to clear the goods not only for export but also for import, to pay any duty for both export and import and to carry out all customs formalities.

DDP represents the maximum obligation for the seller.

The parties are well advised to specify as clearly as possible the point within the agreed place of destination, as the costs and risks to that point are for the account of the seller. The seller is advised to procure contracts of carriage that match this choice precisely. If the seller incurs costs under its contract of carriage related to unloading at the place of destination, the seller is not entitled to recover such costs from the buyer unless otherwise agreed between the parties.

The parties are well advised not to use DDP if the seller is unable directly or indirectly to obtain import clearance.

If the parties wish the buyer to bear all risks and costs of import clearance, the DAP rule should be used.

Any VAT or other taxes payable upon import are for the seller's account unless expressly agreed otherwise in the sales contract.

[DRAWING FOR DDP TO COME]

A THE SELLER'S OBLIGATIONS	B THE BUYER'S OBLIGATIONS
A1 **General obligations of the seller** The seller must provide the goods and the commercial invoice in conformity with the contract of sale and any other evidence of conformity that may be required by the contract. Any document referred to in A1-A10 may be an equivalent electronic record or procedure if agreed between the parties or customary.	**B1** **General obligations of the buyer** The buyer must pay the price of the goods as provided in the contract of sale. Any document referred to in B1-B10 may be an equivalent electronic record or procedure if agreed between the parties or customary.
A2 **Licences, authorizations, security clearances and other formalities** Where applicable, the seller must obtain, at its own risk and expense, any export and import licence and other official authorization and carry out all customs formalities necessary for the export of the goods, for their transport through any country and for their import.	**B2** **Licences, authorizations, security clearances and other formalities** Where applicable, the buyer must provide assistance to the seller, at the seller's request, risk and expense, in obtaining any import licence or other official authorization for the import of the goods.
A3 **Contracts of carriage and insurance** a) Contract of carriage The seller must contract at its own expense for the carriage of the goods to the named place of destination or to the agreed point, if any, at the named place of destination. If a specific point is not agreed or is not determined by practice, the seller may select the point at the named place of destination that best suits its purpose. b) Contract of insurance The seller has no obligation to the buyer to make a contract of insurance. However, the seller must provide the buyer, at the buyer's request, risk, and expense (if any), with information that the buyer needs for obtaining insurance.	**B3** **Contracts of carriage and insurance** a) Contract of carriage The buyer has no obligation to the seller to make a contract of carriage. b) Contract of insurance The buyer has no obligation to the seller to make a contract of insurance. However, the buyer must provide the seller, upon request, with the necessary information for obtaining insurance.
A4 **Delivery** The seller must deliver the goods by placing them at the disposal of the buyer on the arriving means of transport ready for unloading at the agreed point, if any, at the named place of destination on the agreed date or within the agreed period.	**B4** **Taking delivery** The buyer must take delivery of the goods when they have been delivered as envisaged in A4.

A5	B5
Transfer of risks The seller bears all risks of loss of or damage to the goods until they have been delivered in accordance with A4, with the exception of loss or damage in the circumstances described in B5.	**Transfer of risks** The buyer bears all risks of loss of or damage to the goods from the time they have been delivered as envisaged in A4. If a) the buyer fails to fulfil its obligations in accordance with B2, then it bears all resulting risks of loss of or damage to the goods; or b) the buyer fails to give notice in accordance with B7, then it bears all risks of loss of or damage to the goods from the agreed date or the expiry date of the agreed period for delivery, provided that the goods have been clearly identified as the contract goods.
A6	**B6**
Allocation of costs The seller must pay a) in addition to costs resulting from A3 a), all costs relating to the goods until they have been delivered in accordance with A4, other than those payable by the buyer as envisaged in B6; b) any charges for unloading at the place of destination that were for the seller's account under the contract of carriage; and c) where applicable, the costs of customs formalities necessary for export and import as well as all duties, taxes and other charges payable upon export and import of the goods, and the costs for their transport through any country prior to delivery in accordance with A4.	**Allocation of costs** The buyer must pay a) all costs relating to the goods from the time they have been delivered as envisaged in A4; b) all costs of unloading necessary to take delivery of the goods from the arriving means of transport at the named place of destination, unless such costs were for the seller's account under the contract of carriage; and c) any additional costs incurred if it fails to fulfil its obligations in accordance with B2 or to give notice in accordance with B7, provided that the goods have been clearly identified as the contract goods.
A7	**B7**
Notices to the buyer The seller must give the buyer any notice needed in order to allow the buyer to take measures that are normally necessary to enable the buyer to take delivery of the goods.	**Notices to the seller** The buyer must, whenever it is entitled to determine the time within an agreed period and/or the point of taking delivery within the named place of destination, give the seller sufficient notice thereof.
A8	**B8**
Delivery document The seller must provide the buyer, at the seller's expense, with a document enabling the buyer to take delivery of the goods as envisaged in A4/B4.	**Proof of delivery** The buyer must accept the proof of delivery provided as envisaged in A8.

A9 **Checking – packaging – marking** The seller must pay the costs of those checking operations (such as checking quality, measuring, weighing, counting) that are necessary for the purpose of delivering the goods in accordance with A4, as well as the costs of any pre-shipment inspection mandated by the authority of the country of export or of import. The seller must, at its own expense, package the goods, unless it is usual for the particular trade to transport the type of goods sold unpackaged. The seller may package the goods in the manner appropriate for their transport, unless the buyer has notified the seller of specific packaging requirements before the contract of sale is concluded. Packaging is to be marked appropriately.	**B9** **Inspection of goods** The buyer has no obligation to the seller to pay the costs of any mandatory pre-shipment inspection mandated by the authority of the country of export or of import.
A10 **Assistance with information and related costs** The seller must, where applicable, in a timely manner, provide to or render assistance in obtaining for the buyer, at the buyer's request, risk and expense, any documents and information, including security-related information, that the buyer needs for the transport of the goods to the final destination, where applicable, from the named place of destination. The seller must reimburse the buyer for all costs and charges incurred by the buyer in providing or rendering assistance in obtaining documents and information as envisaged in B10.	**B10** **Assistance with information and related costs** The buyer must, in a timely manner, advise the seller of any security information requirements so that the seller may comply with A10. The buyer must reimburse the seller for all costs and charges incurred by the seller in providing or rendering assistance in obtaining documents and information as envisaged in A10. The buyer must, where applicable, in a timely manner, provide to or render assistance in obtaining for the seller, at the seller's request, risk and expense, any documents and information, including security-related information, that the seller needs for the transport, export and import of the goods and for their transport through any country.

RULES FOR SEA AND INLAND WATERWAY TRANSPORT

FREE ALONGSIDE SHIP

FAS (insert named port of shipment) Incoterms® 2010

GUIDANCE NOTE

This rule is to be used only for sea or inland waterway transport.

"Free Alongside Ship" means that the seller delivers when the goods are placed alongside the vessel (e.g., on a quay or a barge) nominated by the buyer at the named port of shipment. The risk of loss of or damage to the goods passes when the goods are alongside the ship, and the buyer bears all costs from that moment onwards.

The parties are well advised to specify as clearly as possible the loading point at the named port of shipment, as the costs and risks to that point are for the account of the seller and these costs and associated handling charges may vary according to the practice of the port.

The seller is required either to deliver the goods alongside the ship or to procure goods already so delivered for shipment. The reference to "procure" here caters for multiple sales down a chain ('string sales'), particularly common in the commodity trades.

Where the goods are in containers, it is typical for the seller to hand the goods over to the carrier at a terminal and not alongside the vessel. In such situations, the FAS rule would be inappropriate, and the FCA rule should be used.

FAS requires the seller to clear the goods for export, where applicable. However, the seller has no obligation to clear the goods for import, pay any import duty or carry out any import customs formalities.

[DRAWING FOR FAS TO COME]

A THE SELLER'S OBLIGATIONS	B THE BUYER'S OBLIGATIONS
A1 **General obligations of the seller** The seller must provide the goods and the commercial invoice in conformity with the contract of sale and any other evidence of conformity that may be required by the contract. Any document referred to in A1-A10 may be an equivalent electronic record or procedure if agreed between the parties or customary.	**B1** **General obligations of the buyer** The buyer must pay the price of the goods as provided in the contract of sale. Any document referred to in B1-B10 may be an equivalent electronic record or procedure if agreed between the parties or customary.
A2 **Licences, authorizations, security clearances and other formalities** Where applicable, the seller must obtain, at its own risk and expense, any export licence or other official authorization and carry out all customs formalities necessary for the export of the goods.	**B2** **Licences, authorizations, security clearances and other formalities** Where applicable, it is up to the buyer to obtain, at its own risk and expense, any import licence or other official authorization and carry out all customs formalities for the import of the goods and for their transport through any country.
A3 **Contracts of carriage and insurance** a) Contract of carriage The seller has no obligation to the buyer to make a contract of carriage. However, if requested by the buyer or if it is commercial practice and the buyer does not give an instruction to the contrary in due time, the seller may contract for carriage on usual terms at the buyer's risk and expense. In either case, the seller may decline to make the contract of carriage and, if it does, shall promptly notify the buyer. b) Contract of insurance The seller has no obligation to the buyer to make a contract of insurance. However, the seller must provide the buyer, at the buyer's request, risk, and expense (if any), with information that the buyer needs for obtaining insurance.	**B3** **Contracts of carriage and insurance** a) Contract of carriage The buyer must contract, at its own expense for the carriage of the goods from the named port of shipment, except where the contract of carriage is made by the seller as provided for in A3 a). b) Contract of insurance The buyer has no obligation to the seller to make a contract of insurance.
A4 **Delivery** The seller must deliver the goods either by placing them alongside the ship nominated by the buyer at the loading point, if any, indicated by the buyer at the named port of shipment or by procuring the goods so	**B4** **Taking delivery** The buyer must take delivery of the goods when they have been delivered as envisaged in A4.

delivered. In either case, the seller must deliver the goods on the agreed date or within the agreed period and in the manner customary at the port. If no specific loading point has been indicated by the buyer, the seller may select the point within the named port of shipment that best suits its purpose. If the parties have agreed that delivery should take place within a period, the buyer has the option to choose the date within that period.	
A5 **Transfer of risks** The seller bears all risks of loss of or damage to the goods until they have been delivered in accordance with A4 with the exception of loss or damage in the circumstances described in B5.	**B5** **Transfer of risks** The buyer bears all risks of loss of or damage to the goods from the time they have been delivered as envisaged in A4. If a) the buyer fails to give notice in accordance with B7; or b) the vessel nominated by the buyer fails to arrive on time, or fails to take the goods or closes for cargo earlier than the time notified in accordance with B7; then the buyer bears all risks of loss of or damage to the goods from the agreed date or the expiry date of the agreed period for delivery, provided that the goods have been clearly identified as the contract goods.
A6 **Allocation of costs** The seller must pay a) all costs relating to the goods until they have been delivered in accordance with A4, other than those payable by the buyer as envisaged in B6; and b) where applicable, the costs of customs formalities necessary for export as well as all duties, taxes and other charges payable upon export.	**B6** **Allocation of costs** The buyer must pay a) all costs relating to the goods from the time they have been delivered as envisaged in A4, except, where applicable, the costs of customs formalities necessary for export as well as all duties, taxes, and other charges payable upon export as referred to in A6 b); b) any additional costs incurred, either because: (i) the buyer has failed to give appropriate notice in accordance with B7, or (ii) the vessel nominated by the buyer fails to arrive on time, is unable to take the goods, or closes for cargo earlier than the time notified in

	accordance with B7, provided that the goods have been clearly identified as the contract goods; and c) where applicable, all duties, taxes and other charges, as well as the costs of carrying out customs formalities payable upon import of the goods and the costs for their transport through any country.
A7 **Notices to the buyer** The seller must, at the buyer's risk and expense, give the buyer sufficient notice either that the goods have been delivered in accordance with A4 or that the vessel has failed to take the goods within the time agreed.	**B7** **Notices to the seller** The buyer must give the seller sufficient notice of the vessel name, loading point and, where necessary, the selected delivery time within the agreed period.
A8 **Delivery document** The seller must provide the buyer, at the seller's expense, with the usual proof that the goods have been delivered in accordance with A4. Unless such proof is a transport document, the seller must provide assistance to the buyer, at the buyer's request, risk and expense, in obtaining a transport document.	**B8** **Proof of delivery** The buyer must accept the proof of delivery provided as envisaged in A8.
A9 **Checking – packaging – marking** The seller must pay the costs of those checking operations (such as checking quality, measuring, weighing, counting) that are necessary for the purpose of delivering the goods in accordance with A4, as well as the costs of any pre-shipment inspection mandated by the authority of the country of export. The seller must, at its own expense, package the goods, unless it is usual for the particular trade to transport the type of goods sold unpackaged. The seller may package the goods in the manner appropriate for their transport, unless the buyer has notified the seller of specific packaging requirements before the contract of sale is concluded. Packaging is to be marked appropriately.	**B9** **Inspection of goods** The buyer must pay the costs of any mandatory pre-shipment inspection, except when such inspection is mandated by the authorities of the country of export.

A10	B10
Assistance with information and related costs The seller must, where applicable, in a timely manner, provide to or render assistance in obtaining for the buyer, at the buyer's request, risk and expense, any documents and information, including security-related information, that the buyer needs for the import of the goods and/or for their transport to the final destination. The seller must reimburse the buyer for all costs and charges incurred by the buyer in providing or rendering assistance in obtaining documents and information as envisaged in B10.	**Assistance with information and related costs** The buyer must, in a timely manner, advise the seller of any security information requirements so that the seller may comply with A10. The buyer must reimburse the seller for all costs and charges incurred by the seller in providing or rendering assistance in obtaining documents and information as envisaged in A10. The buyer must, where applicable, in a timely manner, provide to or render assistance in obtaining for the seller, at the seller's request, risk and expense, any documents and information, including security-related information, that the seller needs for the transport and export of the goods and for their transport through any country.

FREE ON BOARD

FOB (insert named port of shipment) Incoterms® 2010

GUIDANCE NOTE

This rule is to be used only for sea or inland waterway transport.

"Free on Board" means that the seller delivers the goods on board the vessel nominated by the buyer at the named port of shipment or procures the goods already so delivered. The risk of loss of or damage to the goods passes when the goods are on board the vessel, and the buyer bears all costs from that moment onwards.

The seller is required either to deliver the goods on board the vessel or to procure goods already so delivered for shipment. The reference to "procure" here caters for multiple sales down a chain ('string sales'), particularly common in the commodity trades.

FOB may not be appropriate where goods are handed over to the carrier before they are on board the vessel, for example goods in containers, which are typically delivered at a terminal. In such situations, the FCA rule should be used.

FOB requires the seller to clear the goods for export, where applicable. However, the seller has no obligation to clear the goods for import, pay any import duty or carry out any import customs formalities.

[DRAWING FOR FOB TO COME]

A THE SELLER'S OBLIGATIONS	B THE BUYER'S OBLIGATIONS
A1 **General obligations of the seller** The seller must provide the goods and the commercial invoice in conformity with the contract of sale and any other evidence of conformity that may be required by the contract. Any document referred to in A1-A10 may be an equivalent electronic record or procedure if agreed between the parties or customary.	**B1** **General obligations of the buyer** The buyer must pay the price of the goods as provided in the contract of sale. Any document referred to in B1-B10 may be an equivalent electronic record or procedure if agreed between the parties or customary.
A2 **Licences, authorizations, security clearances and other formalities** Where applicable, the seller must obtain, at its own risk and expense, any export licence or other official authorization and carry out all customs formalities necessary for the export of the goods.	**B2** **Licences, authorizations, security clearances and other formalities** Where applicable, it is up to the buyer to obtain, at its own risk and expense, any import licence or other official authorization and carry out all customs formalities for the import of the goods and for their transport through any country.
A3 **Contracts of carriage and insurance** a) Contract of carriage The seller has no obligation to the buyer to make a contract of carriage. However, if requested by the buyer or if it is commercial practice and the buyer does not give an instruction to the contrary in due time, the seller may contract for carriage on usual terms at the buyer's risk and expense. In either case, the seller may decline to make the contract of carriage and, if it does, shall promptly notify the buyer. b) Contract of insurance The seller has no obligation to the buyer to make a contract of insurance. However, the seller must provide the buyer, at the buyer's request, risk, and expense (if any), with information that the buyer needs for obtaining insurance.	**B3** **Contracts of carriage and insurance** a) Contract of carriage The buyer must contract, at its own expense for the carriage of the goods from the named port of shipment, except where the contract of carriage is made by the seller as provided for in A3 a). b) Contract of insurance The buyer has no obligation to the seller to make a contract of insurance.
A4 **Delivery** The seller must deliver the goods either by placing them on board the vessel nominated by the buyer at the loading point, if any, indicated by the buyer at the named port of shipment or by procuring the goods so delivered. In either case, the seller	**B4** **Taking delivery** The buyer must take delivery of the goods when they have been delivered as envisaged in A4.

must deliver the goods on the agreed date or within the agreed period and in the manner customary at the port. If no specific loading point has been indicated by the buyer, the seller may select the point within the named port of shipment that best suits its purpose.	
A5 **Transfer of risks** The seller bears all risks of loss of or damage to the goods until they have been delivered in accordance with A4 with the exception of loss or damage in the circumstances described in B5.	**B5** **Transfer of risks** The buyer bears all risks of loss of or damage to the goods from the time they have been delivered as envisaged in A4. If a) the buyer fails to notify the nomination of a vessel in accordance with B7; or b) the vessel nominated by the buyer fails to arrive on time to enable the seller to comply with A4, is unable to take the goods, or closes for cargo earlier than the time notified in accordance with B7; then, the buyer bears all risks of loss of or damage to the goods: (i) from the agreed date, or in the absence of an agreed date, (ii) from the date notified by the seller under A7 within the agreed period, or, if no such date has been notified, (iii) from the expiry date of any agreed period for delivery, provided that the goods have been clearly identified as the contract goods.
A6 **Allocation of costs** The seller must pay a) all costs relating to the goods until they have been delivered in accordance with A4, other than those payable by the buyer as envisaged in B6; and b) where applicable, the costs of customs formalities necessary for export, as well as all duties, taxes and other charges payable upon export.	**B6** **Allocation of costs** The buyer must pay a) all costs relating to the goods from the time they have been delivered as envisaged in A4, except, where applicable, the costs of customs formalities necessary for export, as well as all duties, taxes and other charges payable upon export as referred to in A6 b); b) any additional costs incurred, either because:

	(i) the buyer has failed to give appropriate notice in accordance with B7, or (ii) the vessel nominated by the buyer fails to arrive on time, is unable to take the goods, or closes for cargo earlier than the time notified in accordance with B7, provided that the goods have been clearly identified as the contract goods; and c) where applicable, all duties, taxes and other charges, as well as the costs of carrying out customs formalities payable upon import of the goods and the costs for their transport through any country.
A7 **Notices to the buyer** The seller must, at the buyer's risk and expense, give the buyer sufficient notice either that the goods have been delivered in accordance with A4 or that the vessel has failed to take the goods within the time agreed.	**B7** **Notices to the seller** The buyer must give the seller sufficient notice of the vessel name, loading point and, where necessary, the selected delivery time within the agreed period.
A8 **Delivery document** The seller must provide the buyer, at the seller's expense, with the usual proof that the goods have been delivered in accordance with A4. Unless such proof is a transport document, the seller must provide assistance to the buyer, at the buyer's request, risk and expense, in obtaining a transport document.	**B8** **Proof of delivery** The buyer must accept the proof of delivery provided as envisaged in A8.
A9 **Checking – packaging – marking** The seller must pay the costs of those checking operations (such as checking quality, measuring, weighing, counting) that are necessary for the purpose of delivering the goods in accordance with A4, as well as the costs of any pre-shipment inspection mandated by the authority of the country of export. The seller must, at its own expense, package the goods, unless it is usual for the particular trade to transport the type of goods sold unpackaged. The seller may package the goods in the manner	**B9** **Inspection of goods** The buyer must pay the costs of any mandatory pre-shipment inspection, except when such inspection is mandated by the authorities of the country of export.

appropriate for their transport, unless the buyer has notified the seller of specific packaging requirements before the contract of sale is concluded. Packaging is to be marked appropriately.	
A10 **Assistance with information and related costs** The seller must, where applicable, in a timely manner, provide to or render assistance in obtaining for the buyer, at the buyer's request, risk and expense, any documents and information, including security-related information, that the buyer needs for the import of the goods and/or for their transport to the final destination. The seller must reimburse the buyer for all costs and charges incurred by the buyer in providing or rendering assistance in obtaining documents and information as envisaged in B10.	**B10** **Assistance with information and related costs** The buyer must, in a timely manner, advise the seller of any security information requirements so that the seller may comply with A10. The buyer must reimburse the seller for all costs and charges incurred by the seller in providing or rendering assistance in obtaining documents and information as envisaged in A10. buyer must, where applicable, in a timely manner, provide to or render assistance in obtaining for the seller, at the seller's request, risk and expense, any documents and information, including security-related information, that the seller needs for the transport and export of the goods and for their transport through any country.

COST AND FREIGHT

CFR (insert named port of destination) Incoterms® 2010

GUIDANCE NOTE

This rule is to be used only for sea or inland waterway transport.

"Cost and Freight" means that the seller delivers the goods on board the vessel or procures the goods already so delivered. The risk of loss of or damage to the goods passes when the goods are on board the vessel. The seller must contract for and pay the costs and freight necessary to bring the goods to the named port of destination.

When CPT, CIP, CFR or CIF are used, the seller fulfils its obligation to deliver when it hands the goods over to the carrier in the manner specified in the chosen rule and not when the goods reach the place of destination.

This rule has two critical points, because risk passes and costs are transferred at different places. While the contract will always specify a destination port, it might not specify the port of shipment, which is where risk passes to the buyer. If the shipment port is of particular interest to the buyer, the parties are well advised to identify it as precisely as possible in the contract.

The parties are well advised to identify as precisely as possible the point at the agreed port of destination, as the costs to that point are for the account of the seller. The seller is advised to procure contracts of carriage that match this choice precisely. If the seller incurs costs under its contract of carriage related to unloading at the specified point at the port of destination, the seller is not entitled to recover such costs from the buyer unless otherwise agreed between the parties.

The seller is required either to deliver the goods on board the vessel or to procure goods already so delivered for shipment to the destination. In addition, the seller is required either to make a contract of carriage or to procure such a contract. The reference to "procure" here caters for multiple sales down a chain ('string sales'), particularly common in the commodity trades.

CFR may not be appropriate where goods are handed over to the carrier before they are on board the vessel, for example goods in containers, which are typically delivered at a terminal. In such circumstances, the CPT rule should be used.

CFR requires the seller to clear the goods for export, where applicable. However, the seller has no obligation to clear the goods for import, pay any import duty or carry out any import customs formalities.

[DRAWING FOR CFR TO COME]

A THE SELLER'S OBLIGATIONS	B THE BUYER'S OBLIGATIONS
A1 **General obligations of the seller** The seller must provide the goods and the commercial invoice in conformity with the contract of sale and any other evidence of conformity that may be required by the contract. Any document referred to in A1-A10 may be an equivalent electronic record or procedure if agreed between the parties or customary.	**B1** **General obligations of the buyer** The buyer must pay the price of the goods as provided in the contract of sale. Any document referred to in B1-B10 may be an equivalent electronic record or procedure if agreed between the parties or customary.
A2 **Licences, authorizations, security clearances and other formalities** Where applicable, the seller must obtain, at its own risk and expense, any export licence or other official authorization and carry out all customs formalities necessary for the export of the goods.	**B2** **Licences, authorizations, security clearances and other formalities** Where applicable, it is up to the buyer to obtain, at its own risk and expense, any import licence or other official authorization and carry out all customs formalities for the import of the goods and for their transport through any country.
A3 **Contracts of carriage and insurance** a) Contract of carriage The seller must contract or procure a contract for the carriage of the goods from the agreed point of delivery, if any, at the place of delivery to the named port of destination or, if agreed, any point at that port. The contract of carriage must be made on usual terms at the seller's expense and provide for carriage by the usual route in a vessel of the type normally used for the transport of the type of goods sold. b) Contract of insurance The seller has no obligation to the buyer to make a contract of insurance. However, the seller must provide the buyer, at the buyer's request, risk, and expense (if any), with information that the buyer needs for obtaining insurance.	**B3** **Contracts of carriage and insurance** a) Contract of carriage The buyer has no obligation to the seller to make a contract of carriage. b) Contract of insurance The buyer has no obligation to the seller to make a contract of insurance. However, the buyer must provide the seller, upon request, with the necessary information for obtaining insurance.
A4 **Delivery** The seller must deliver the goods either by placing them on board the vessel or by procuring the goods so delivered. In either case, the seller must deliver the goods on the agreed date or within the agreed period and in the manner customary at the port.	**B4** **Taking delivery** The buyer must take delivery of the goods when they have been delivered as envisaged in A4 and receive them from the carrier at the named port of destination.

A5 **Transfer of risks** The seller bears all risks of loss of or damage to the goods until they have been delivered in accordance with A4, with the exception of loss or damage in the circumstances described in B5.	**B5** **Transfer of risks** The buyer bears all risks of loss of or damage to the goods from the time they have been delivered as envisaged in A4. If the buyer fails to give notice in accordance with B7, then it bears all risks of loss of or damage to the goods from the agreed date or the expiry date of the agreed period for shipment, provided that the goods have been clearly identified as the contract goods.
A6 **Allocation of costs** The seller must pay a) all costs relating to the goods until they have been delivered in accordance with A4, other than those payable by the buyer as envisaged in B6; b) the freight and all other costs resulting from A3 a), including the costs of loading the goods on board and any charges for unloading at the agreed port of discharge that were for the seller's account under the contract of carriage; and c) where applicable, the costs of customs formalities necessary for export as well as all duties, taxes and other charges payable upon export, and the costs for their transport through any country that were for the seller's account under the contract of carriage.	**B6** **Allocation of costs** The buyer must, subject to the provisions of A3 a), pay a) all costs relating to the goods from the time they have been delivered as envisaged in A4, except, where applicable, the costs of customs formalities necessary for export as well as all duties, taxes, and other charges payable upon export as referred to in A6 c); b) all costs and charges relating to the goods while in transit until their arrival at the port of destination, unless such costs and charges were for the seller's account under the contract of carriage; c) unloading costs including lighterage and wharfage charges, unless such costs and charges were for the seller's account under the contract of carriage; d) any additional costs incurred if it fails to give notice in accordance with B7, from the agreed date or the expiry date of the agreed period for shipment, provided that the goods have been clearly identified as the contract goods; and e) where applicable, all duties, taxes and other charges, as well as the costs of carrying out customs formalities payable upon import of the goods and the costs for their transport through any country unless included within the cost of the contract of carriage.
A7 **Notices to the buyer** The seller must give the buyer any notice needed in order to allow the buyer to take measures that are normally necessary to enable the buyer to take the goods.	**B7** **Notices to the seller** The buyer must, whenever it is entitled to determine the time for shipping the goods and/or the point of receiving the goods within the named port of destination, give the seller sufficient notice thereof.

A8	B8
Delivery document The seller must, at its own expense, provide the buyer without delay with the usual transport document for the agreed port of destination. This transport document must cover the contract goods, be dated within the period agreed for shipment, enable the buyer to claim the goods from the carrier at the port of destination and, unless otherwise agreed, enable the buyer to sell the goods in transit by the transfer of the document to a subsequent buyer or by notification to the carrier. When such a transport document is issued in negotiable form and in several originals, a full set of originals must be presented to the buyer.	**Proof of delivery** The buyer must accept the transport document provided as envisaged in A8 if it is in conformity with the contract.
A9	**B9**
Checking – packaging – marking The seller must pay the costs of those checking operations (such as checking quality, measuring, weighing, counting) that are necessary for the purpose of delivering the goods in accordance with A4, as well as the costs of any pre-shipment inspection mandated by the authority of the country of export. The seller must, at its own expense, package the goods, unless it is usual for the particular trade to transport the type of goods sold unpackaged. The seller may package the goods in the manner appropriate for their transport, unless the buyer has notified the seller of specific packaging requirements before the contract of sale is concluded. Packaging is to be marked appropriately.	**Inspection of goods** The buyer must pay the costs of any mandatory pre-shipment inspection, except when such inspection is mandated by the authorities of the country of export.
A10	**B10**
Assistance with information and related costs The seller must, where applicable, in a timely manner, provide to or render assistance in obtaining for the buyer, at the buyer's request, risk and expense, any documents and information, including security-related information, that the buyer needs for the import of the goods and/or for their transport to the final destination. The seller must reimburse the buyer for all costs and charges incurred by the buyer in providing or rendering assistance in	**Assistance with information and related costs** The buyer must, in a timely manner, advise the seller of any security information requirements so that the seller may comply with A10. The buyer must reimburse the seller for all costs and charges incurred by the seller in providing or rendering assistance in obtaining documents and information as envisaged in A10.

obtaining documents and information as envisaged in B10.	The buyer must, where applicable, in a timely manner, provide to or render assistance in obtaining for the seller, at the seller's request, risk and expense, any documents and information, including security-related information, that the seller needs for the transport and export of the goods and for their transport through any country.

COST INSURANCE AND FREIGHT

CIF (insert named port of destination) Incoterms® 2010

GUIDANCE NOTE

This rule is to be used only for sea or inland waterway transport.

"Cost, Insurance and Freight" means that the seller delivers the goods on board the vessel or procures the goods already so delivered. The risk of loss of or damage to the goods passes when the goods are on board the vessel. The seller must contract for and pay the costs and freight necessary to bring the goods to the named port of destination.

The seller also contracts for insurance cover against the buyer's risk of loss of or damage to the goods during the carriage. The buyer should note that under CIF the seller is required to obtain insurance only on minimum cover. Should the buyer wish to have more insurance protection, it will need either to agree as much expressly with the seller or to make its own extra insurance arrangements.

When CPT, CIP, CFR, or CIF are used, the seller fulfils its obligation to deliver when it hands the goods over to the carrier in the manner specified in the chosen rule and not when the goods reach the place of destination.

This rule has two critical points, because risk passes and costs are transferred at different places. While the contract will always specify a destination port, it might not specify the port of shipment, which is where risk passes to the buyer. If the shipment port is of particular interest to the buyer, the parties are well advised to identify it as precisely as possible in the contract.

The parties are well advised to identify as precisely as possible the point at the agreed port of destination, as the costs to that point are for the account of the seller. The seller is advised to procure contracts of carriage that match this choice precisely. If the seller incurs costs under its contract of carriage related to unloading at the specified point at the port of destination, the seller is not entitled to recover such costs from the buyer unless otherwise agreed between the parties.

The seller is required either to deliver the goods on board the vessel or to procure goods already so delivered for shipment to the destination. In addition the seller is required either to make a contract of carriage or to procure such a contract. The reference to "procure" here caters for multiple sales down a chain ('string sales'), particularly common in the commodity trades.

CIF may not be appropriate where goods are handed over to the carrier before they are on board the vessel, for example goods in containers, which are typically delivered at a terminal. In such circumstances, the CIP rule should be used.

CIF requires the seller to clear the goods for export, where applicable. However, the seller has no obligation to clear the goods for import, pay any import duty or carry out any import customs formalities.

[DRAWING FOR CIF TO COME]

A THE SELLER'S OBLIGATIONS	B THE BUYER'S OBLIGATIONS
A1 **General obligations of the seller** The seller must provide the goods and the commercial invoice in conformity with the contract of sale and any other evidence of conformity that may be required by the contract. Any document referred to in A1-A10 may be an equivalent electronic record or procedure if agreed between the parties or customary.	**B1** **General obligations of the buyer** The buyer must pay the price of the goods as provided in the contract of sale. Any document referred to in B1-B10 may be an equivalent electronic record or procedure if agreed between the parties or customary.
A2 **Licences, authorizations, security clearances and other formalities** Where applicable, the seller must obtain, at its own risk and expense, any export licence or other official authorization and carry out all customs formalities necessary for the export of the goods.	**B2** **Licences, authorizations, security clearances and other formalities** Where applicable, it is up to the buyer to obtain, at its own risk and expense, any import licence or other official authorization and carry out all customs formalities for the import of the goods and for their transport through any country.
A3 **Contracts of carriage and insurance** a) Contract of carriage The seller must contract or procure a contract for the carriage of the goods from the agreed point of delivery, if any, at the place of delivery to the named port of destination or, if agreed, any point at that port. The contract of carriage must be made on usual terms at the seller's expense and provide for carriage by the usual route in a vessel of the type normally used for the transport of the type of goods sold. b) Contract of insurance The seller must obtain, at its own expense, cargo insurance complying at least with the minimum cover provided by Clauses (C) of the Institute Cargo Clauses (LMA/IUA) or any similar clauses. The insurance shall be contracted with underwriters or an insurance company of good repute and entitle the buyer, or any other person having an insurable interest in the goods, to claim directly from the insurer. When required by the buyer, the seller shall, subject to the buyer providing any necessary information requested by the seller, provide at the buyer's expense any	**B3** **Contracts of carriage and insurance** a) Contract of carriage The buyer has no obligation to the seller to make a contract of carriage. b) Contract of insurance The buyer has no obligation to the seller to make a contract of insurance. However, the buyer must provide the seller, upon request, with any information necessary for the seller to procure any additional insurance requested by the buyer as envisaged in A3 b).

additional cover, if procurable, such as cover as provided by clauses (A) or (B) of the Institute Cargo Clauses (LMA/IUA) or any similar clauses and/or cover complying with the Institute War Clauses and/or Institute Strikes Clauses (LMA/IUA) or any similar clauses. The insurance shall cover, at a minimum, the price provided in the contract plus 10% (i.e., 110%) and shall be in the currency of the contract. The insurance shall cover the goods from the point of delivery set out in A4 and A5 to at least the named port of destination. The seller must provide the buyer with the insurance policy or other evidence of insurance cover. Moreover, the seller must provide the buyer, at the buyer's request, risk, and expense (if any), with information that the buyer needs to procure any additional insurance.	
A4 **Delivery** The seller must deliver the goods either by placing them on board the vessel or by procuring the goods so delivered. In either case, the seller must deliver the goods on the agreed date or within the agreed period and in the manner customary at the port.	**B4** **Taking delivery** The buyer must take delivery of the goods when they have been delivered as envisaged in A4 and receive them from the carrier at the named port of destination.
A5 **Transfer of risks** The seller bears all risks of loss of or damage to the goods until they have been delivered in accordance with A4, with the exception of loss or damage in the circumstances described in B5.	**B5** **Transfer of risks** The buyer bears all risks of loss of or damage to the goods from the time they have been delivered as envisaged in A4. If the buyer fails to give notice in accordance with B7, then it bears all risks of loss of or damage to the goods from the agreed date or the expiry date of the agreed period for shipment, provided that the goods have been clearly identified as the contract goods.
A6 **Allocation of costs** The seller must pay a) all costs relating to the goods until they have been delivered in accordance with A4, other than those payable by the buyer as envisaged in B6;	**B6** **Allocation of costs** The buyer must, subject to the provisions of A3 a), pay a) all costs relating to the goods from the time they have been delivered as envisaged in A4, except, where applicable, the costs

	b) the freight and all other costs resulting from A3 a), including the costs of loading the goods on board and any charges for unloading at the agreed port of discharge that were for the seller's account under the contract of carriage; c) the costs of insurance resulting from A3 b); and d) where applicable, the costs of customs formalities necessary for export, as well as all duties, taxes and other charges payable upon export, and the costs for their transport through any country that were for the seller's account under the contract of carriage.		of customs formalities necessary for export, as well as all duties, taxes and other charges payable upon export as referred to in A6 d); b) all costs and charges relating to the goods while in transit until their arrival at the port of destination, unless such costs and charges were for the seller's account under the contract of carriage; c) unloading costs including lighterage and wharfage charges, unless such costs and charges were for the seller's account under the contract of carriage; d) any additional costs incurred if it fails to give notice in accordance with B7, from the agreed date or the expiry date of the agreed period for shipment, provided that the goods have been clearly identified as the contract goods; e) where applicable, all duties, taxes and other charges, as well as the costs of carrying out customs formalities payable upon import of the goods and the costs for their transport through any country, unless included within the cost of the contract of carriage; and f) the costs of any additional insurance procured at the buyer's request under A3 b) and B3 b).
A7	**Notices to the buyer** The seller must give the buyer any notice needed in order to allow the buyer to take measures that are normally necessary to enable the buyer to take the goods.	**B7**	**Notices to the seller** The buyer must, whenever it is entitled to determine the time for shipping the goods and/or the point of receiving the goods within the named port of destination, give the seller sufficient notice thereof.
A8	**Delivery document** The seller must, at its own expense provide the buyer without delay with the usual transport document for the agreed port of destination. This transport document must cover the contract goods, be dated within the period agreed for shipment, enable the buyer to claim the goods from the carrier at the port of destination and, unless otherwise agreed, enable the buyer to sell the goods in transit by the transfer of the document to a subsequent buyer or by notification to the	**B8**	**Proof of delivery** The buyer must accept the transport document provided as envisaged in A8 if it is in conformity with the contract.

carrier. When such a transport document is issued in negotiable form and in several originals, a full set of originals must be presented to the buyer.	
A9 **Checking – packaging – marking** The seller must pay the costs of those checking operations (such as checking quality, measuring, weighing, counting) that are necessary for the purpose of delivering the goods in accordance with A4, as well as the costs of any pre-shipment inspection mandated by the authority of the country of export. The seller must, at its own expense, package the goods, unless it is usual for the particular trade to transport the type of goods sold unpackaged. The seller may package the goods in the manner appropriate for their transport, unless the buyer has notified the seller of specific packaging requirements before the contract of sale is concluded. Packaging is to be marked appropriately.	**B9** **Inspection of goods** The buyer must pay the costs of any mandatory pre-shipment inspection, except when such inspection is mandated by the authorities of the country of export.
A10 **Assistance with information and related costs** The seller must, where applicable, in a timely manner, provide to or render assistance in obtaining for the buyer, at the buyer's request, risk and expense, any documents and information, including security-related information, that the buyer needs for the import of the goods and/or for their transport to the final destination. The seller must reimburse the buyer for all costs and charges incurred by the buyer in providing or rendering assistance in obtaining documents and information as envisaged in B10.	**B10** **Assistance with information and related costs** The buyer must, in a timely manner, advise the seller of any security information requirements so that the seller may comply with A10. The buyer must reimburse the seller for all costs and charges incurred by the seller in providing or rendering assistance in obtaining documents and information as envisaged in A10. The buyer must, where applicable, in a timely manner, provide to or render assistance in obtaining for the seller, at the seller's request, risk and expense, any documents and information, including security-related information, that the seller needs for the transport and export of the goods and for their transport through any country.

Uniform Customs and Practice for Documentary Credits (2007 Revision)

[Article 1] Application of UCP

The Uniform Customs and Practice for Documentary Credits, 2007 Revision, ICC. Publication no. 600 ("UCP") are rules that apply to any documentary credit ("credit") (including, to the extent to which they may be applicable, any standby letter of credit) when the text of the credit expressly indicates that it is subject to these rules. They are binding on all parties thereto unless expressly modified or excluded by the credit.

[Article 2] Definitions

For the purpose of these rules:

Advising bank means the bank that advises the credit at the request of the issuing bank.

Applicant means the party on whose request the credit is issued.

Banking day means a day on which a bank is regularly open at the place at which an act subject to these rules is to be performed.

Beneficiary means the party in whose favour a credit is issued.

Complying presentation means a presentation that is in accordance with the terms and conditions of the credit, the applicable provisions of these rules and international standard banking practice.

Confirmation means a definite undertaking of the confirming bank, in addition to that of the issuing bank, to honour or negotiate a complying presentation.

Confirming bank means the bank that adds its confirmation to a credit upon the issuing banks authorization or request.

Credit means any arrangement, however named or described, that is irrevocable and thereby constitutes a definite undertaking of the issuing bank to honour a complying presentation. Honour means:

i. to pay at sight if the credit is available by sight payment.

ii. to incur a deferred payment undertaking and pay at maturity if the credit is available by deferred payment.

iii. to accept a bill of exchange ("draft") drawn by the beneficiary and pay at maturity if the credit is available by acceptance.

Issuing bank means the bank that issues a credit at the request of an applicant or on its own behalf.

Negotiation means the purchase by the nominated bank of drafts (drawn on a bank other than the nominated bank) and/or documents under a complying presentation, by either advancing or agreeing to advance funds to the beneficiary on or before the banking day on which reimbursement is due to the nominated bank.

Nominated bank means the bank with wich the credit is available or, any bank in the case of a credit available with any bank.

Presentation means either the act of delivering documents under a credit to the issuing bank or nominated bank or the documents so delivered.

Presenter means a beneficiary, bank or other party that makes a presentation.

[Article 3] Interpretations

For the purpose of these rules:

Where applicable, words in the singular include the plural and in the plural include the singular.

A credit is irrevocable even if there is no indication to that effect.

A document may be signed by handwriting, facsimile signature, perforated signature, stamp, symbol or any other mechanical or electronic method of authentication.

A requirement for a document to be legalized, visaed or certified will be satisfied by any signature, mark, stamp or label on the document which appears to satisfy that requirement.

Branches of a bank in different countries are considered to be separate banks. Terms such as "first class", "well known", "qualified", "independent", "official", "competent" or "local" used to describe the issuer of a document allow any issuer except the beneficiary to issue that document.

Unless required to be used in a document, words such as "prompt", "immediately" or "as soon as possible" will be disregarded.

The expression "on or about" or similar will be interpreted as a stipulation that an event is to occur during a period five calendar days before until five calendar days after the specified date, both start and end dates included.

The words "to", "until", "till", “from” and “between” when used to determine a period of shipment include the date or dates mentioned, and the words “before” and "after" exclude the date mentioned.

The words "from" and "after" when used to determine a maturity date exclude the date mentioned.

The terms "first half" and "second half" of a month shall be construed respectively as the 1st to the 15th, and the 16th to the last day of the month, all dates inclusive.

The terms "beginning", "middle" and "end" of a month shall be construed respectively as the 1st to the 10th, the 11th to the 20th and the 21st to the last day of the month, all dates inclusive.

[Article 4] Credits v. Contracts

a. A credit by its nature is a separate transaction from the sale or other contract on which it may be based. Banks are in no way concerned with or bound by such contract, even if any reference whatsoever to it is included in the credit. Consequently, the undertaking of a bank to honour, to negotiate or to fulfil any other obligation under the credit is not subject to claims or defences by the applicant resulting from its relationships with the issuing bank or the beneficiary. A beneficiary can in no case avail itself of the contractual relationships existing between banks or between the applicant and the issuing bank.

b. An issuing bank should discourage any attempt by the applicant to include, as an integral part of the credit, copies of the underlying contract, proforma invoice and the like.

[Article 5] Documents v. Goods, Services or Performance

Banks deal with documents and not with goods, services or performance to which the documents may relate.

[Article 6] Availability, Expiry Date and Place for Presentation

a. A credit must state the bank with which it is available or whether it is available with any bank. A credit available with a nominated bank is also available with the issuing bank.

b. A credit must state whether it is available by sight payment, deferred payment, acceptance or negotiation.

c. A credit must not be issued available by a draft drawn on the applicant.

d. i. A credit must stipulate an expiry date for presentation. An expiry date stipulated for honour or negotiation will be deemed to be an expiry date for presentation.

ii. The place of the bank with which the credit is available is the place for presentation. The place for presentation under a credit available with any bank is that of any bank. A place for presentation other than that of the issuing bank is in addition to the place of the issuing bank.

e. Except as provided in sub-article 29 (a), a presentation by or on behalf of the beneficiary must be made on or before the expiry date.

[Article 7] Issuing Bank Undertaking

a. Provided that the stipulated documents are presented to the nominated bank or to the issuing bank and that they constitute a complying presentation, the issuing bank must honour, if the credit is available by:

i. sight payment, deferred payment or acceptance with the issuing bank;
ii. sight payment with a nominated bank and the nominated bank does not pay;
iii. deferred payment with a nominated bank and the nominated bank does not incur its deferred payment undertaking or, having incurred its deferred payment undertaking, does not pay at maturity;
iv. acceptance with a nominated bank and the nominated bank does not accept a draft drawn on it or, having accepted a draft drawn on it, does not pay at maturity;
v. negotiation with a nominated bank and that nominated bank does not negotiate.

b. An issuing bank is irrevocably bound to honour as of the time it issues the credit.

c. An issuing bank undertakes to reimburse a nominated bank that has honoured or negotiated a complying presentation and forwarded the documents to the issuing bank. Reimbursement for the amount of the presentation under a credit available by acceptance or deferred payment is due at maturity, whether or not the nominated bank prepaid or purchased before maturity. An issuing bank's undertaking to reimburse a nominated bank is independent of the issuing banks undertaking to the beneficiary.

[Article 8] Confirming Bank Undertaking

a. Provided that the stipulated documents are presented to the confirming bank or to any other nominated bank and that they constitute a complying presentation, the confirming bank must:

i. honour, if the credit is available by

a) sight payment, deferred payment or acceptance with the confirming bank;
b) sight payment with another nominated bank and that nominated bank does not pay;
c) deferred payment with another nominated bank and that nominated bank does not incur its deferred payment undertaking or, having incurred its deferred payment undertaking, does not pay at maturity;
d) acceptance with another nominated bank and that nominated bank does not accept a draft drawn on it or, having accepted a draft drawn on it, does not pay at maturity;
e) negotiation with another nominated bank and that nominated bank does not negotiate.

ii. negotiate, without recourse, if the credit is available by negotiation with the confirming bank.

b. A confirming bank is irrevocably bound to honour or negotiate as of the time it adds its confirmation to the credit.

c. A confirming bank undertakes to reimburse another nominated bank that has honoured or negotiated a complying presentation and forwarded the documents to the confirming bank. Reimbursement for the amount of the presentation under a credit available by acceptance or deferred payment is due at maturity, whether or not another nominated bank prepaid or purchased before maturity. A confirming bank's undertaking to reimburse another nominated bank is independent of the confirming banks undertaking to the beneficiary.

d. If a bank is authorized or requested by the issuing bank to confirm a credit but is not prepared to do so, it must inform the issuing bank without delay and may advise the credit without confirmation.

[Article 9] Advising of Credits and Amendments

a. A credit and any amendment may be advised to a beneficiary through an advising bank. An advising bank that is not a confirming bank advises the credit and any amendment without any undertaking to honour or negotiate.

b. By advising the credit or amendment, the advising bank signifies that it has satisfied itself as to the apparent authenticity of the credit or amendment and that the advice accurately reflects the terms and conditions of the credit or amendment received.

c. An advising bank may utilize the services of another bank ("second advising bank") to advise the credit and any amendment to the beneficiary. By advising the credit or amendment, the second advising bank signifies that it has satisfied itself as to the apparent authenticity of the advice it has received and that the advice accurately reflects the terms and conditions of the credit or amendment received.

d. A bank utilizing the services of an advising bank or second advising bank to advise a credit must use the same bank to advise any amendment thereto.

e. If a bank is requested to advise a credit or amendment but elects not to do so, it must so inform, without delay, the bank from which the credit, amendment or advice has been received.

f. If a bank is requested to advise a credit or amendment but cannot satisfy itself as to the apparent authenticity of the credit or amendment or advice, it must so inform, without delay, the bank from which the instructions appear to have been received. If the advising bank or second advising bank elects nonetheless to advise the credit or amendment, it must inform the beneficiary or second advising bank that it has not been able to satisfy itself as to the apparent authenticity of the credit or amendment or advice.

[Article 10] Amendments

a. Except as otherwise provided by article 38, a credit can neither be amended nor cancelled without the agreement of the issuing bank, the confirming bank, if any, and the beneficiary.

b. An issuing bank is irrevocably bound by an amendment as of the time it issues the amendment. A confirming bank may extend its confirmation to an amendment and will be irrevocably bound as of the time it advises the amendment. A confirming bank may, however, choose to advise an amendment without extending its confirmation and, if so, it must inform the issuing bank without delay and inform the beneficiary in its advice.

c. The terms and conditions of the original credit (or a credit incorporating previously accepted amendments) will remain in force for the beneficiary until the beneficiary communicates its acceptance of the amendment to the bank that advised such amendment. The beneficiary should give notification of acceptance or rejection of an amendment. If the beneficiary fails to give such notification, a presentation that complies with the credit and to any not yet accepted amendment will be deemed to be notification of acceptance by the beneficiary of such amendment. As of that moment the credit will be amended.

d. A bank that advises an amendment must inform the bank from which it received the amendment of any notification of acceptance or rejection.

e. Partial acceptance of an amendment is not allowed and will be deemed to be rejection of the amendment.

f. A provision in an amendment to the effect that the amendment shall enter into force unless rejected by the beneficiary within a certain time shall be disregarded.

[Article 11] Teletransmitted and Pre-Advised Credits and Amendments

a. An authenticated teletransmission of a credit or amendment will be deemed to be the operative credit or amendment, and any subsequent mail confirmation shall be disregarded. If a teletransmission states "full details to follow" (or words of similar effect), or states that the mail confirmation is to be the operative credit or amendment, then the teletransmission will not be deemed to be the operative credit or amendment. The issuing bank must then issue the operative credit or amendment without delay, in terms net inconsistent with the teletransmission.

b. A preliminary advice of the issuance of a credit or amendment (pre-advice) shall only be sent if the issuing bank is prepared to issue the operative credit or amendment. An issuing bank that sends a pre-advice is irrevocably committed to issue the operative credit or amendment, without delay, in terms not inconsistent with the pre-advice.

[Article 12] Nomination

a. Unless a nominated bank is the confirming bank, an authorization to honour or negotiate does not impose any obligation on that nominated bank to honour or negotiate, except when expressly agreed to by that nominated bank and so communicated to the beneficiary.

b. By nominating a bank to accept a draft or incur a deferred payment undertaking, an issuing bank authorizes that nominated bank to prepay or purchase a draft accepted or a deferred payment undertaking incurred by that nominated bank.

c. Receipt or examination and forwarding of documents by a nominated bank that is not a confirming bank does not make that nominated bank liable to honour or negotiate, nor does it constitute honour or negotiation.

[Article 13] Bank-to-Bank Reimbursement Arrangements

a. If a credit states that reimbursement is to be obtained by a nominated bank ("claiming bank") claiming on another party ("reimbursing bank"), the credit must state if the reimbursement is subject to the ICC rules for bank-to-bank reimbursements in effect on the date of issuance of the credit.

b. If a credit does not state that reimbursement is subject to the ICC rules for bank-to-bank reimbursements, the following apply:

i. An issuing bank must provide a reimbursing bank with a reimbursement authorization that conforms with the availability stated in the credit. The reimbursement authorization should not be subject to an expiry date.

ii. A claiming bank shall not be required to supply a reimbursing bank with a certificate of compliance with the terms and conditions of the credit.

iii. An issuing bank will be responsible for any loss of interest, together with any expenses incurred, if reimbursement is not provided on first demand by a reimbursing bank in accordance with the terms and conditions of the credit.

iv. A reimbursing bank's charges are for the account of the issuing bank.
However, if the charges are for the account of the beneficiary, it is the responsibility of an issuing bank to so indicate in the credit and in the reimbursement authorization. If a reimbursing bank's charges are for the account of the beneficiary, they shall be deducted from the amount due to a claiming bank when reimbursement is made. If no reimbursement is made, the reimbursing bank's charges remain the obligation of the issuing bank.

c. An issuing bank is not relieved from any of its obligations to provide reimbursement if reimbursement is not made by a reimbursing bank on first demand.

[Article 14] Standard for Examination of Documents

a. A nominated bank acting on its nomination, a confirming bank, if any, and the issuing bank must examine the presentation to determine, on the basis of the documents alone, whether or not the documents appear on their face to constitute a complying presentation.

b. A nominated bank acting on its nomination, a confirming bank, if any, and the issuing bank shall each have a maximum of five banking days following the day of presentation to determine if a presentation is complying. This period curtailed or otherwise affected by the occurrence on or after the date of presentation of any expiry date or last day for presentation.

c. A presentation including one or more original transport documents subject to articles 19, 20, 21, 22, 23, 24 or 25 must be made by or on behalf of the beneficiary not later than 21 calendar days after the date of shipment as described in these rules, but in any event not later than the expiry date of the credit.

d. Data in a document, when read in context with the credit, the document itself and international standard banking practice, need not be identical to, but must not conflict with, data in that document any other stiputated document or the credit.

e. In documents other than the commercial invoice, the description of the goods, services or performance, if stated, may be in general terms not conflicting with their description in the credit.

f. If a credit requires presentation of a document other than a transport document, insurance document or commercial invoice, without stipulating by whom the document is to be issued or its data content, banks will accept the document as presented if its content appears to fulfil the function of the required document and otherwise complies with sub-article 14 (d).

g. A document presented but not required by the credit will be disregarded and may be returned to the presenter.

h. If a credit contains a condition without stipulating the document to indicate compliance with the condition, banks will deem such condition as not stated and will disregard it.

i. A document may be dated prior to the issuance date of the credit, but must not be dated later than its date of presentation.

j. When the addresses of the beneficiary and the applicant appear in any stipulated document need not be the same as those stated in the credit or in any other stipulated document, but must be within the same country as the respective addresses mentioned in the credit. However, when any address and contract details of the applicant appear as part of the consignee or notify party details on a transport document, subject to articles 19, 20, 21, 22, 23, 24, or 25 it must be as stated in the credit. Contact details (telefax, telephone, email and the like) stated as part of the beneficiarys and the applicants address will be disregarded.

k. The shipper or consignor of the goods indicated on any document need not be the beneficiary of the credit.

l. A transport document may be issued by a party other than the owner of a vessel or other means of transport provided that the transport document meets the requirements of articles 19, 20, 21, 23 or 24 of these rules.

[Article 15] Complying presentation

a. When an issuing bank determines that a presentation is complying, it must honour.

b. When a confirming bank determines that a presentation is complying, it must honour or negotiate and forward the documents to the issuing bank.

c. When a nominated bank determines that a presentation is complying and honours or negotiates, it must forward the documents to the confirming bank or issuing bank.

[Article 16] Discrepant Documents, Waiver and Notice

a. When a nominated bank acting on its nomination, a confirming bank, if any, or the issuing bank determine that a presentation does not comply, they may refuse to honour or negotiate.

b. When an issuing bank determines that a presentation does not comply, it may in its sole judgement approach the applicant for a waiver of the discrepancies. This does not, however, extend the period mentioned in sub-article 14 (b).

c. When a nominated bank acting on its nomination, a confirming bank, if any, or the issuing bank decide to refuse to honour or negotiate, they must give a single notice to that effect to the presenter.

The notice must state:

i. that the bank is refusing to honour or negotiate; and

ii. each discrepancy in respect of which the bank refuses to honour or negotiate; and

iii. a) that the bank is holding the documents pending further instructions from the presenter; or

b) that the issuing bank is holding the documents until it receives a waiver from the applicant and agrees to accept it, or receives further instructions from the presenter prior to agreeing to accept a waiver; or

c) that the bank is returning the documents; or

d) that the bank is acting in accordance with instructions previously received from the presenter.

d. The notice required in sub-article 16 (c) must be given by telecommunication or, if that is not possible, by other expeditious means no later than the close of the fifth banking day following the day of presentation.

e. A nominated bank acting on its nomination, a confirming bank, if any, or the issuing bank may, after providing notice required by sub-article 16 (c) (iii) (a) or (b), return the documents to the presenter at any time.

f. If an issuing bank or confirming bank fails to act in accordance with the provisions of this article, it shall be precluded from claiming that the documents do not constitute a complying presentation.

g. When an issuing bank refuses to honour or a confirming bank refuses to honour or negotiate and has given notice to that effect in accordance with this article, it shall then be entitled to claim a refund, with interest, of any reimbursement made.

[Article 17] Original Documents and Copies

a. At least one original of each document stipulated in the credit must be presented.

b. A bank shall treat as original any document bearing an apparently original signature, mark, stamp, or label of the issuer of the document, unless the document itself indicates that it is not original.

c. Unless a document indicates otherwise, a bank will also accept a document as original if it:

ⅰ. appears to be written, typed, perforated or stamped by the document issuers hand; or

ⅱ. appears to be on the document issuers original stationery; or

ⅲ. states that it is original, unless the statement appears not to apply to the document presented.

d. If a credit requires presentation of copies of documents, presentation of either originals or copies is permitted.

e. If a credit requires presentation of multiple documents by using terms such as "in duplicate", "in two fold" or "in two copies", this will be satisfied by the presentation of at least one original and the remaining number in copies, except when the document itself indicates otherwise.

[Article 18] Commercial Invoice

a. A commercial invoice:

ⅰ. must appear to have been issued by the beneficiary (except as provided in article 38)

ⅱ. must be made out in the name of the applicant (except as provided in sub-article 38 (g)

ⅲ. must be made out in the same currency as the credit; and

ⅳ. need not be signed.

b. A nominated bank acting on its nomination, a confirming bank, if any, or the issuing bank may accept a commercial invoice issued for an amount in excess of the amount permitted by the credit, and its decision will be binding upon all parties, provided the bank in question has not honoured or negotiated for an amount in excess of that permitted by the credit.

c. The description of the goods, services or performance in a commercial invoice must correspond with that appearing in the credit.

[Article 19] Transport Document Covering at Least Two Different Modes of Transport

a. A transport document covering at least two different modes of transport (multimodal or combined transport document), however named, must appear to

i. indicate the name of the carrier and be signed by

· the carrier or a named agent for or on behalf of the carrier, or

· the master or a named agent for or on behalf of the master.

Any signature of the carrier, master or agent must be identified as that of the carrier, master or agent.

Any signature by an agent must indicate whether the agent has signed for or on behalf of the carrier, or for or on behalf of the master.

ii. indicate that the goods have been dispatched, taken in charge or shipped on board by:

· pre-printed wording, or

· a stamp or notation indicating the date on which the goods have been dispatched, taken in charge or shipped on board.

The date of issuance of the transport document will be deemed to be the date of dispatch, taking in charge or shipped on board and the date of shipment, However, if transport document indicates, by stamp or notation, a date of dispatch, taking in charge or shipped on board, in which case this date will be deemed to be the date of shipment.

iii. indicate the place of dispatch, taking in charge or shipment and the place of final destination stated in the credit, even if:

· the transport document states, in addition, a different place of dispatch, taking in charge or shipment or place of final destination,

· the transport document contains the indication "intended" or similar qualification in relation to the vessel, or port of loading or port of discharge.

iv. be the sole original transport document or, if issued in more than one original, be the full set as indicated on the transport document.

v. contain terms and conditions of carriage or make reference to another source containing the terms and conditions of carriage (short form or blank back transport document). Contents of terms and conditions of carriage will not be examined.

vi. contain no indication that it is subject to a charter party.

b. For the purpose of this article, transhipment means unloading from one means of conveyance and reloading to another means of conveyance (whether or not in different modes of transport) during the carriage from the place of dispatch, taking in charge or shipment to the place of final destination stated in the credit.

c. i. A transport document may indicate that the goods will or may be transhipped provided that the entire carriage is covered by one and the same transport document.

ii. A transport document indicating that transhipment will or may take place is acceptable, even if the credit prohibits transhipment.

[Article 20] Bill of Lading

a. A bill of lading, however named, must appear to:

i. indicate the name of the carrier and be signed by:

· the carrier or a named agent for or on behalf of the carrier, or.

· the master or a named agent for or on behalf of the master.

Any signature by the carrier, master or agent must be identified as that of the carrier, master or agent.

Any signature by an agent must indicate whether the agent has signed for or on behalf of the carrier or for or on behalf of the master.

ii. indicate that the goods have been shipped on board a named vessel by:

· pre-printed wording, or

· an on board notation indicating the date on which the goods have been shipped on board.

The date of issuance of the bill of lading will be deemed to be the date of shipment unless the bill of lading contains an on board notation indicating the date of shipment, in which case the date stated in the on board notation will be deemed to be the date of shipment.

If the bill of lading contains the indication "intended vessel" or similar qualification in relation to the name of the vessel, an on board notation indicating the date of shipment and the name of the actual vessel is required.

iii. indicate shipment from the port of loading to the port of discharge stipulated in the credit.

If the bill of lading does not indicate the port of loading stated in the credit as the port of loading, or if it contains the indication "intended" or similar qualification in relation to the port of loading, an on board notation indicating the port of loading as stated in the credit, the date of shipment and the name of the vessel is required. This provision applies even when loading on board or shipment on a named vessel is indicated by pre-printed wording on the bill of lading.

iv. be the sole original bill of lading or, if issued in more than one original, be the full set as indicated on the bill of lading.

v. contain terms and conditions of carriage or make reference to another source containing the terms and conditions of carriage (short form or blank back bill of lading). Contents of terms and conditions of carriage will not be examined.

vi. contain no indication that it is subject to a charter party.

b. For the purpose of this article, transhipment means unloading from one vessel and reloading to another vessel during the carriage from the port of loading to the port of discharge stipulated in the credit.

c. i. A bill of lading may indicate that the goods will or may be transhipped provided that the entire carriage is covered by one and the same bill of lading.

ii. A bill of lading indicating that transhipment will or may take place is acceptable even if the credit prohibits transhipment if the goods have been shipped in a container, trailer or LASH barge as evidenced by the bill of lading.

d. Clauses in a bill of lading stating that the carrier reserves the right to tranship will be disregarded.

[Article 21] Non-Negotiable Sea Waybill

a. A non-negotiable sea waybill, however named, must appear to:

i. indicate the name of the carrier and be signed by:

· the carrier or a named agent for or on behalf of the carrier, or the master or

· a named agent for or on behalf of the master.

Any signature by the carrier, master or agent must be identified as that of the carrier, master or agent.

Any signature by an agent must indicate whether the agent has signed for or on behalf of the carrier or for or on behalf of the master.

ii. indicate that the goods have been shipped on board a named vessel at the port of loading stated in the credit by:

· pre-printed wording, or

· an on board notation indicating the date on which the goods have been shipped on board.

The date of issuance of the non-negotiable sea waybill will be deemed to be the date of shipment unless the non-negotiable sea waybill contains an on board notation indicating the date of shipment, in which case the date stated in the on

board notation will be deemed to be the date of shipment.
If the non-negotiable sea waybill contains the indication "intended vessel" or similar qualification in relation to the name of the vessel, an on board notation indicating the date of shipment and the name of the actual vessel is required.

iii. indicate shipment from the port of loading to the port of discharge stated in the credit.
If the non-negotiable sea waybill does not indicate the port of loading stated in the credit as the port of loading, or if it contains the indication "intended" or similar qualification in relation to the port of loading, an on board notation indicating the port of loading as stated in the credit, the date of shipment and the name of the vessel is required. This provision applies even if loading on board or shipment on a named vessel is indicated by pre-printed wording on the non-negotiable sea waybill.

iv. be the sole original non-negotiable sea waybill or, if issued in more than one original, be the full set as indicated on the non-negotiable sea waybill.

v. contain terms and conditions of carriage or make reference to another source containing the terms and conditions of carriage (short form or blank back non-negotiable sea waybill). Contents of terms and conditions of carriage will not be examined.

vi. contain no indication that it is subject to a charter party.

b. For the purpose of this article, transhipment means unloading from one vessel and reloading to another vessel during the carriage from the port of loading to the port of discharge stipulated in the credit.

c. i. a non-negotiable sea waybill may indicate that the goods will be transhipped provided that the entire carriage is covered by one and the same non-negotiable sea waybill.

ii. A non-negotiable sea waybill indicating that transshipment will or may take place is acceptable even if the credit prohibits transhipment, if the goods are shipped in a container, trailer or LASH barge as evidenced by the non-negotiable sea waybill.

d. Clauses in a non-negotiable sea waybill stating that the carrier reserves the right to tranship will be disregarded.

[Article 22] Charter Party Bill of Lading

a. A charter party bill of lading, however named, which contains an indication that it is subject to a charter party, must appear to:

i. be signed by:

· the master or a named agent for or on behalf of the master, or

· the owner or a named agent for or on behalf of the owner, or
· the charterer or a named agent for or on behalf of a charterer.

Any signature by the master, owner, charterer or agent must be identified as that of the master, owner, charterer or agent.

Any signature by an agent must indicate whether the agent has signed for or on behalf of the master, owner or charterer.

An agent signing for or on behalf of the owner or a charterer must indicate the name of the owner or a charterer.

ii. indicate that the goods have been shipped on board a named vessel by:
· pre-printed wording, or
· an on board notation indicating the date on which the goods have been shipped on board.

The date of issuance of the charter party bill of lading will be deemed to be the date of shipment unless the charter party bill of lading contains an on board notation, indicating the date of shipment in which case the date stated in the on board notation will be deemed to be the date of shipment.

iii. indicate shipment from the port of loading to the port of discharge stated in the credit. The port of discharge may also be shown as a range of ports or a geographical area, as stated in the credit.

iv. be the sole original charter party bill of lading or, if issued in more than one original, be the full set as indicated on the charter party bill of lading.

b. A bank will not examine charter party contracts even if they are required to be presented by the terms of the credit.

[Article 23] Air Transport Document

a. An air transport document, however named, must appear to

i. indicate the name of the carrier and be signed by
· the carrier, or
· a named agent for or on behalf of the carrier.

Any signature by the carrier or agent must be identified as that of the carrier or agent.

Any signature by an agent must indicate whether the agent has signed for or on behalf of the carrier.

ii. indicate that the goods have been accepted for carriage.

iii. indicate the date of issuance. This date will be deemed to be the date of shipment unless the air transport document contains a specific notation of the actual date of shipment, in which case this date will be deemed to be the date of shipment.

Any other information appearing on the air transport document relative to the flight number and date will not be considered in determining the date of shipment.

ⅳ. indicate the airport of departure and the airport of destination stipulated in the credit.

ⅴ. be the original for consignor or shipper, even if the credit stipulates a full set of originals.

ⅵ. contain terms and conditions of carriage or make reference to another source containing the terms and conditions of carriage. Contents of terms and conditions of carriage will not be examined.

b. For the purpose of this article, transhipment means unloading from one aircraft and reloading to another aircraft during the carriage from the airport of departure to the airport of destination stipulated in the credit.

c. ⅰ. An air transport document may indicate that the goods will or may be transhipped, provided that the entire carriage is covered by one and the same air transport document.

ⅱ. An air transport document indicating that transhipment will or may ta place is acceptable, even if the credit prohibits transhipment.

[Article 24] Road, Rail or Inland Waterway Transport Documents

a. A road, rail or inland waterway transport document, however named, must appear to:

i. indicate the name of the carrier and

- be signed by the carrier or a named agent for or on behalf of the carrier, or
- indicate receipt of the goods by signature, stamp or notation by the carrier or a named agent for or on behalf of the carrier.

Any signature, stamp or notation of receipt of the goods by the carrier or agent must be identified as that of the carrier or agent.

Any signature, stamp or notation of receipt of the goods by the agent must indicate that the agent has signed or acted for or on behalf of the carrier.

If a rail transport document does not identify the carrier, any signature or stamp of the railway company will be accepted as evidence of the document being signed by the carrier.

ⅱ. indicate the date of shipment or the date the goods have been received for shipment, dispatch, carriage at the place stated in the credit. Unless the transport document contains a dated reception stamp, an indication of the date of receipt or a date of shipment, the date of issuance of the transport document will be deemed to be the date of shipment.

ⅲ. indicate the place of shipment and the place of destination stated in the credit.

b. i . A road transport document must appear to be the original for consignor or shipper or bear no marking indicating for whom the document has been prepared.

ii. A rail transport document marked "duplicate" will be accepted as an original.

iii. A rail or inland waterway transport document will be accepted as an original whether marked as an original or not.

c. In the absence of an indication on the transport document as to the number of originals issued, the number presented will be deemed to constitute a full set.

d. For the purpose of this article, transhipment means unloading from one means of conveyance and reloading to another means of conveyance, in different modes of transport, during the carriage from the place of shipment to the place of destination stipulated in the credit.

e. i . A road, rail or inland waterway transport document may indicate that the goods will or may be transhipped provided that the entire carriage is covered by one and the same transport document.

ii. A road, rail or inland waterway transport document indicating that transhipment will or may take place is acceptable, even if the credit prohibits transhipment.

[Article 25] Courier Receipt, Post Receipt or Certificate of Posting

a. A courier receipt, however named, evidencing receipt of goods for transport, must appear to:

i . indicate the name of the courier service and be stamped, signed states by the named courier service at the place from which the credit stipulates the goods are to be shipped and

ii. indicate a date of pick-up or of receipt or wording to this effect. This date will be deemed to be the date of shipment.

b. A requirement that courier charges are be paid or prepaid, may be satisfied by a transport document issued by a courier service evidencing that courier charges are for the account of a party other than the consignee.

c. A post receipt or certificate of posting, however named, evidencing receipt of goods for transport, must appear to be stamped, signed and dated in the place from which the credit states the goods are to be shipped. This date will be deemed to be the date of shipment.

[Article 26] "On Deck", "Shipper's Load and Count" Said by Shipper to Contain and Charges Additional to Freight

a. A transport document must not indicate that the goods are or will be loaded on deck.

A clause on a transport document stating that the goods may be loaded on deck is acceptable.

b. A transport document bearing a clause such as "shipper's load and count" and "said by shipper to contain" is acceptable.

c. A transport document may bear a reference, by stamp or otherwise, to charges additional to the freight.

[Article 27] Clean Transport Document

A bank will only accept a clean transport document. A clean transport document is one bearing no clause or notation expressly declaring a defective condition of the goods or their packaging. The word "clean" need not appear on a transport document even if a credit has a requirement for that transport document to be "clean on board".

[Article 28] Insurance Document and Coverage

a. An insurance document, such as an insurance policy, an insurance certificate or a declaration under an open cover, must appear to be issued and signed by an insurance company, an underwriter or their agents or proxies.

b. Where the insurance document indicates it has been issued in more than one original, all originals must be presented.

c. Cover notes will not be accepted.

d. An insurance policy is acceptable in lieu of an insurance certificate or a declaration under an open cover.

e. The date of the insurance document must be no later than the date of shipment, unless it appears from the insurance document that the cover is effective no later than the date of shipment.

f. i. The insurance document must indicate the amount of insurance coverage and be in the same currency as the credit.

ii. A requirement in the credit for insurance coverage to be for a percentage of the value of the goods, of the invoice value or similar is deemed to be the minimum amount of coverage required.

If there is no indication in the credit of the insurance coverage required, the amount of insurance coverage must be 110% of the CIF or CIP value of the goods.

When the CIF or CIP value cannot be determined from the documents, the amount of insurance coverage must be calculated on the basis of the amount for which honour or negotiation is requested, or the gross value of the goods as shown on the invoice, whichever is greater.

iii. The insurance document must indicate that risks are covered at least between the place of taking in charge or shipment and the place of discharge or final destination as stated in the credit.

g. A credit should state the insurance required and, if any, the additional risks to be covered. An insurance document will be accepted without regard to any risks that are not covered, if the credit uses imprecise terms such as "usual risks" or "customary risks".

h. Where a credit requires insurance against "all risks" and an insurance document is presented containing any "all risks" notation or clause, whether or not bearing the heading "all risks", the insurance document will be accepted without regard to any risks stated to be excluded.

i. An insurance document may contain reference to any exclusion clause.

j. An insurance document may indicate that the cover is subject to a franchise or excess (deductible).

[Article 29] Extension of Expiry Date or Last Day for Presentation

a. If the expiry date of a credit or the last day for presentation falls on a day when the bank to which presentation is to be made is closed for reasons other than those referred to in article 36, the expiry date or the last day for presentation, as the case may be, will be extended to the first following banking day.

b. If presentation is made on the first following banking day, a nominated bank must provide the issuing bank or confirming bank with a statement on its covering schedule that the presentation was made within the time limits extended in accordance with sub-article 29 (a).

c. The latest date for shipment will not be extended as a result of sub-article 29 (a).

[Article 30] Tolerance in Credit Amount, Quantity and Unit Prices

a. The words "about" or "approximately" used in connection with the amount of the credit or the quantity or the unit price stated in the credit are to be construed as allowing a tolerance not to exceed 10% more or 10% less than the amount, the quantity or the unit price to which they refer.

b. A tolerance not to exceed 5% more or 5% less than the quantity of the goods is allowed, provided the credit does not state the quantity in terms of a stipulated number of packing units or individual items and the total amount of the drawings does not exceed the amount of the credit.

c. Even where partial shipments are not allowed, a tolerance not to exceed 5% less than the amount of the credit is allowed, provided that the quantity of the goods, if stated in the credit, is shipped in full and a unit price, if stated in the credit, is not reduced or that sub-article 30 (b) is applicable. This tolerance does not apply when the credit stipulates a specific tolerance or uses the expressions referred to in sub-article 30 (a).

[Article 31] Partial Drawings or Shipments

a. Partial drawings or shipments are allowed.
b. A presentation consisting of more than one set of transport documents evidencing shipment commencing on the same means of conveyance and for the same journey, provided they indicate the same destination, will not be regarded as covering a partial shipment, even if they indicate different dates of shipment or different ports of loading, places of taking in charge or dispatch. If the presentation consists of more than one set of transport documents, the latest date of shipment as evidenced on any of the sets of transport documents will be regarded as the date of shipment. A presentation consisting of one or more sets of transport documents evidencing shipment on more than one means of conveyance within the same mode of transport will be regarded as covering a partial shipment, even if the means of conveyance leave on the same day for the same destination.
c. A presentation consisting of more than one courier receipt, post receipt or certificate of posting will not be regarded as a partial shipment if the courier receipts, post receipts or certificates of posting appear to have been stamped or signed by the same courier or postal service at the same place and date and for the same destination.

[Article 32] Instalment Drawings or Shipments

If a drawing or shipment by instalments within given periods is stipulated in the credit and any instalment is not drawn or shipped within the period allowed for that instalment, the credit ceases to be available for that and any subsequent instalment.

[Article 33] Hours of Presentation

A bank has no obligation to accept a presentation outside of its banking hours.

[Article 34] Disclaimer on Effectiveness of Documents

A bank assumes no liability or responsibility for the form, sufficiency, accuracy, genuineness, falsification or legal effect of any document, or for the general or particular conditions stipulated in a document or superimposed thereon; nor does it assume any liability or responsibility for the description, quantity, weight, quality, condition, packing, delivery, value or existence of the goods, services or other performance represented by any document, or for the good faith or acts or omissions, solvency, performance or standing of the consignor, the carrier, the forwarder, the consignee or the insurer of the goods or any other person.

[Article 35] Disclaimer on Transmission and Translation

A bank assumes no liability or responsibility for the consequences arising out of delay, loss in transit, mutilation or other errors arising in the transmission of any messages or delivery of letters or documents, when such messages, letters or documents are transmitted or sent according to the requirements stated in the credit, or when the bank may have taken the initiative in the choice of the delivery service in the absence of such instructions in the credit.

If a nominated bank determines that a presentation is complying and forwards the documents to the issuing bank or confirming bank, whether or not the nominated bank has honoured or negotiated, an issuing bank or confirming bank must honour or negotiate, or reimburse that nominated bank, even when the documents have been lost in transit between the nominated bank and the issuing bank or confirming bank, or between the confirming bank and issuing bank.

A bank assumes no liability or responsibility for errors in translation or interpretation of technical terms and may transmit credit terms without translating them.

[Article 36] Force Majeure

A bank assumes no liability or responsibility for the consequences arising out of the interruption of its business by Acts of God, riots, civil commotions, insurrections, wars, acts of terrorism, or by any strikes or lockouts or any other causes beyond its control.

A bank will not, upon resumption of its business, honour or negotiate under a credit which expired during such interruption of its business.

[Article 37] Disclaimer for Acts of an Instructed Party

a. A bank utilizing the services of another bank for the purpose of giving effect to the instructions of the applicant does so for the account and at the risk of the applicant.
b. An issuing bank or advising bank assumes no liability or responsibility should the instructions it transmits to another bank not be carried out, even if it has taken the initiative in the choice of that other bank.
c. A bank instructing another bank to perform services is liable for any commissions, fees, costs or expenses ("charges") incurred by that bank in connection with its instructions.

   If a credit stipulates that charges are for the account of the beneficiary and charges cannot be collected or deducted from proceeds, the issuing bank remains liable for payment of charges.

A credit or amendment should not stipulate that the advising to a beneficiary is conditional upon the receipt by the advising bank or second advising bank of its charges.

d. The applicant shall be bound by and liable to indemnify a bank against all obligations and responsibilities imposed by foreign laws and usages.

[Article 38] Transferable Credits

a. A bank is under no obligation to transfer a credit except to the extent and in the manner expressly consented to by that bank.

b. For the purpose of this article:

Transferable credit means a credit that specifically states it is "transferable". A transferable credit may be made available in whole or in part to another beneficiary ("second beneficiary") at the request of the beneficiary ("first beneficiary").

Transferring bank means a nominated bank that transfers the credit or, in a credit, available with any bank a bank that is specifically authorized by the issuing bank to transfer and that transfers the credit. An issuing bank may be a transferring bank.

Transferred credit means a credit that has been made available by the transferring bank to a second beneficiary.

c. Unless otherwise agreed at the time of transfer, all charges (such as commissions, fees, costs or expenses) incurred in respect of a transfer must be paid by the first beneficiary.

d. A credit may be transferred in part to more than one second beneficiary provided partial drawings or shipments are allowed.

A transferred credit cannot be transferred at the request of a second beneficiary to any subsequent beneficiary. The first beneficiary is not considered to be a subsequent beneficiary.

e. Any request for transfer must indicate if and under what conditions amendments may be advised to the second beneficiary. The transferred credit must clearly indicate those conditions.

f. If a credit is transferred to more than one second beneficiary, rejection of an amendment by one or more second beneficiary does not invalidate the acceptance by any other second beneficiary, with respect to which the transferred credit will be amended accordingly. For any second beneficiary that rejected the amendment, the transferred credit will remain unamended.

g. The transferred credit must accurately reflect the terms and conditions of the credit, including confirmation, if any, with the exception of:

- the amount of the credit,

- any unit price stated therein,
- the expiry date,
- the period for presentation, or
- the latest shipment date or given period for shipment,

  any or all of which may be reduced or curtailed.

The percentage for which insurance cover must be effected may be increased to provide the amount of cover stipulated in the credit or these articles.

The name of the first beneficiary may be substituted for that of the applicant in the credit,

If the name of the applicant is specifically required by the credit to appear in any document other than the invoice, such requirement must be reflected in the transferied credit.

h. The first beneficiary has the right to substitute its own invoice and draft, if any, for those of a second beneficiary for an amount not in excess of that stipulated in the credit, and upon such substitution the first beneficiary can draw under the credit for the difference, if any, between its invoice and the invoice of a second beneficiary.

i. If the first beneficiary is to present its own invoice and draft, if any, but fails to do so on first demand, or if the invoices presented by the first beneficiary create discrepancies that did not exist in the presentation made by second beneficiary and the first beneficiary fails to correct them on first demand, the transferring bank has the right to present the documents as received from the second beneficiary to the issuing bank, without further responsibility to the first beneficiary.

j. The first beneficiary may, in its request for transfer, indicate that honour or negotiation is to be effected to a second beneficiary at the place to which the credit has been transferred, up to and including the expiry date of the credit. This is without prejudice to the right of the first beneficiary in accordance with sub-article 38 (h).

k. Presentation of documents by or on behalf of a second beneficiary must be made to the transferring bank.

[Article 39] Assignment of Proceeds

The fact that a credit is not stated to be transferable shall not affect the right of the beneficiary to assign any proceeds to which it may be or may become entitled under the credit, in accordance with the provisions of applicable law. This article relates only to the assignment of proceeds and not to the assignment of the right to perform under the credit.

한글색인

ㄱ

가격조건 70
간접무역 49
간접조사 21
갑판선적선화증권 172
개별예정보험 123
概算수량조건 69
개설은행 38, 138
개설의뢰인 38, 137
거래제의 22, 31
견적송장 145
견품매매 64
결제조건 83
결제통화 84
고장부선화증권 172
고지의무 126, 127
공동해손 130
과부족용인조건 69
관세법 20
관세환급 30
교차청약 24
구매확약서 92
求償무역 50
국영무역 17, 54
국제물류업 36
국제복합운송 117
국제운송 100
국제팩토링결제 45
국제팩토링회사 45
국제해상운송업 36
권유장 22, 31
규격매매 66
기간보험 123
기평가보험 123
기한부환어음 44

ㄴ

나용선 106
낙성계약 57
남남무역 54
남북무역 54
내국물품 20
내륙 컨테이너기지 110
내항해운 101

ㄷ

단독해손 130
단순송금방식 43
단순신용장 194
단위탑재방식 114
담보 124, 126
대금상환도방식 43
대리인 19
대외무역법 19
對應무역 51
동서무역 54

ㅁ

매도인 18
매도청약 25
매도확약서 92
매매계약서 92
매수인 18
매수청약 32
매입 39, 167
매입은행 139
명세서매매 66
명시담보 127
무고장선화증권 173
무역객체 18, 36
무역계약 56
무역관리 36, 37
무역보험 28, 56
무역자동화 37
무역주체 17, 36
무역클레임 28, 34, 199
무역환경 21, 31
무형무역 54
묵시담보 127
물물교환 50
물적손해 129
물품매도확약서 92
물품매매 16
미평가보험 123
민간무역 17, 54

ㅂ

반품허용조건부 청약 63
범선선적선화증권 172
보상 124
보상신용장 194
보상은행 또는 상환은행 141
보세구역 34
보세창고 53
보험가액 125
보험계약기간 126
보험계약자 125
보험금 126
보험금액 126
보험기간 126
보험료 126
보험목적물 125
보험자 124
보험조건 80
보험증권 125, 183
보험증명서 183
보호무역 54
복합운송서류 177
복합운송증권 118
본선적재 78
본인 19
부정기선 104
부지약관 173
부지약관선화증권 173
분손 129
분할선적 79, 173
불요식계약 57
불특정물 56
비상위험 17, 133

ㅅ

私무역 54
사전송금 43
사후관리 36
사후송금 43
산업설비수출 53
상사중재 28, 34, 202
상업서류송달업 112
상업송장 180
상업위험 17, 133
상징적 인도 58

상표매매 66
선대신용장 45
선매조건부 청약 61
先物 56
선박보험 122
선적서류 33, 38, 169
선적서류송부장 194
선적수량조건 70
선적조건 78
선적품질조건 66
선지급 84
선화증권 38, 40, 170
설명매매 65
소손해면책약관 82
소송 202
소유권 57
손해 124
송금 43
송금결제방식 43
수량조건 67
수익자 38, 138
수입마케팅조사 31
수입무역 54
수입승인 33
수입업자 18
수입절차 30
수입통관 34
수입팩터 46
수입화물貸與引渡 34, 198
수입화물선취보증장 34, 198
수출마케팅 21
수출무역 54
수출보험 28
수출승인 27
수출업자 18
수출용원자재의 수입 30
수출입공고 27, 36
수출절차 20
수출통관 28
수출팩터 46
수탁가공무역 52
수탁판매수입 51
순중량조건 69
승낙 24, 25
승인조건부 청약 63
시장변동조건부 청약 61
식민지무역 54
신고필증 28, 34
신용위험 16, 132
신용장 83
——의 독립성 134
——의 추상성 135
신용장개설신청서 142
신용장개설약정서 38
신용장거래약정서 142
신용조회 23, 32
쌍무계약 57

ㅇ

알선 201
약관 125
약식선화증권 172
양도은행 161
양륙수량조건 70
양륙품질조건 66
얼라이언스 105, 106
연계무역 50
연지급 39
연지급 확약은행 140
영국물품매매계약법 56
외국인도수출 52
외국인수수입 53
외항해운 101
용선 106
용선계약선화증권 172, 176

위탁가공무역 52
위탁판매수출 51
위험 58
유상계약 57
유형무역 54
인수 39
인수은행 140
인터넷마케팅 21
인터넷무역 16
일반거래조건협정서 25, 85
일반자재수입 30
임대수출 52
임차수입 52

ㅈ

자유무역 37, 54
작업지시서 26, 96
在庫殘留조건부 청약 61
재매입은행 140
적하보험 122
전대신용장 45
전손 129
전용선 102
轉換무역 50
점유권 58
정기선 103
정기용선 106
정형거래조건 70
제3자 선화증권 173
조정 201
조회처 23
朱記조항신용장 45
주문서 33, 96
주문확인 26, 96
주문확인서 92
중계무역 49
중장기연불방식 44
중재인 202
지급 39
지급은행 140
지연선적 79
지정은행 39, 141
직접무역 49
직접조사 21
집화·포장신용장 45

ㅊ

철회 200
청약 24, 59
——의 유인 60
청약자 59
총중량조건 69
최대인수가능수량 69
최소인수가능수량 69
추심 40
——에 관한 통일규칙 41
추심결제방식 83
추심은행 42
추심의뢰은행 42
추심의뢰인 42
추정전손 129

ㅋ

컨테이너 107
컨테이너 탑재방식 114
컨테이너 터미널 108
코레스비용 153

ㅌ

통과무역 50
통과화물 49

통지은행 38, 139
통합공고 27, 36
특정물 56

ㅍ

파렛트 탑재방식 114
편의치적제도 102
포괄예정보험 123
표준품매매 65
품목분류방식 37
품질조건 64
플랜트무역 16
피보험이익 125
피보험자 125
피청약자 59

ㅎ

할부선적 173
항공운송서류 177
항공운송주선업자 112
항공화물운송 111
항공화물운송대리점업 112
항공화물운송장 177
항해보험 123
항해용선 106
해상고유의 위험 129
해상보험 121
해상손해 129
해상운송 101
해상위험 124, 128
해상적하보험 80
해상화물운송장 176
해외시장조사 21
해운동맹 102, 105
현금지급 84
현물 56
현실적 인도 58
현실전손 129
혼합보험 123
화물선취보증장 176
화해 200
화환신용장 38
확인은행 138
확정없는 청약 61
환결제 56
환어음 188
환적 79, 174
후지급 84

영문색인

A

AAR 81
Acceptance 24, 25
Accepting Bank 140
Acknowledgement 26, 96
Actual Total Loss 129
Advance Payment L/C 45
Advance Remittance 43
Advising Bank 139
Agent 19
Agreement on General Terms and Conditions of Business 85
Agreement on General Terms and conditions 25
Air Cargo Agent 112
Air Freight Forwarder 112
Air Transport Document 177
Air Waybill 177
ALB 119
All Risk 81
American Land Bridge 119
Amicable Settlement 200
Amount Insured 126
Anticipatory L/C 45
Applicant 137
Approximate Quantity Terms 69
AR 81
Arbitration 202
Arbitrator 202
Assured 125
Assurer 124
AWB 177

B

Banker's Usance 44
Bareboat Charter 106
Barter Trade 50
Beneficiary 138
Bilateral Contract 57
Bill of Exchange 188
Bill of Lading 170
B/L 40, 170
Blank Back B/L 172
Bonded Warehouse Transaction 53
Bulk Cargo 68
Buyer 18
Buyer's Sample 64
Buying Offer 32, 60
BWT 53

C

CAD 43
Canadian Land Bridge 119
Cargo Insurance 122
Carriage and Insurance Paid to 73
Carriage Paid to 73
Cash against Document 43
Cash in Advance 43
Cash on Delivery 43, 84
Cash Payment 84

Cash with Order 84
Catalogue 22
Certificate of Insurance 183
CFR 77
Charter 106
Charter Party Bill of Lading 176
CIF 78
CIP 73
Circular Letter 22, 31
Claim Amount 126
Clause 125
CLB 119
Clean B/L 173
Client 47
COD 43, 84
Code 152
Collecting Bank 42
Collection 40
Colonial Trade 54
Combined Transport 117
Combined Transport B/L 118
Commercial Invoice 180
Compensation Contract 57
Compensation Trade 50
Conciliation 201
Conditional Offer 61
Confirmation of Order 92
Confirming Bank 138
Consensual Contract 57
Consolidator 112
Constructive Total Loss 129
Contingency Risk 17
Contract Note 92
Cost and Freight 77
Cost, Insurance and Freight 78
Counter's Sample 64
Counter Offer 25, 61
Counter Trade 51
Country Risk 22
Courier 112
Cover 124
Covering Letter 194
CPT 73
Credit Risk 16
Cross Offer 24
Customer 47
CWO 84
Cypher 152

D

D/A 41, 83
DAP 75
DAT 74
DDP 75
Deferred Payment Undertaking Bank 140
del credere Agent 19
Delayed Shipment 79
Delivered at Place 75
Delivered at Terminal 74
Delivered Duty Paid 75
Direct Trade 49
Documents against Acceptance 41, 83
Documents against Payment 41, 83
D/P 41, 83
Drafts 188
Duration of Policy 126
Duration of Risk 126
Duty of Disclosure 127

E

EDI 37
E/L 27
E/P 28
Ex Works 72
Export Licence 27

Export on Consignment 51
Export Permit 28
Export Trade 54
Exporter 18
Express Warranty 127
EXW 72

F

Factor 45
Fair Average Quality 65
FAQ 65
FAS 76
FCA 72
Firm Offer 25, 61
FOB 76
Foul B/L 172
FPA 81
Franchise 82
Free Alongside Ship 76
Free Carrier 72
Free from Particular Average 81
Free Offer 61
Free on Board 76
Free Trade 54
Full Cable 152
Future Goods 56

G

General Average 130
General Offer 61
GMQ 65
Good Merchantable Quality 65
Gross Weight Terms 69

H

House AWB 113
HS 37
Hull Insurance 122

I

ICD 110
I/L 33
Implied Warranty 127
Import Licence 33
Import on Consignment 51
Import Permit 34
Import Trade 54
Importer 18
Indirect Trade 49
Informal Contract 57
Instalment Shipment 173
Insurable Interest 125
Insurable Value 125
Insurance Policy 125, 183
Insurance Premium 126
Insurance Terms 80
Insured 125
Insurer 124
Intermediate Trade 49
Intermediation 201
International Multimodal 117
Invisible Trade 54
I/P 34
Issuing Bank 138

L

Landed Quality Terms 66
Landed Quantity Terms 70
LASH Barge Ship 174
Later Remittance 43
L/C 83
Letter of Credit 83
Letter of Guarantee 34, 176, 198

Letter of Indemnity 194
L/G 34, 176, 198
Liner 103
Litigation 202
Loading on Board 78
Loss or Damage 124

M

Marine Cargo Insurance 80
Marine Insurance 121
Marine Risk 124
Maritime Perils 128
Market Claim 199
Master AWB 113
Maximum Quantity Acceptable 69
Memorandum 25, 85
Mercantile Risk 17
Merchandising Trade 49
Micro Land Bridge 119
Mini Land Bridge 119
Minimum Quantity Acceptable 69
Mirror Image Rule 63
Mixed Policy 123
MLB 119
More or Less Clause 69
Multimodal Transport Document 177

N

Negative List System 37
Nego 167
Negotiating Bank 139
Net Weight Terms 69
Neutral B/L 173
Nominated Bank 141

O

Offer on Approval 63
Offer on Sale or Return 63
Offer subject to being unsold 61
Offer subject to Market Fluctuations 61
Offer subject to prior sale 61
Offer without Engagement 61
Offer 17, 24
Offeree 59
Offer-Sheet 92
One Table Merchant 17
Open Account 43
Order-Sheet 33, 96
Original Offer 25

P

Packing L/C 45
Partial Loss 129
Partial Shipment 79, 173
Particular Average 130
Pay 124
Paying Bank 140
Payment by Collection 83
Payment in Advance 84
Payment Terms 83
Perils of the Seas 129
Policy Holder 125
Positive List System 37
Price List 22
Price Terms 70
Principal 19, 42
Private Trade 54
Proforma Invoice 145
Protective Trade 54
Purchase Note 92

Q

Quality Terms 64
Quantity Terms 67

R

Red Clause L/C 45
Reimbursing Bank 141
Remittance 43
Remitting Bank 42
Renegotiating Bank 140
RT 67
Rye Terms 67

S

said by shipper to contain 173
Sale by Grade or Type 66
Sale by Sample 64
Sale by Specification or Description 66
Sale by Standard 65
Sale by Trade Mark or Brand 66
Sale of Goods 16
Sales Note 92
Sample 22
SD 67
Sea & Air 112
Sea Waybill 176
Sea-Damaged Terms 67
Seller's Sample 64
Seller's Usance 44
Seller 18
Selling Offer 25, 60
Shipment Terms 78
Shipped Quality Terms 66
Shipped Quantity Terms 70
shipper's load and counter 173
Shipper's Usance 44
Short Cable 152
Short Form B/L 172
Siberian Land Bridge 118
SLB 118
SR&CC 81
Stale B/L 173
State Trade 54
Subject-matter Insured 125
SWIFT 153
Switch Trade 50

T

Tale Quale 67
TCR 120
The Sale of Goods Act 56
Third Party 173
Time Charter 106
Time Policy 123
Total Loss 129
Total Loss Only 81
TPND 82
TQ 67
T/R 34, 198
Trade Terms 70
Tramper 104
Trans China Rail 120
Transfer Cargo 49
Transferring Bank 161
Transhipment 79, 174
Transit Trade 50
Trust Receipt 34, 198
Turn Key Base 16

U

ULD 114
Underwriter 124
Uniform Rules for Collections 41

Unit Load Device 114
Unit Load System 107
Unknown Clause B/L 173
Usance 44
USQ 65
Usual Standard Quality 65

V

Visible Trade 54
Voyage Charter 106
Voyage Insurance 123

W

WA 81
Warranty 126
With Average 81
Withdrawl 200
Working Instruction 26, 96
WTO 17

【저자약력】

송 계 의
- 대전고, 성균관대 경제학 박사
- 한진교통물류연구원 물류실장 역임
- 건교부, 중기청, 서울특별시, 부산광역시 물류정책 자문위원 역임
- 물류관리사 자격시험 출제 및 감수 · 선정위원(현)
- 종합물류기업 인증심사단 심사위원(현)
- 대한상사 중재원 중재인(현)
- 동서대학교 국제물류학전공 교수(현)

[주요저서]
- 인터넷물류론(삼영사, 2002)
- 최신 경영학원론(도서출판 두남, 2007)
- 최신 무역영어(공저, 탑북스, 2011)
- 국제물류론(삼영사, 2013)
- 물류혁신론(도서출판 두남, 2007)
- 무역결제론(삼영사, 2010)
- 물류관리론(탑북스, 2012)

[주요논문]
- 부산항 신항과 부산진해경제자유구역의 연계 발전 방안
- Incoterms, 2010의 복합운송물류조건의 이용실태 분석과 활성화
- 우리나라 제3자물류 기업의 성공요인에 관한 연구
- 글로벌 항만컨테이너터미널 경쟁력 제고 방안
- 해양경제특구의 성공 요인 등 다수

무역실무론 [제2판]

2011년 3월 1일 제1판 1쇄 발행
2018년 2월 10일 제2판 1쇄 인쇄
2018년 2월 20일 제2판 1쇄 발행

저 자 송 계 의
발행인 김 광 식
조 판 아 람 기 획

07285
발행처 서울특별시 영등포구 선유로3길 10, 617호
도서출판 **탑 북 스**
등 록 2009.12.21 제 2016-000101 호
전 화 02)365-2223 팩스 02)365-2224

정가 18,000원

ISBN 979-11-87343-67-7-93320